이더리움을 활용한
블록체인
프로젝트 구축

이더리움을 활용한 블록체인 프로젝트 구축

쉽게 접하는 블록체인 개발

나라얀 프루스티 지음

천민욱 옮김

Packt>

나라얀 프루스티 Narayan Prusty

5년 차의 풀 스택 개발자다. 블록체인 및 자바스크립트를 전문적으로 다루며 인도, 싱가포르, 미국, 아랍에미리트의 스타트업, 정부, 기업 대상으로 확장 가능한 제품을 구축하는 데 핵심적인 역할을 했다.

탈중앙화된 애플리케이션을 구축하기 위해 이더리움, 비트코인, Hyperledger, IPFS, 리플 등을 정기적으로 사용한다. 현재 두바이 에미리트 국립 은행의 블록체인 관련 주제별 전문가SME, Subject-Matter Expert로 근무하고 있다.

자바스크립트에 관한 『ECMAScript 6 길들이기』(에이콘, 2016)와 『Modern JavaScript Applications』(packt, 2016)를 저술했다.

실제 업무의 문제를 해결해주는 흥미로운 일이라면 즉시 작업을 시작한다. 18세의 나이에 MP3 검색 엔진을 개발했으며, 그 이후에는 전 세계 사람들이 사용하는 다양한 애플리케이션을 개발했다. 확장 가능한 애플리케이션을 상단부터 하단까지 개발할 수 있는 능력이 그를 특별하게 만드는 요인이다.

현재 블록체인 기술을 활용해 작업을 더 쉽고, 더 빠르고, 더 적은 비용으로 수행하는 임무를 맡고 있다. 또한 블록체인 기술을 활용해 부패 방지, 사기 방지, 투명성 확보 등을 실현하는 가능성에 대해서도 검토하고 있다.

개인 블로그(http://qnimate.com/)를 통해 더 많은 정보를 얻을 수 있으며 링크드인(https://www.linkedin.com/in/narayanprusty/)을 통해서도 연락할 수 있다.

| 기술 감수자 소개 |

이므란 바시르 Imran Bashir

런던 대학교, 로열 홀러웨이Royal Holloway로부터 정보 보안 이학 학사 학위를 취득했으며, 소프트웨어 개발 솔루션 아키텍처, 인프라 관리 및 IT 서비스 관리에 대한 배경지식을 갖췄다. 또한 전기 전자 기술자 협회IEEE, Institute of Electrical and Electronics Engineers 및 영국 컴퓨터 협회BCS, British Computer Society의 회원이다. 공공 및 금융 분야에서 16년에 달하는 경험을 가지고 있으며 금융 서비스 산업으로 옮기기 전에 공공 분야의 대규모 IT 프로젝트를 수행했다. 그 후 유럽의 금융 수도인 런던에 있는 여러 금융 회사에서 다양한 기술 관련 임무를 수행했다. 현재 런던에 위치한 투자 은행에서 기술 부서의 부사장으로 근무하고 있다.

다니엘 크래프트 Daniel Kraft

수학과 물리학을 공부했으며 오스트리아 그라츠 대학교에서 응용수학 분야 박사 학위를 취득했다. 2013년부터 암호 화폐의 개발에 참여하고 있다. 2014년부터는 네임코인Namecoin 및 헌터코인Huntercoin의 수석 개발자이자 수석 과학자로 지내고 있으며 상호 리뷰 학술지peer-reviewed journal에 암호 화폐에 대한 두 개의 연구 논문을 게시했다. 소프트웨어 엔지니어로 일하고 있으며, 블록체인 기술을 활용해 탈중앙화된 멀티플레이어 게임 세계를 개발하는 스타트업인 크립토 리얼리티스 사Crypto Realities Ltd.의 공동 창립자다.

거랑 토브카르^{Gaurang Torvekar}

싱가포르 경영 대학에서 정보 시스템 분야의 석사 학위를 받았다. 싱가포르 기반의 '서비스로서의 스마트 컨트랙트^{Smart Contracts as a Service}' 회사인 Attores의 공동 창립자이자 CTO며, 이더리움 및 Hyperledger 애플리케이션 개발에 대한 풍부한 경험을 보유했다. 여러 블록체인 회의의 연사로도 활동했고 싱가포르 기술 대학에서 다수의 블록체인 강의를 맡았으며, 엔젤핵^{Angelhack}의 블록체인 멘토이기도 하다.

| 옮긴이 소개 |

천민욱(minux.dev@gmail.com)

소프트웨어 개발 업무에서 축적한 경험을 바탕으로 현재 엔터프라이즈 고객들을 대상으로 프리미엄 기술 지원 및 컨설팅 업무를 수행하고 있다. 리눅스, 웹, 파이썬을 좋아하며, 매일 점심으로 무엇을 먹을지 고민하는 평범한 엔지니어다.

| 옮긴이의 말 |

블록체인에 관심을 두고 자료를 확인하는 시기에 우연히 이 책을 접하게 됐다. 이 책은 딱딱한 이론만 다루기보다는 전반적인 이해를 돕는 필수적인 내용과 함께 실행 가능한 예제로 구성돼 있어 어디부터 시작해야 할지 막막한 상황에서 기초를 다지는 데 도움이 된다. 그래서 이 책의 번역을 진행하는 데 조금의 망설임도 없었다.

한 가지 짚고 넘어가야 할 점은 나 역시도 아직 블록체인 전문가는 아니라는 것이다. 그렇기 때문에 오히려 처음 블록체인 개발을 접하는 초심자 입장에서 내용을 이해하고 번역하기 위해 노력했다는 점이 독자들에게 충분히 전해졌으면 좋겠다.

이 책의 내용만으로 블록체인을 숙달하기는 어려울 것이다. 또한 너무나 빠르게 변화하므로 일부 내용이 금세 달라질 수도 있을 것이다. 그렇다고 하더라도 이 책은 앞으로 나아갈 수 있는 기반을 다지게 해줄 뿐 아니라 방향성도 제시해줄 수 있다고 생각한다.

어서 빨리 개발자들의 기발한 아이디어가 접목된 DApp이 활성화되길 기대해본다.

| 차례 |

블록체인은 변조 및 수정을 방지하며, 지속해서 증가하는 데이터 기록의 목록을 유지 및 관리하는 탈중앙화된 원장ledger이다. 모든 사용자는 네트워크에 연결할 수 있고 트랜잭션을 보낼 수 있으며 트랜잭션을 검증하거나 새로운 블록을 생성할 수 있다.

이 책은 블록체인이 무엇인지 설명하고 데이터 무결성을 유지하는 방법과 이더리움을 사용해 실제 블록체인 프로젝트를 생성하는 방법을 알려준다. 흥미 있는 실제 프로젝트를 통해 사기, 검열, 타사의 간섭 없이 프로그래밍한 대로 정확히 동작하는 스마트 컨트랙트 작성 방법을 배울 것이며, 블록체인을 위한 종단 간 애플리케이션을 구축할 것이다. 또한 암호 화폐 내의 암호학, 이더 보안, 채굴, 스마트 컨트랙트, 솔리디티solidity에 대한 개념도 배울 것이다.

블록체인은 비트코인의 주요한 기술적 혁신이며, 비트코인 트랜잭션의 공용 장부 역할을 한다.

이 책의 구성

1장. 탈중앙화 애플리케이션의 이해 DApp의 개념을 설명하고, 동작 방식에 대한 개요를 제공한다.

2장. 이더리움 동작 방식의 이해 이더리움 동작 방식을 설명한다.

3장. 스마트 컨트랙트 작성 스마트 컨트랙트 작성 방법과 geth의 대화형 콘솔에서 web3.js를 활용한 트랜잭션 배포 및 브로드캐스팅 방법을 보여준다.

4장. web3.js 시작하기 web3.js에 대한 소개 및 임포트 방법, geth와 연결하는 방법, Node.js 또는 클라이언트 측 자바스크립트 내에서 사용하는 방법을 설명한다.

5장. 지갑 서비스 구축 사용자들이 오프라인 상태더라도 이더리움 지갑을 쉽게 생성하고 관리할 수 있는 지갑 서비스 구축 방법을 설명한다. 이를 위해 특별히 LightWallet 라이브러리를 사용할 것이다.

6장. 스마트 컨트랙트 배포 플랫폼 구축 web3.js를 사용한 스마트 컨트랙트 컴파일, web3.js와 EthereumJS를 사용한 배포 방법을 보여준다.

7장. 베팅 애플리케이션 구축 이더리움 스마트 컨트랙트로부터 월드 와이드 웹의 데이터에 접근하기 위해 Oraclize를 사용한 HTTP 요청 생성 방법을 설명한다. 또한 IPFS 내에 저장된 파일에 대한 접근 방법, 문자열을 다루기 위한 strings 라이브러리 사용법도 배울 것이다.

8장. 엔터프라이즈 수준의 스마트 컨트랙트 구축 엔터프라이즈 수준의 DApp 작성을 쉽게 해주는 트러플^{Truffle}의 사용법을 설명한다. 알트코인^{altcoin}을 구축하면서 트러플에 대해 배워볼 것이다.

9장. 컨소시엄 블록체인 구축 컨소시엄 블록체인에 대해 논의할 것이다.

▌ 준비 사항

이 책과 함께 공부하려면 윈도우 7 SP1+, 윈도우 8, 윈도우 10 또는 맥 OS X 10.8+가 필요하다.

이 책의 대상 독자

이 책은 블록체인과 이더리움을 사용해 변조 방지 데이터(그리고 트랜잭션) 애플리케이션을 만들고자 하는 자바스크립트 개발자를 대상으로 한다. 암호 화폐 및 이를 가능케 하는 로직과 데이터베이스에 관심 있는 사람에게 매우 유용하다.

편집 규약

이 책에서는 독자의 이해를 돕고자 다루는 정보에 따라 글꼴 스타일을 다르게 적용했다. 이러한 스타일의 예와 의미는 다음과 같다.

텍스트에서 코드 단어는 다음과 같이 표기한다. "myFunction 함수를 호출하면 0을 리턴할 것이다."

코드 블록은 다음과 같이 표기한다.

```
var solc = require("solc");
var input = "contract x { function g() {} }";
var output = solc.compile(input, 1); // 1은 최적화를 활성화
for (var contractName in output.contracts) {
    // 코드 및 ABI를 로깅
    console.log(contractName + ": " +
    output.contracts[contractName].bytecode);
    console.log(contractName + "; " +
    JSON.parse(output.contracts[contractName].interface));
}
```

명령행 입력이나 출력은 다음과 같이 표기한다.

```
npm install -g solc
```

화면상에 표시되는 메뉴나 버튼은 다음과 같이 표기한다.

"이제 동일한 파일을 다시 한 번 선택하고, Get Info 버튼을 클릭한다."

 경고나 중요한 노트는 이와 같이 나타낸다.

 팁과 요령은 이와 같이 나타낸다.

독자 의견

독자로부터의 피드백은 항상 환영이다. 이 책에 대해 무엇이 좋았는지 또는 좋지 않았는지 소감을 알려주길 바란다. 독자 피드백은 앞으로 더 좋은 책을 발행하는 데 큰 도움이 된다. 일반적인 피드백을 우리에게 보낼 때는 간단하게 feedback@packtpub.com으로 이메일을 보내면 되고, 메시지의 제목에 책 이름을 적으면 된다.

여러분이 전문 지식을 가진 주제가 있고, 책을 내거나 책을 만드는 데 기여하고 싶다면 www.packtpub.com/authors에서 저자 가이드를 참조하길 바란다.

고객 지원

팩트출판사의 구매자가 된 독자에게 도움이 되는 몇 가지를 제공하고자 한다.

예제 코드 다운로드

이 책에 사용된 예제 코드는 http://www.packtpub.com의 계정을 통해 다운로드할 수 있다. 다른 곳에서 구매한 경우에는 http://www.packtpub.com/support를 방문해 등록하면 파일을 이메일로 직접 받을 수 있다.

코드를 다운로드하려면 다음과 같이 한다.

1. 팩트출판사 웹사이트(http://www.packtpub.com)에서 이메일 주소와 암호를 이용해 로그인하거나 계정을 등록한다.
2. 맨 위에 있는 SUPPORT 탭으로 마우스 포인터를 이동한다.
3. Code Downloads & Errata 항목을 클릭한다.
4. Search 입력란에 책 이름을 입력한다.
5. 코드 파일을 다운로드하려는 책을 선택한다.
6. 드롭다운 메뉴에서 이 책을 구매한 위치를 선택한다.
7. Code Download 항목을 클릭한다.

파일을 다운로드한 후에는 다음과 같은 압축 프로그램을 이용해 파일의 압축을 해제한다.

- 윈도우: WinRAR, 7-Zip
- 맥: Zipeg, iZip, UnRarX
- 리눅스: 7-Zip, PeaZip

이 책의 코드 묶음은 깃허브 https://github.com/PacktPublishing/Building-Blockchain-Projects에서도 받을 수 있으며, https://github.com/PacktPublishing/에서는 다른 책들의 코드 묶음과 동영상들을 제공한다. 또한 에이콘출판사의 도서 정보 페이지인 http://www.acornpub.co.kr/book/blockchain-projects에서도 예제 코드를 다운로드할 수 있다.

컬러 이미지 다운로드

이 책에서 사용된 스크린샷/다이어그램의 컬러 이미지를 PDF 파일로 제공한다. 컬러 이미지는 출력 결과의 변화를 이해하는 데 큰 도움이 될 것이다. https://www.packtpub.com/sites/default/files/downloads/BuildingBlockchainProjects_ColorImages.pdf와 에이콘출판사의 도서정보 페이지인 http://www.acornpub.co.kr/book/blockchain-projects에서 컬러 이미지를 다운로드할 수 있다.

정오표

내용을 정확하게 전달하기 위해 최선을 다했지만, 실수가 있을 수 있다. 팩트출판사의 도서에서 문장이든 코드든 간에 문제를 발견해서 알려준다면 매우 감사하게 생각할 것이다. 그런 참여를 통해 그 밖의 독자에게 도움을 주고, 다음 버전의 도서를 더 완성도 높게 만들 수 있다. 오탈자를 발견한다면 http://www.packtpub.com/submit-errata를 방문해 책을 선택하고, 구체적인 내용을 입력해주길 바란다. 보내준 오류 내용이 확인되면 웹사이트에 그 내용이 올라가거나 해당 서적의 정오표 부분에 그 내용이 추가될 것이다. http://www.packtpub.com/support에서 해당 도서명을 선택하면 기존 정오표를 확인할 수 있다. 한국어판은 에이콘출판사 도서정보 페이지 http://www.acornpub.co.kr/book/blockchain-projects에서 찾아볼 수 있다.

저작권 침해

인터넷에서의 저작권 침해는 모든 매체에서 벌어지고 있는 심각한 문제다. 팩트출판사에서는 저작권과 사용권 문제를 아주 심각하게 인식한다. 어떤 형태로든 팩트출판사 서적의 불법 복제물을 인터넷에서 발견한다면 적절한 조치를 취할 수 있도록 해당 주소나 사이트명을 알려주길 부탁한다.

의심되는 불법 복제물의 링크는 copyright@packtpub.com으로 보내주길 바란다. 저자와 더 좋은 책을 위한 팩트출판사의 노력을 배려하는 마음에 깊은 감사의 뜻을 전한다.

▌질문

이 책과 관련해 질문이 있다면 questions@packtpub.com으로 문의하길 바란다. 최선을 다해 질문에 답하겠다. 한국어판에 관한 질문은 이 책의 옮긴이나 에이콘출판사 편집 팀(editor@acornpub.co.kr)으로 문의해주길 바란다.

01

탈중앙화 애플리케이션의 이해

우리가 사용하고 있는 대부분의 인터넷 기반 애플리케이션은 각 애플리케이션의 서버가 특정 회사 또는 개인에 의해 소유되고 있는 것처럼 중앙 집중화돼 있다. 꽤 오랫동안 개발자들은 중앙 집중화된 애플리케이션을 개발해왔으며 사용자들은 이를 사용해왔다. 하지만 중앙 집중화된 방식은 특정 유형의 애플리케이션을 만들 수 없으며, 결국 모든 애플리케이션이 공통적인 문제에 처하게 된다. 상대적으로 투명하지 않고 단일 장애 지점 single point of failure을 가지고 있으며 네트워크 검열을 방지할 수 없는 것이 중앙 집중화된 애플리케이션의 문제 중 일부다. 이러한 우려로 인해 탈중앙화 애플리케이션DApp, Decentralized application[1]으로 불리는 인터넷 기반의 애플리케이션 구축을 위한 새로운 기술이 등장했다. 지금부터 탈중앙화 애플리케이션에 대해 배워볼 것이다.

---

1 분산 애플리케이션(Distributed application)과의 구별을 위해 Decentralized application의 경우 탈중앙화 애플리케이션이라고 표기한다. – 옮긴이

이 장에서는 다음과 같은 주제를 다룰 것이다.

- 탈중앙화 애플리케이션이란 무엇인가?
- 탈중앙화decentralized, 중앙 집중화centralized, 분산distributed 애플리케이션의 차이는 무엇인가?
- 중앙 집중화/탈중앙화 애플리케이션의 장단점은 무엇인가?
- 대중적인 DApp에서 사용되는 데이터 구조, 알고리즘, 프로토콜에 대한 개요
- 다른 DApp 기반으로 구현된 대중적인 DApp에 대한 학습

▌ 탈중앙화 애플리케이션이란 무엇인가?

탈중앙화 애플리케이션DApp이란 백엔드가 탈중앙화된 피어 투 피어peer-to-peer 네트워크에서 동작하고 있으며 소스 코드가 오픈소스인 일종의 인터넷 애플리케이션이다. 네트워크 내 어떠한 단일 노드도 DApp에 대한 전체적인 제어권을 가지고 있지 않다.

DApp의 기능에 따라 애플리케이션 데이터를 저장하기 위해 서로 다른 데이터 구조가 사용된다. 예를 들어 비트코인 DApp은 블록체인 데이터 구조를 사용한다.

인터넷에 연결된 어떤 컴퓨터라도 피어가 될 수 있으므로 애플리케이션 데이터를 잘못된 값으로 변경하거나 다른 피어들과 올바르지 않은 정보를 공유하는 피어를 찾아내고 방지하는 것은 큰 도전 과제다. 따라서 특정 피어에서 발행한 정보가 올바른지 검증하기 위한 일종의 합의 프로토콜이 피어들 사이에서 필요하다. DApp 환경에서는 피어들을 조율하고 어떤 정보가 올바른지 결정하는 중앙 서버가 없으므로 이와 같은 문제를 해결하는 것은 쉽지 않다. 이와 같은 문제를 해결하기 위해 합의 프로토콜consensus protocol이 존재한다. 합의 프로토콜은 DApp이 사용하는 데이터 구조 유형에 맞게 특별히 설계됐다. 예를 들어 비트코인은 합의를 위해 작업 증명Proof of Work 프로토콜을 사용한다.

모든 DApp은 사용자가 사용하기 위한 클라이언트가 필요하다. DApp을 사용하기 위해서는 가장 먼저 네트워크 내 DApp을 위한 자체 노드 서버가 동작하고 있어야 하며 클라이언트를 노드 서버에 연결해야 한다. DApp 노드는 API만을 제공하며 개발자 커뮤니티에서 이 API를 활용해 다양한 클라이언트를 개발한다. 일부 DApp 개발자들은 공식적으로 클라이언트를 제공한다. DApp 클라이언트는 반드시 오픈소스며 사용하기 위해 다운로드돼야 한다. 그렇지 않으면 탈중앙화라는 아이디어는 실패할 것이다.

하지만 이와 같은 구조는 사용자가 개발자가 아닌 경우라면 설정하기 까다로울 것이다. 따라서 DApp을 쉽게 사용할 수 있도록 클라이언트는 대개 호스팅되며 노드 또한 서비스처럼 호스팅된다.

분산 애플리케이션은 무엇인가?

분산 애플리케이션은 하나의 서버 대신 다수의 서버에 애플리케이션이 분산된 애플리케이션이며, 애플리케이션 데이터 및 트래픽이 많고 애플리케이션 다운타임이 허용되지 않는 경우 필요하다. 분산된 애플리케이션 환경에서 데이터 가용성을 달성하기 위해 데이터는 다수의 서버들 간에 복제된다. 중앙 집중화된 애플리케이션은 분산돼 있을 수도 있고 분산돼 있지 않을 수도 있다. 하지만 탈중앙화 애플리케이션은 항상 분산돼 있다. 예를 들어 구글, 페이스북, 슬랙(Slack), 드롭박스(Dropbox)와 같은 환경은 분산돼 있으나 간단한 포트폴리오 사이트 또는 개인 블로그는 트래픽이 아주 많아지기 전까지는 대개 분산화돼 있지 않다.

탈중앙화 애플리케이션의 장점

다음은 탈중앙화 애플리케이션의 장점 중 일부다.

- DApp은 기본적으로 분산화돼 있으므로 단일 장애 지점이 없어 장애에 대한 내구성이 높다.
- 정부가 특정 콘텐츠를 삭제하도록 압력을 넣을 수 있는 중앙 기관이 없으므로 네트워크 검열을 방지할 수 있다. DApp은 특정 IP 또는 도메인을 통해 접속하는 것

이 아니므로 정부에서 앱의 도메인 또는 IP 주소를 차단할 수도 없다. 정부가 IP 주소를 이용해 개별적인 노드를 추적하고 종료시킬 수도 있지만, 네트워크가 거대하고 특히 노드들이 다양한 국가에 걸쳐서 분산돼 있다면 애플리케이션을 종료시키는 것이 거의 불가능하다.

- 영리를 위해 사용자들을 속일 수 있는 단일 권위자에 의해 제어되지 않으므로 사용자들이 애플리케이션을 신뢰하기 쉽다.

탈중앙화 애플리케이션의 단점

모든 시스템은 장단점이 있다. 다음은 탈중앙화 애플리케이션의 단점 중 일부다.

- 네트워크 내 모든 피어가 노드 소프트웨어 업데이트를 해야 하므로 버그를 수정하거나 DApp을 업데이트하는 것이 어렵다.
- 일부 애플리케이션은 사용자 ID(KYC라고도 부름) 확인 과정이 필요하지만, 사용자 ID를 확인할 중앙 권위자가 없으므로 이러한 애플리케이션을 개발하는 동안 문제가 될 수 있다.
- 합의를 달성하기 위한 매우 복잡한 프로토콜을 이용하고 처음부터 확장성을 고려해서 개발해야 하므로 구축하기가 어렵다. 따라서 아이디어를 구현한 후 나중에 더 많은 기능을 추가하거나 확장하는 것은 불가능하다.
- 애플리케이션은 대개 서드파티 API와 독립적으로 무언가를 가져오거나 저장한다. DApp은 중앙화 애플리케이션에 의존적이면 안 되지만, 다른 DApp에는 의존적일 수 있다. 아직 DApp의 대규모 생태계가 없으므로 DApp을 개발하는 것은 어렵다. 이론적으로 DApp은 다른 DApp에 의존적일 수 있으나 실제로 DApp을 서로 결합하는 것은 매우 어려운 작업이다.

탈중앙화 자율 조직

일반적으로 조직이라는 것은 서명된 서류로 표현되며, 정부는 그들에게 영향력을 행사한다. 조직의 유형에 따라 주주가 있을 수도 있고 없을 수도 있다.

탈중앙화 자율 조직DAO, decentralized autonomous organization은 컴퓨터 프로그램으로 표현되는 조직으로서(프로그램으로 작성된 규칙에 따라 조직을 운영함), 완전히 투명하고 주주의 전적인 제어를 받으며 정부에서는 영향력을 행사할 수 없다.

이러한 목표를 달성하기 위해 DAO를 DApp으로 개발할 필요가 있다. 따라서 DAO를 DApp의 하위 클래스라고 할 수 있다.

대시Dash, 그리고 DAC가 DAO의 몇 가지 예다.

탈중앙화 자율 기업은 무엇인가?

탈중앙화 자율 기업(DAC, decentralized autonomous corporation)과 DAO 사이에 명확한 차이는 없다. 대다수 사람은 이 둘이 같다고 생각하지만, 일부 사람들은 DAO가 주주들에게 이익을 창출하기 위한 목적을 지니는 경우 DAC라고 정의하기도 한다.

DApp 내에서 사용자 ID

DApp의 주요한 장점 중 하나는 일반적으로 사용자 익명성을 보장한다는 점이다. 하지만 대다수 애플리케이션은 사용을 위해 사용자 신원을 확인하는 절차가 필요하다. DApp에서는 중앙 권위자가 없으므로 사용자 신원을 확인하는 것이 어렵다.

중앙화 애플리케이션에서는 사용자에게 스캔된 문서를 제출하거나, OTP 인증과 같은 절차를 통해 사람이 사용자 신원을 검증한다. 이 절차를 고객 알기 정책KYC, Know Your Customer 이라고 부른다. 하지만 DApp에서는 사용자 신원을 검증할 사람이 없으므로 DApp 자체적으로 사용자 신원을 검증해야 한다. DApp은 스캔된 문서를 이해하고 확인할 수 없으며, SMS를 보낼 수도 없으므로 DApp이 이해하고 확인할 수 있는 디지털 신원을 제공해야 한다. 가장 큰 문제점은 디지털 신원을 가진 DApp은 거의 없으며 오직 소수의 사람만이 디지털 신원을 얻는 방법에 대해 알고 있다는 것이다.

디지털 신원을 위해서는 다양한 형태가 있다. 최근 가장 대중적이며 추천되는 방식은 디지털 인증서다. 디지털 인증서(공개 키 인증서 또는 신원 인증서로도 불림)는 공개 키에 대한 소유권을 증명할 수 있는 전자 문서다.

기본적으로 사용자는 개인 키, 공개 키, 그리고 디지털 인증서를 가지고 있다. 개인 키는 비밀이며 누구와도 공유해서는 안 된다. 공개 키는 누구와도 공유될 수 있다. 디지털 인증서는 공개 키와 공개 키 소유자에 대한 정보를 가지고 있다. 이러한 유형의 인증서를 생성하는 것은 어렵지 않기 때문에 디지털 인증서는 항상 신뢰할 수 있는 인증 기관에서 발행된다. 디지털 인증서는 인증 기관의 개인 키로 암호화된 필드를 가지고 있다. 인증서의 진위 여부를 확인하기 위해 인증 기관의 공개 키를 이용해서 복호화하며, 성공적으로 복호화되는 경우 해당 인증서가 유효하다는 것을 알 수 있다.

사용자가 성공적으로 디지털 신원을 획득하고 DApp에서 확인됐다고 하더라도 다양한 인증서 발급 기관이 존재하고 디지털 인증서를 확인하기 위해서는 발급 기간의 공개 키를 알고 있어야 한다는 큰 문제점이 있다. 모든 기관의 키를 가지고 있고 업데이트하고 새로운 값을 추가하는 것은 어려운 작업이다. 다수의 인증서 발급 기관이 있으므로 이를 모두 추적하고 추가하는 것은 번거롭기 때문에 이러한 검증 절차를 클라이언트 측으로 넘기는 것도 이 문제를 완전히 해결해주지 못한다.

왜 사용자는 상호 간의 신원을 확인하지 않는가?

실생활에서 거래를 하는 동안 종종 우리는 상대방의 신원을 자체적으로 검증하거나 신원을 검증하기 위해 권위자를 대동한다.

이러한 아이디어를 DApp에도 적용할 수 있다. 사용자는 상호 거래를 수행하기 전에 상대방의 신원을 수동으로 검증할 수 있다. 이러한 아이디어는 상호 간 거래를 하는 특별한 유형의 DApp에 적용할 수 있다. 예를 들어 탈중앙화된 소셜 네트워크 DApp의 경우 이러한 방법으로 프로파일을 검증할 수 없다. 하지만 사람들이 무언가를 사고팔기 위한 DApp이라면, 지불 전 구매자 및 판매자는 상대방의 신원을 검증할 수 있다.

거래하는 과정에서 이러한 아이디어는 좋아 보일 수도 있지만, 실제로 거래할 때마다 매번 사용자를 확인하는 과정을 원치 않을 수도 있을 것이며 모든 사람이 신원 확인을 위한 방법을 모르고 있을 수도 있다. 예를 들어 택시 예약 DApp의 경우 매번 택시를 예약할 때마다 신원 확인 과정을 수행하는 것을 분명히 원치 않을 것이다. 하지만 무언가를 거래하고 있으며 신원을 식별하는 방법을 이미 알고 있으면 이러한 절차를 따르는 것은 문제없을 것이다.

이러한 문제로 인해 수동으로 사용자를 식별하기 위한 유일한 방안은 클라이언트를 제공하는 기업의 허가된 사람으로부터 신원을 확인하는 것이다. 예를 들어 비트코인 계정을 생성하기 위해서는 신원을 확인할 필요가 없지만, 비트코인을 일반 통화로 인출하기 위해 거래소에서는 신원 확인을 요청한다. 클라이언트는 확인되지 않은 사용자를 제외하고 클라이언트를 사용하지 못하게 할 수 있다. 그리고 신원이 식별된 사용자에게만 클라이언트를 열어둘 수 있다. 하지만 이러한 방법도 사소한 문제가 있다. 각 클라이언트는 서로 다른 확인된 사용자 집합을 가지고 있으므로 만약 클라이언트를 전환할 경우 상호작용을 했던 사용자들의 집합을 찾을 수 없을 것이다. 따라서 모든 사용자는 특정 클라이언트만 사용하도록 결정할 수 있으므로 클라이언트 간에 독점적인 상황을 만든다. 하지만 클라이언트가 사용자들을 적절하게 검증하지 못하더라도 데이터가 탈중앙화된 채 저장돼 있으므로 사용자들은 중요한 데이터에 대한 손실 없이 다른 클라이언트로 이동할 수 있으므로 중요한 문제는 아니다.

DApp의 사용자 계정

대다수 애플리케이션은 사용자 계정 기능이 필요하다. 계정과 연관된 데이터는 오직 계정 소유자에 의해서만 수정 가능해야 한다. DApp의 경우 비밀번호만으로 데이터의 수정이 소유자로부터 요청됐는지 증명할 수 없으므로 중앙화된 애플리케이션처럼 사용자 계정 및 비밀번호 기반의 계정 기능을 사용할 수 없다.

DApp 내에서 사용자 계정 기능을 구현하기 위한 몇 가지 방법이 있다. 하지만 가장 보편적인 방법은 계정을 표현하기 위해 공개 키-개인 키 쌍을 이용하는 것이다. 공개 키의 해시 값이 계정의 고유한 식별자다. 계정 데이터를 변경하기 위해서는 개인 키를 이용해 변경 사항에 대해 서명해야 한다. 각 사용자가 개인 키를 안전하게 저장하고 있다고 가정해야 한다. 만약 개인 키를 분실한 경우 계정에 영원히 접속할 수 없다.

중앙 집중화 애플리케이션에 대한 접근

DApp은 단일 장애 지점을 피하기 위해 중앙 집중화된 애플리케이션에 의존하면 안 된다. 하지만 일부 상황에서는 대안이 없다. 예를 들어 DApp이 축구 점수를 읽어오기 위해서는 어디에서 정보를 얻을 수 있을까? DApp은 다른 DApp에 의존적일 수 있지만, FIFA에서 DApp을 만들까? 다른 DApp에서 데이터를 원한다는 이유로 FIFA가 DApp을 만들지는 않을 것이다. 단지 점수를 제공하기 위한 DApp은 FIFA가 완전히 통제할 수 있으므로 이점이 없다.

따라서 DApp은 중앙 집중화된 애플리케이션으로부터 데이터를 가져와야 하는 경우도 있다. 하지만 가장 중요한 문제는 도메인으로부터 가져온 데이터가 중간자 또는 서비스 때문에 변조되지 않은 실제 응답이라는 것을 어떻게 확인할 것인가다. DApp의 아키텍처에 따라 이 문제를 해결할 수 있는 다양한 방법이 있다. 예를 들어 이더리움의 경우 스마트 컨트랙트smart contract가 직접 HTTP 요청을 만들 수 없으므로 중앙 API에 접근하기 위해 Oraclize를 중개자middleman로 사용할 수 있다. Oraclize는 중앙화된 서비스로부터 스마트 컨트랙트로 가져오는 데이터에 대해 TLSNotary 증명을 제공한다.

▌ DApp 내에서의 내부 화폐

중앙 집중화 애플리케이션을 장기간 유지하려면 애플리케이션 소유자는 운영을 위한 수익을 창출해야 한다. DApp의 경우 소유자는 없지만 다른 중앙 집중화된 애플리케이션과 마찬가지로 DApp의 노드는 운영을 위한 하드웨어 및 네트워크 자원이 필요하다. 따라서 DApp의 노드들은 DApp을 구동하는 대신 뭔가 유용한 보상을 받을 필요가 있다. 여기서 내부 화폐가 활약한다. 대부분의 DApp의 경우 자체적인 내부 화폐를 가지고 있다. 또는 대부분의 성공적인 DApp의 경우 자체적인 내부 화폐를 가지고 있다고 말할 수 있다.

합의 프로토콜이란 노드가 얼마나 많은 화폐를 보상받을 것인지 결정한다. 합의 프로토콜에 따라 특정 노드만 화폐를 획득할 수 있다. DApp을 안전하게 유지하고 운영하는 데 기여하는 노드가 화폐를 벌 수 있는 노드라고 말할 수 있다. 데이터를 읽기만 하는 노드는 아무런 보상도 받지 못한다. 예를 들어 비트코인의 경우 블록을 성공적으로 채굴한 채굴자miner만 비트코인을 획득할 수 있다.

디지털 화폐이므로 왜 누군가가 이것을 가치 있다고 판단하는지가 가장 큰 의문점이다. 경제학에 따르면 수요는 있지만, 공급이 충분하지 않은 것은 가치가 있다고 한다.

DApp을 사용하기 위해 내부 화폐를 이용해서 지불하게 만들면 수요 문제는 해결할 수 있다. 점점 더 많은 사용자가 DApp을 사용한다면 수요 또한 증가할 것이며, 이에 따라 내부 화폐의 가치 또한 증가할 것이다.

발행할 수 있는 화폐의 총량을 고정한다면 화폐가 부족해져서 더 높은 가치가 부여된다.

화폐는 한 번에 공급되는 것이 아니라 시간이 지남에 따라 공급된다. 이는 새로운 노드가 네트워크에 합류해 보안을 유지하고 운영하면서 화폐도 획득할 수 있게 한다.

DApp 내부 화폐의 단점

DApp 내에서 내부 화폐를 가질 경우 유일한 단점은 DApp을 사용하는 것이 더는 무료가 아니라는 점이다. 중앙 집중화 애플리케이션의 경우 광고, 서드파티 애플리케이션에 대해 프리미엄 API 제공 등을 통해 수익을 창출하면서 사용자에게는 무료로 제공할 수 있으므로 중앙 집중화 애플리케이션이 유리한 위치에 있다.

DApp의 경우 광고에 대한 표준을 확인할 수 있는 누군가가 없으므로 광고를 통합시킬 수 없다. 클라이언트들은 광고를 표시하는 것이 아무런 이득도 없으므로 광고를 표시하지 않을 수도 있다.

▌ 승인이 필요한 DApp은 무엇인가?

지금까지 완전히 개방적이며 승인이 필요 없는 DApp에 대해 학습했다. 즉, 누구나 신원을 밝히지 않고 참여할 수 있다는 의미다.

반면 승인이 필요한 DApp[permissioned DApp]의 경우 누구나 참여할 수 있도록 개방돼 있지 않다. 승인이 필요한 DApp은 네트워크에 참여하기 위해 승인이 필요하다는 점을 제외하고는 승인이 필요 없는 DApp의 모든 속성을 상속받는다. 승인 시스템은 승인이 필요한 DApp별로 다양하다.

승인이 필요한 DApp에 합류하기 위해서는 승인이 필요하므로 승인이 필요 없는 DApp의 합의 프로토콜은 정상적으로 동작하지 않을 수도 있다. 따라서 승인이 필요 없는 DApp과 다른 합의 프로토콜을 사용한다. 승인이 필요한 DApp에는 내부 화폐가 없다.

▌ 대중적인 DApp

DApp이 무엇인지, 중앙 집중화된 애플리케이션과 어떻게 다른지 살펴봤으므로 이제는 대중적이며 유용한 DApp에 대해 살펴보자. DApp에 대해 살펴보는 과정에서 너무 깊게 살펴보는 대신에 동작 방식 및 다양한 문제를 다루기 충분한 수준에서 살펴볼 것이다.

비트코인

비트코인은 탈중앙화된 화폐다. 비트코인은 가장 대중적인 DApp이며 그 성공을 통해 DApp이 얼마나 강력한지를 보여줬을 뿐 아니라 다른 DApp을 개발하도록 장려했다.

비트코인의 동작 방식과 정부 및 사람들이 왜 비트코인을 화폐라고 생각하는지 상세히 확인하기에 앞서 원장과 블록체인을 살펴볼 필요가 있다.

원장은 무엇인가?

원장ledger이란 기본적으로 거래transaction의 목록이다. 데이터베이스는 원장과는 차이가 있다. 원장은 새로운 거래를 추가만 할 수 있는 반면에, 데이터베이스는 거래를 추가하거나 수정하거나 삭제할 수 있다. 데이터베이스를 사용해 원장을 구현할 수도 있다.

블록체인이란 무엇인가?

블록체인blockchain은 탈중앙화된 원장을 생성하기 위해 사용되는 데이터 구조data structure다. 블록체인은 블록들이 순차적인 방식으로 구성돼 있다. 블록은 일련의 거래 목록, 이전 블록의 해시, 타임스탬프(블록 생성 시점), 블록 보상 값, 블록 번호 등으로 구성돼 있다. 모든 블록은 이전 블록의 해시를 가지고 있으므로 서로 간에 연결된 블록체인을 생성한다. 네트워크 내 모든 노드는 블록체인의 사본을 보유하고 있다.

작업 증명Proof of Work, 지분 증명Proof of Stake 등과 같은 다양한 합의 프로토콜이 블록체인을 안전하게 유지하기 위해 사용된다. 합의 프로토콜에 따라 블록이 생성되거나 블록체인에 추가되는 방식이 다르다. 작업 증명의 경우 블록체인을 안전하게 유지하기 위해 채굴mining이라는 절차에 따라 블록이 생성된다. 작업 증명의 경우 채굴 과정은 복잡한 퍼즐을 해결하는 것을 포함하고 있다. 이 책의 후반부에서 블록체인과 합의 프로토콜에 대해 더 자세히 배우게 될 것이다.

비트코인 네트워크 내 블록체인은 비트코인 거래 명세를 보유하고 있다. 성공적으로 블록을 채굴한 노드에게 새로운 비트코인을 보상하는 과정을 통해 네트워크 내 비트코인이 공급된다.

 블록체인 데이터 구조의 가장 큰 장점은 감사(auditing) 과정을 자동화하고 애플리케이션을 투명하고도 안전하게 만든다는 것이다. 이는 사기 행위를 방지하고 데이터가 변형되는 것을 방지할 수 있으며, 구현 및 사용 방식에 따라 다른 문제들을 해결하는 데도 사용할 수 있다.

비트코인은 합법적인가?

우선 비트코인은 내부 화폐가 아니라 오히려 탈중앙화된 화폐다. 내부 화폐는 자산이며 사용하는 것이 명백하기 때문에 일반적으로 합법이다.

주요한 질문은 화폐만을 위한 DApp의 합법 여부며, 이에 대한 솔직한 대답은 많은 나라에서 합법적이라는 것이다. 극소수의 국가에서는 불법이라고 판단하고 있으며 대부분의 국가에서는 아직 결정되지 않았다.

다음은 일부 국가에서 불법으로 판단하거나 많은 국가들이 아직 결정하지 않은 몇 가지 이유다.

- DApp에서의 신원 문제 때문에 비트코인 사용자 계정은 연관된 신원 정보를 가지고 있지 않으며 자금 세탁을 위해 사용될 수 있다.
- 이와 같은 가상 화폐는 매우 변동적이므로 사람들이 돈을 잃을 수 있는 위험성이 높다.
- 가상 화폐를 사용하는 것은 세금 회피를 쉽게 할 수 있다.

비트코인을 사용하는 이유는 무엇인가?

비트코인 네트워크는 오직 비트코인을 보내거나 받기 위해 사용된다. 따라서 왜 비트코인 수요가 있는지 궁금할 것이다.

다음은 사람들이 비트코인을 사용하는 몇 가지 이유다.

- 비트코인 사용의 주요 장점은 전 세계 어디서나 쉽고 빠르게 송금 및 수령을 할 수 있다는 것이다.
- 온라인 지불 거래 수수료는 비트코인 거래 수수료에 비해 비싸다.
- 해커가 판매자로부터 지불 정보를 훔칠 수 있지만, 비트코인의 경우 거래를 성공적으로 수행하기 위해서는 다른 누구와도 공유할 필요가 없는 연결된 개인 키로 서명해야 하므로 비트코인 주소만 훔치는 것은 아무 쓸모가 없다.

이더리움

이더리움은 DApp을 실행할 수 있는 탈중앙화된 플랫폼이다. 이 DApp들은 스마트 컨트랙트를 사용해 작성된다. 하나 이상의 스마트 컨트랙트가 DApp을 구성할 수 있다. 이더리움 스마트 컨트랙트는 이더리움상에서 동작하는 프로그램이다. 스마트 컨트랙트는 다운타임, 검열, 사기 행위, 제3자의 간섭 없이 프로그래밍된 대로 정확히 실행된다.

스마트 컨트랙트를 사용하기 위해 이더리움을 사용하는 주요 이유는 스마트 컨트랙트가 상호작용하기 쉬워서다. 또한 합의 프로토콜과 다른 것들의 연동을 걱정할 필요 없이 애플리케이션 로직만 작성하면 된다.

이더리움을 이용해 어떤 종류의 DApp이라도 만들 수 있는 것은 아니다. 오직 이더리움에서 지원하는 기능을 이용한 종류의 DApp만 만들 수 있다.

이더리움은 이더[ether]라고 불리는 내부 화폐를 가지고 있다. 스마트 컨트랙트를 배포하거나 스마트 컨트랙트의 기능을 수행하기 위해서는 이더가 필요하다.

이 책은 이더리움을 이용해 DApp을 개발하는 것에 중점을 두고 있다. 책 전반에 걸쳐 이더리움의 모든 부분에 대해 깊이 있게 학습할 것이다.

Hyperledger 프로젝트

Hyperledger는 승인이 필요한 DApp을 개발할 수 있는 기술에 전념하는 프로젝트다. Hyperledger 패브릭(간단히 패브릭[fabric])은 Hyperledger를 구현한 것이다.

다른 구현에는 Intel Sawtooth 및 R3 Corda가 포함된다.

패브릭이란 승인이 필요한 DApp(체인코드[Chaincode]라고도 불림)을 실행할 수 있는 승인된 탈중앙화된 플랫폼이다. 자체적인 패브릭 인스턴스를 배포한 후 그 위에 승인이 필요한 DApp을 배포한다. 패브릭은 합의 프로토콜 및 기능을 쉽게 플러그 앤 플레이할 수 있는 시스템이다.

Hyperledger는 블록체인 데이터 구조를 사용한다. Hyperledger 기반의 블록체인은 현재 합의 프로토콜을 사용하지 않거나(NoOps 프로토콜) PBFT[Practical Byzantine Fault Tolerance] 프로토콜을 사용한다. 노드에 조인하거나 수행할 수 있는 작업을 제어할 수 있는 인증 기관[certificate authority]이라고 불리는 특별한 노드를 포함하고 있다.

IPFS

IPFS^{InterPlanetary File System}는 탈중앙화된 파일시스템이다. IPFS는 DHT^{distributed hash table} 및 Merkle DAG^{directed acyclic graph} 데이터 구조를 사용하며, 네트워크에서 데이터 이동 방법을 결정하기 위해 비트토렌트^{BitTorrent}와 유사한 프로토콜을 사용한다. IPFS의 고급 기능 중 하나는 파일 버전 관리를 지원한다는 것이다. 파일 버전 관리를 위해 깃^{Git}과 유사한 데이터 구조를 사용한다.

IPFS는 탈중앙화 파일시스템이라고 불리지만 파일시스템의 주요 속성을 고수하지는 않는다. 즉, 파일시스템 내 무언가를 저장할 때 삭제하기 전까지 그 자리에 존재한다는 것이 보장되지만 IPFS는 이런 방식으로 동작하지 않는다. 모든 노드는 모든 파일을 보유하지 않고 필요한 파일만 저장한다. 따라서 파일이 인기가 낮은 경우 분명히 많은 노드가 해당 파일을 가지고 있지 않을 것이며 네트워크에서 해당 파일이 사라질 가능성이 크다. 이 때문에 많은 사람은 IPFS를 탈중앙화된 피어 투 피어 파일 공유 애플리케이션이라고 부르는 것을 선호한다. 또는 IPFS를 트래커가 없고 고급 기능을 포함한 완벽히 탈중앙화된 비트토렌트라고 생각할 수 있다.

어떻게 동작하는가?

IPFS 동작 방식의 개요를 살펴보자. IPFS 내에서 파일을 저장할 경우 256KB보다 작은 청크^{chunk}로 나눠지며 각각에 대한 해시가 생성된다. 네트워크 내 노드는 필요한 파일과 해시들을 해시 테이블에 보유한다.

IPFS 파일에는 블롭^{blob}, 리스트^{list}, 트리^{tree}, 커밋^{commit}이라는 네 가지 유형이 있다. 블롭은 IPFS에 저장되는 실제 파일의 청크를 표현한다. 리스트는 블롭의 리스트 또는 다른 리스트를 가질 수 있으며 완전한 파일을 표현한다. 리스트는 다른 리스트를 가질 수 있으므로 네트워크 내 데이터 압축에 도움이 된다. 트리는 블롭의 리스트, 리스트, 다른 트리, 커밋을 가질 수 있으며 디렉터리를 표현한다. 그리고 커밋 파일은 파일의 버전 이력 내 스냅숏을 표현한다. 리스트, 트리, 커밋은 다른 IPFS 파일에 대한 링크를 가지고 있으므로

Merkle DAG를 구성한다.

따라서 네트워크에서 파일을 다운로드하길 원하는 경우, IPFS 리스트 파일의 해시만 있으면 된다. 또는 디렉터리를 다운로드하길 원하는 경우 트리 파일의 해시만 있으면 된다.

모든 파일이 해시로 식별되므로 파일 이름을 기억하기는 쉽지 않다. 파일을 업데이트하는 경우 해당 파일을 다운로드하길 원하는 모두에게 새 해시를 공유해야 한다. 이러한 문제를 다루기 위해 IPFS는 자체 인증된 이름이나 사용자에게 친숙한 이름을 이용해서 IPFS 파일을 지정할 수 있는 IPNS 기능을 사용한다.

파일코인

IPFS가 탈중앙화 파일시스템이 되는 것을 막는 주된 이유는 노드가 필요한 파일만을 저장한다는 것이다. 파일코인Filecoin은 IPFS와 유사한 탈중앙화 파일시스템이며, 파일을 저장하는 노드에게 내부 화폐로 장려금을 지급해 파일 가용성을 높이고 파일시스템과 유사하게 만든다.

네트워크 내 노드는 디스크 공간을 제공하고 파일코인을 획득하며, 파일을 저장하거나 얻기 위해서는 파일 코인을 지불해야 한다.

IPFS 기술과 마찬가지로 파일코인은 블록체인 데이터 구조 및 회수 가능성 증명Proof of Retrievability 합의 프로토콜을 사용한다.

이 책을 저술한 시점 기준으로 파일코인은 여전히 개발 중이므로 아직 많은 부분이 확실하진 않다.

네임코인

네임코인Namecoin은 키-값key-value 쌍의 탈중앙화 데이터베이스며, 네임코인이라고 불리는 내부 화폐도 가지고 있다. 네임코인은 블록체인 데이터 구조와 작업 증명 합의 프로토콜을 가지고 있다.

네임코인에서는 키-값 쌍의 데이터를 저장할 수 있다. 키-값 쌍을 등록하기 위해서는 네임코인을 지불해야 한다. 등록 후에는 매 35,999번째 블록마다 업데이트해야 한다. 그렇지 않으면 키에 연결된 값이 만료될 것이다. 업데이트를 하기 위해서도 네임코인이 필요하다. 키 자체는 갱신할 필요가 없으므로 등록한 후에는 네임코인을 지불할 필요가 없다.

네임코인은 사용자가 다양한 종류의 키를 구성할 수 있도록 네임스페이스 기능을 가지고 있다. 누구나 네임스페이스를 생성하거나 키를 구성하기 위해 기존 네임스페이스를 활용할 수 있다.

가장 대중적인 네임스페이스는 a(애플리케이션 전용 데이터), d(도메인 이름 스펙), ds(안전한 도메인 이름), id(신원), is(보안 ID), p(제품) 등이다.

.bit 도메인

웹사이트에 접속하기 위해 브라우저는 먼저 도메인과 연관된 IP 주소를 찾는다. 이러한 도메인 이름 및 IP 주소 매핑 내역은 대기업 및 정부에 의해 관리되는 DNS 서버에 저장된다. 따라서 도메인 이름은 검열당하기 쉽다.

정부 및 대기업은 만약 사이트가 불법적인 행위를 하거나 피해를 주거나 그 외 다른 이유가 있다면 도메인 이름을 차단한다.

이 때문에 탈중앙화된 도메인 이름 데이터베이스가 필요했다. 네임코인이 DNS 서버와 같이 키-값 쌍을 저장하므로 탈중앙화 DNS를 구축하기 위해 네임코인을 활용할 수 있으며 이미 사용되는 방식이다. d와 ds 네임스페이스는 .bit 도메인 이름을 나타내는 .bit으로 끝나는 키를 포함하고 있다. 기술적으로 네임스페이스는 키에 대한 명명 규칙이 존재하지 않지만, 네임코인의 모든 노드와 클라이언트는 이러한 명명 규칙에 동의하고 있다. 만약 d 또는 ds 네임스페이스에 올바르지 않은 키를 저장하려고 하는 경우 클라이언트는 잘못된 키를 필터링할 것이다.

.bit 도메인을 지원하는 브라우저는 .bit 도메인과 연결된 IP 주소를 찾기 위해 네임코인의 d 또는 ds 네임스페이스를 검색해야 한다.

d와 ds 네임스페이스의 차이는 ds는 TLS를 지원하는 도메인 정보를 저장하고 d는 TLS를 지원하지 않는 도메인 정보를 저장한다는 것이다. 탈중앙화 DNS를 만든 것처럼 탈중앙화 TLS 인증서 발급도 가능하다.

네임코인 내에서 TLS 동작 방식에 대해 살펴보자. 사용자는 자체 서명한 인증서를 만들고 인증서의 해시를 네임코인에 저장한다. .bit 도메인에 대한 TLS를 지원하는 클라이언트가 보안 .bit 도메인에 접근하려고 하는 경우 서버로부터 리턴받은 인증서의 해시와 네임코인 내에 저장된 해시를 비교해 일치할 경우에만 서버와의 추가적인 통신을 진행한다.

 네임코인을 이용한 탈중앙화 DNS는 Zooko의 삼각형(Zooko triangle)의 첫 번째 솔루션이다. Zooko의 삼각형은 탈중앙화(decentralized), 신원(identity), 보안(secure)이라는 세 가지 속성을 가진 애플리케이션이라고 정의한다. 디지털 신원이라는 것은 사람을 표현할 뿐 아니라 도메인, 회사 또는 다른 것을 표현할 수 있다.

대시

대시Dash는 비트코인과 유사한 탈중앙화 화폐다. 대시는 블록체인 데이터 구조와 작업 증명 합의 프로토콜을 사용한다. 대시는 비트코인의 주요 문제점을 해결한다. 다음은 비트코인과 관련된 몇 가지 문제점이다.

- 오늘날과 같은 세계에서는 거래가 즉시 완료돼야 하나 거래가 완료되기까지 몇 분이나 소요된다. 이는 평균 10분마다 블록이 생성될 수 있도록 블록체인 네트워크에서 난이도가 조절되기 때문이다. 채굴에 대해서는 이 책의 후반에서도 좀 더 상세히 다룰 것이다.
- 계정에 연관된 신원 정보가 없다고 하더라도 거래소 또는 비트코인으로 물건을 사는 것과 같이 비트코인을 실제 화폐로 교환하는 것은 추적이 가능하다. 비트코인 네트워크에서 브로드캐스트 메시지는 암호화돼 있지 않으므로 만약 거래 송수

신을 위해 자신의 노드를 실행한다면 ISP는 비트코인 주소를 확인할 수 있을 것이며 IP 주소를 이용해 소유자를 추적할 수 있을 것이다.

대시는 트랜잭션을 거의 즉시 처리하고 계정의 실제 사용자를 식별하지 못하게 함으로써 이러한 문제를 해결하는 것을 목표로 한다. 또한 ISP가 사용자를 추적하는 것도 방지한다.

비트코인 네트워크에는 채굴자miner와 일반 노드라는 두 가지 유형의 노드가 있다. 하지만 대시에는 채굴자, 마스터 노드masternode, 일반 노드라는 세 가지 유형의 노드가 있다. 마스터 노드가 대시를 특별하게 만드는 요소다.

탈중앙화 거버넌스와 예산 책정

마스터 노드를 호스팅하기 위해서는 1,000 대시와 고정 IP가 필요하다. 대시 네트워크에서는 마스터 노드와 채굴자가 대시를 획득한다. 만약 블록을 채굴했다면 45%는 채굴자에게, 45%는 마스터 노드에게 가고 10%는 예산 시스템을 위해 비축된다.

마스터 노드는 탈중앙화 거버넌스와 예산 책정을 가능하게 한다. 탈중앙화 거버넌스와 예산 책정 시스템 덕분에 대시는 정확히 DAO라고 불린다.

네트워크의 마스터 노드는 10%의 대시가 어디로 갈 것인지 결정할 수 있는 권리가 있으므로 주주처럼 동작한다. 10%의 대시는 대개 다른 프로젝트를 위한 펀드로 사용된다.

각 마스터 노드는 프로젝트를 승인하기 위해 하나의 투표권이 부여된다.

프로젝트 제안에 대한 토의는 네트워크 외부에서 이뤄지지만, 투표는 네트워크 내부에서 이뤄진다.

마스터 노드는 DApp에서 사용자 신원을 확인하기 위해 가능한 솔루션을 제공한다. 즉 마스터 노드는 사용자 신원을 확인하기 위한 노드를 민주적으로 선택할 수 있다. 노드 뒤 개인 또는 비즈니스는 수동으로 사용자 문서를 확인할 수 있다. 보상 중 일부는 이 노드로 갈 수 있다. 만약 노드가 만족스러운 서비스를 제공하지 않는다면, 마스터 노드는 다른 노드를 위해 투표할 수 있다. 이는 탈중앙화된 신원 문제에 대한 훌륭한 해결책이 될 수 있다.

탈중앙화된 서비스

제안을 단순히 승인하거나 거절하는 대신 마스터 노드는 다양한 서비스를 제공하는 서비스 계층을 구성한다. 마스터 노드가 서비스를 제공하는 이유는, 더 많은 서비스를 제공할수록 네트워크의 기능이 풍부해짐에 따라 사용자와 트랜잭션이 증가해 대시 화폐 가격이 상승하고 블록에 대한 보상도 높아짐에 따라 마스터 노드가 더욱 많은 이익을 얻는 데 도움이 되기 때문이다.

마스터 노드는 PrivateSend(익명성을 제공하는 코인믹싱 서비스), InstantSend(거의 즉시 거래를 제공하는 서비스), DAPI(사용자들이 노드를 구동할 필요가 없이 탈중앙화 API를 제공하는 서비스)와 같은 서비스를 제공한다.

특정 시점 기준으로 오직 10개의 마스터 노드가 선택된다. 마스터 노드를 선택하기 위한 선택 알고리즘은 현재 블록의 해시를 사용한다. 그런 다음 마스터 노드에게 서비스를 요청한다. 대다수의 노드로부터 받은 응답은 올바른 것이라고 할 수 있다. 이것이 마스터 노드로부터 제공된 서비스에 대한 합의가 달성되는 방식이다.

서비스 증명Proof of Service 합의 프로토콜은 마스터 노드가 온라인 상태로 응답하고 있으며 최신 블록체인을 가지고 있다는 것을 확인하는 데 사용된다.

BigChainDB

BigChainDB는 승인이 필요하거나 승인이 필요 없는 탈중앙화 데이터베이스를 배포할 수 있도록 하며, 블록체인 데이터 구조와 다른 다양한 데이터베이스 관련 구조를 사용한다. 이 책을 저술한 시점을 기준으로 BigChainDB는 여전히 개발 중이므로 아직 많은 부분이 확실하진 않다.

또한 다중 자산 및 연합 합의 프로토콜을 위해 풍부한 사용자 권한 관리, 쿼리, 선형적인 확장, 네이티브 지원과 같은 다양한 기능을 제공한다.

OpenBazaar

OpenBazaar는 탈중앙화된 전자 상거래 플랫폼이며, 이를 이용해 물건을 사고팔 수 있다. OpenBazaar 네트워크에서는 IP 주소가 기록되므로 사용자는 익명이 아니다. 노드는 구매자, 판매자 또는 중재자가 될 수 있다.

OpenBazaar는 Kademlia 스타일의 분산 해시 테이블 데이터 구조를 사용한다. 판매자는 아이템을 네트워크에 보여주기 위해 노드를 호스팅해야 하며 계속해서 실행하고 있어야 한다.

작업 증명 프로토콜을 이용해 계정 스팸을 방지한다. 소진 증명Proof of Burn, CHECK LOCKTIMEVERIFY, 보안 보증금secure deposit 합의 프로토콜을 이용해 평점 및 리뷰 스팸을 방지한다.

구매자 및 판매자는 비트코인을 이용해 거래한다. 구매자는 구매 과정에서 중재자를 추가할 수 있다. 중재자는 구매자와 판매자 사이에 문제가 발생하면 분쟁을 해결할 책임이 있다. 네트워크 내 누구나 중재자가 될 수 있고, 중재자는 분쟁 해결을 통해 수수료를 벌 수 있다.

리플

리플ripple은 탈중앙화된 송금 플랫폼이다. 일반적인 화폐, 디지털 화폐, 상품을 전달할 수 있게 해주며, 블록체인 데이터 구조와 자체적인 합의 프로토콜을 사용한다. 리플 문서에서는 블록 및 블록체인이라는 용어를 찾아볼 수 없다. 대신 원장ledger이라는 용어를 사용한다.

리플에서는 hawala 네트워크에서 이뤄지는 것과 유사한 방법으로 신뢰 체인trust chain을 통해 돈과 상품이 전송된다. 리플에서는 게이트웨이 및 일반적인 노드라는 두 가지 종류의 노드가 존재한다. 게이트웨이는 보증금과 하나 이상의 화폐 또는 상품의 인출을 지원한다. 리플 네트워크에서 게이트웨이가 되기 위해서는 신뢰 체인을 형성하는 게이트웨이

로서의 승인이 필요하다. 게이트웨이는 대개 등록된 금융 기관, 거래소, 판매자 등이다.

모든 사용자 및 게이트웨이는 계정 주소를 가지고 있다. 모든 사용자는 신뢰 목록에 게이트웨이 주소를 추가하는 방법으로 신뢰하는 게이트웨이 목록을 추가할 필요가 있다. 누구를 신뢰해야 할 것인지 찾아내는 방법에 대한 합의는 없으므로 전적으로 사용자에게 달려 있으며 게이트웨이를 신뢰하는 위험성을 가진다.

게이트웨이도 신뢰하는 게이트웨이 목록을 추가할 수 있다.

예를 들어 인도에 사는 사용자 X가 미국에 사는 사용자 Y에게 500달러(USD)를 송금하는 방법에 대해 살펴보자. 인도 내에 현금(실제 현금 또는 웹사이트를 통한 카드 지불)을 받고 리플에서 INR 잔액을 제공하는 XX라는 게이트웨이가 있다고 가정해보자. X는 XX를 직접 방문하거나 웹사이트를 통해 방문할 것이며, 30,000 INR을 예치하면 XX는 X에게 30,000 INR을 빚지고 있다는 트랜잭션을 브로드캐스팅할 것이다. 미국에 오직 USD만을 받는 YY라는 게이트웨이가 있으며 Y가 YY를 신뢰한다고 가정해보자. 게이트웨어 XX와 YY는 서로 신뢰하지 않는다. X와 Y는 공통의 게이트웨이를 신뢰하지 않으며 XX와 YY는 서로 신뢰하지 않고 서로 같은 화폐를 지원하지도 않는다.

따라서 X가 Y에게 돈을 송금하기 위해서는 중개 게이트웨이를 찾아 신뢰 체인을 형성해야 한다. XX와 YY로부터 신뢰받으며 USD와 INR을 모두 지원하는 ZZ라는 게이트웨이가 존재한다고 가정하자. 이제 X는 30,000 INR을 XX로부터 ZZ에게 보내며, ZZ에 의해 USD로 환전되고 ZZ는 YY에게 돈을 보내면서 Y에게 전달해 달라고 요청한다.

X가 Y에게 500달러를 빚지는 대신 YY가 Y에게 500달러를 빚지며, ZZ는 YY에게 500달러를 빚지고, XX는 30,000 INR을 ZZ에게 빚진다. 기존에 X와 Y는 서로 신뢰하지 않았지만, 이들은 서로 신뢰하므로 문제없다. 하지만 XX, YY, ZZ는 원할 때에 리플 외부로 돈을 이체할 수 있으며 역방향의 거래는 이 값들을 공제할 수 있다.

리플 또한 XPR(또는 리플)이라고 불리는 내부 화폐를 가지고 있다. 네드워크로 진송되는 모든 트랜잭션은 일부 리플만큼의 비용이 든다. XPR은 리플의 기본 화폐이므로 신뢰 없이도 네트워크 내 누구에게나 보낼 수 있다. 모든 게이트웨이는 자체 환율이 있다는 것을 기억하라. XPR은 채굴 과정을 통해 생성되지 않는다. 대신 총 1,000억 개의 XPR이 최초에 생성됐으며 리플 회사에 의해 소유되고 있다. XPR은 다양한 요인에 의해 수동으로 제공된다.

모든 트랜잭션은 변경할 수 없는 이력을 가진 탈중앙화된 원장에 기록된다. 특정 시점에 모든 노드가 같은 원장을 가지고 있다는 것을 보장하기 위해 합의가 필요하다. 리플에서는 합의 프로토콜의 일부로 검증자라는 세 번째 종류의 노드가 존재한다. 검증자는 트랜잭션을 검사하며, 누구라도 검증자가 될 수 있다. 하지만 다른 노드들은 실제로 신뢰할 수 있는 검증자의 목록만 가지고 있다. 이 목록은 UNL^{Unique Node List}이라고 알려져 있다. 검증자도 UNL을 가지고 있으며, 검증자로 신뢰할 수 있는 검증자 또한 합의에 도달하고 싶어 한다. 현재는 리플에서 신뢰할 수 있는 검증자의 목록만 결정하지만 리플에서 선택한 검증자를 신뢰할 수 없다고 생각하면 노드 소프트웨어 내에서 목록을 수정할 수 있다.

이전 원장에 그 이후 발생한 모든 트랜잭션을 적용해 원장을 구성할 수도 있다. 따라서 현재 원장에 동의하기 위해 노드들은 이전 원장 및 그 이후 수행된 트랜잭션 집합에 동의해야 한다. 새로운 원장이 생성된 이후 노드(일반 노드 및 검증자 둘 다)는 타이머를 시작하며, 대략 5초 이전의 원장 작성 중에 도착한 새로운 트랜잭션을 수집한다. 타이머가 만료되면 적어도 80%의 UNL에 의해 유효한 트랜잭션을 이용해 다음 원장을 구성한다. 검증자는 제안(다음 원장을 구성하기 위해 유효하다고 판단하는 트랜잭션의 집합)을 네트워크에 브로드캐스팅한다.

검증자는 UNL의 제안 또는 다른 요소에 의해 유효하다고 판단하는 트랜잭션의 목록을 변경한다고 결정할 수 있으며, 서로 다른 트랜잭션 집합을 사용해 같은 원장에 여러 번 제안을 브로드캐스트할 수 있다. 따라서 트랜잭션이 확인되기까지 5~10초 기다려야 한다.

일부 사람들은 각 노드가 서로 다른 UNL을 가질 수 있으므로 서로 다른 버전의 원장이 생길지 궁금해한다. UNL 사이의 상호 연결성이 최소한으로 유지되는 한 합의는 신속하게 이뤄질 것이다. 이는 모든 정직한 노드의 주요 목표가 합의를 이루는 것이기 때문이다.

▌요약

이 장에서는 DApp이 무엇인지와 작동 방식의 개요에 대해 배워봤다. 또한 DApp이 당면한 문제점과 이러한 문제에 대한 다양한 솔루션을 살펴봤다.

마지막으로 대중적인 DApp의 특징과 동작 방식에 대해서도 살펴봤다. 이제 DApp이 무엇이며 어떻게 동작하는지 쉽게 설명할 수 있어야 한다.

02

이더리움 동작 방식의 이해

앞 장에서 DApp이 무엇인지 살펴봤다. 또한 몇몇 대중적인 DApp의 개요에 대해서도 살펴봤다. 그들 중 하나는 이더리움Ethereum이다. 현재 이더리움은 비트코인 이후 가장 대중적인 DApp이다. 이 장에서는 이더리움이 어떻게 동작하는지와 이더리움을 사용해 무엇을 개발할 수 있는지 깊이 있게 학습할 것이다. 또한 이더리움의 클라이언트 및 노드 구현에 대해서도 살펴볼 것이다.

이 장에서는 다음과 같은 주제를 다룰 것이다.

- 이더리움 사용자 계정
- 스마트 컨트랙트 및 동작 방식
- 이더리움 가상 머신virtual machine
- 작업 증명 프로토콜에서의 채굴 동작 방식

- geth 명령어 사용 방법
- 이더리움 지갑^{wallet} 및 미스트^{Mist} 설정
- 위스퍼^{Whisper}와 스웜^{Swarm}
- 이더리움의 미래

▎ 이더리움의 개요

이더리움은 DApp을 배포할 수 있는 탈중앙화 플랫폼이다. 스마트 컨트랙트^{smart contract}는 솔리디티^{solidity} 프로그래밍 언어를 이용해 작성된다. DApp은 하나 이상의 스마트 컨트랙트를 사용해 생성된다. 스마트 컨트랙트는 어떠한 다운타임, 검열, 사기 행위, 제3자 간섭 없이 프로그래밍된 대로 정확히 실행되는 프로그램이다. 이더리움 내에서 스마트 컨트랙트는 솔리디티, LLL, Serpent를 비롯한 여러 가지 언어로 작성될 수 있다. 그중 솔리디티가 가장 인기가 있다. 이더리움은 이더^{ether}라고 불리는 내부 화폐를 가지고 있다. 스마트 컨트랙트를 배포하거나 함수를 호출하기 위해서는 이더가 필요하다. 다른 DApp과 마찬가지로 스마트 컨트랙트의 여러 인스턴스가 있을 수 있으며 각 인스턴스는 고유 주소로 식별된다. 사용자 계정 및 스마트 컨트랙트 모두 이더를 보유할 수 있다.

이더리움은 블록체인 데이터 구조와 작업 증명 합의 프로토콜을 이용한다. 스마트 컨트랙트의 메소드는 트랜잭션을 통해 호출되거나 다른 메소드를 통해 호출될 수 있다. 네트워크에는 일반 노드^{regular node} 및 채굴자라고 하는 두 가지 종류의 노드가 존재한다. 단지 블록체인의 사본을 가지고 있는 노드가 일반 노드며 채굴자는 블록 채굴을 통해 블록체인을 생성한다.

▌ 이더리움 계정

이더리움 계정을 만들기 위해서는 비대칭 키 쌍만 있으면 된다. 비대칭 암호 키를 생성하기 위해서는 RSA, ECC 등의 다양한 알고리즘이 있다. 그중 이더리움은 타원곡선암호^{ECC,} elliptic curve cryptography를 사용한다. ECC는 다양한 매개변수를 가지고 있다. 이 매개변수는 속도 및 보안성을 조절하는 데 사용된다. 이더리움은 secp256k1 매개변수를 사용한다.

ECC 및 매개변수에 대해 심도 있게 이해하려면 수학적인 지식이 필요하며, 이더리움을 이용해 DApp을 개발하기 위해 깊게 이해할 필요는 없다.

이더리움은 256비트 암호화를 사용한다. 이더리움의 개인 키/공개 키는 256비트 숫자다. 프로세서가 이와 같은 큰 숫자를 표시할 수 없으므로 길이가 64인 16진수 문자열로 인코딩된다.

모든 계정은 주소로 표현된다. 주소를 생성하기 위한 키가 준비됐다면, 공개 키를 이용해 주소를 생성하는 절차는 다음과 같다.

1. 먼저 공개 키의 keccak−256 해시를 생성한다. 이는 256비트의 숫자를 제공해 줄 것이다.
2. 앞 96비트(즉 12바이트)를 버린다. 이제 160비트(20바이트)의 바이너리 데이터를 가지고 있을 것이다.
3. 주소를 16진수 문자열로 인코딩한다. 최종적으로 40개 문자의 바이트 스트링을 가질 것이며 이것이 당신의 계정 주소다.

이제 다른 사람들이 이 주소로 이더를 보낼 수 있다.

▌ 트랜잭션

트랜잭션은 이더를 하나의 계정에서 다른 계정 또는 컨트랙트contract로 보내거나, 컨트랙트의 함수를 호출하거나, 새로운 컨트랙트를 배포하기 위한 서명된 데이터 패키지다. 트랜잭션은 ECC를 기반으로 한 디지털 서명 알고리즘인 ECDSAElliptic Curve Digital Signature Algorithm를 이용해 서명된다. 트랜잭션은 메시지 수신자, 송신자를 식별하고 의도intention를 증명하기 위한 서명, 전송할 이더의 양, 트랜잭션 실행을 위해 허용되는 최대 연산 단계(가스 한도라고 부름), 트랜잭션 송신자가 각 연산 단계를 위해 지불할 의사가 있는 비용(가스 가격이라고 부름)을 포함한다. 만약 트랜잭션의 의도가 컨트랙트의 함수를 호출하는 것이라면 입력 데이터도 포함할 수 있고, 컨트랙트를 배포할 의도라면 초기화 코드를 포함할 수 있다. 사용된 가스의 양과 가스 가격을 곱한 값을 트랜잭션 수수료라고 부른다. 이더를 보내거나 컨트랙트의 함수를 호출하려면 트랜잭션을 네트워크에 브로드캐스팅해야 한다. 보내는 사람은 자신의 개인 키를 이용해 트랜잭션을 서명해야 한다.

 트랜잭션이 블록체인 내에 항상 표시될 것이라는 확신이 들면 확인된(confirmed) 것으로 간주한다. 트랜잭션이 확인된 것이라고 확신하기 위해 15번의 확인(confirmation)을 기다리는 것을 권장한다.

▌ 합의

이더리움 네트워크 내 모든 노드는 블록체인의 사본을 가지고 있다. 노드가 블록체인을 임의 조작할 수 없어야 하고 블록이 유효한지 확인할 수 있는 메커니즘이 필요하다. 그리고 두 개의 유효한 블록체인이 생성됐을 때 하나를 선택하는 방법도 필요하다.

이더리움은 작업 증명 프로토콜을 이용해 블록체인의 변조를 방지한다. 작업 증명 시스템은 새로운 블록을 생성하기 위해 복잡한 퍼즐을 푸는 과정을 포함한다. 퍼즐을 푸는 과정에서 상당한 양의 계산 능력을 필요하게 함으로써 새로운 블록을 생성하는 것을 어렵게 한다. 작업 증명 시스템 내에서 새로운 블록을 생성하는 절차를 채굴mining이라고 한다. 채굴자miner는 네트워크 내에서 블록을 채굴하는 노드다. 작업 증명 방식을 사용하는 모든 DApp이 정확히 같은 알고리즘을 사용하는 것은 아니다. 채굴자가 어떤 퍼즐을 풀어야 하는지, 퍼즐의 난이도는 어떤지, 문제를 풀기 위해 어느 정도의 시간이 소요되는지 등은 서로 다를 수 있다. 여기서는 이더리움과 관련된 작업 증명에 대해 학습할 것이다.

네트워크 내에서 누구라도 채굴자가 될 수 있다. 모든 채굴자는 각자 퍼즐을 풀며 처음 퍼즐을 푼 채굴자가 승리자다. 그리고 5이더와 해당 블록 내 모든 트랜잭션의 수수료를 보상받게 된다. 만약 당신이 네트워크 내 다른 노드보다 강력한 프로세서를 가지고 있다고 하더라도 퍼즐의 매개변수가 모든 채굴자에게 같지 않으므로 항상 승리한다는 의미는 아니다. 하지만 네트워크 내 다른 노드보다 강력한 프로세서를 보유하고 있다면 승리할 확률이 높아진다. 작업 증명은 복권 시스템과 유사하게 동작하며, 연산 능력은 가지고 있는 복권 개수로 생각할 수 있다.[1] 네트워크 보안의 수준은 전체 채굴자의 수가 아니라 네트워크 내 전체 연산 능력에 따라 측정된다.

블록체인이 가질 수 있는 블록의 개수에는 제한이 없으며 생산할 수 있는 총 이더의 양도 제한이 없다. 만약 채굴자가 성공적으로 블록을 채굴한 경우라면, 네트워크 내 모든 다른 노드에게 블록을 브로드캐스팅한다. 블록은 헤더와 일련의 트랜잭션을 가지고 있다. 모든 블록은 이전 블록의 해시를 포함하고 있으므로 연결된 체인을 생성한다.

채굴자가 풀어야 하는 퍼즐이 무엇이고 어떻게 푸는지에 대해 개략적으로 살펴보자. 채굴자는 블록을 채굴하기 위해 먼저 새롭게 브로드캐스팅된 트랜잭션 중 아직 채굴되지 않은 트랜잭션 목록을 수집하고 유효하지 않은 트랜잭션을 필터링해야 한다. 트랜잭션이 유효하기 위해서는 개인 키로 적절하게 서명돼 있어야 하며, 계정에 트랜잭션을 수행하기 위해 충분한 잔액이 있어야 한다. 이제 채굴자는 헤더와 콘텐츠를 포함한 블록을 생성한다.

---

1 해당 회차의 복권을 많이 가지고 있더라도 당첨 확률이 높아질 뿐이지 항상 당첨되는 것은 아니다. – 옮긴이

콘텐츠는 블록이 포함하고 있는 트랜잭션의 목록이다. 헤더에는 이전 블록의 해시, 블록 번호, 논스nonce, 목표target, 타임스탬프, 난이도, 채굴자의 주소 등이 포함된다. 시간은 블록이 시작될 때의 시간을 나타낸다. 논스는 퍼즐의 해결책을 찾기 위해 조정되는 의미 없는 값이다.

퍼즐이라는 것은 기본적으로 블록을 해시화했을 때 해시 값이 목표 값target보다 같거나 작아질 수 있는 논스nonce를 찾는 것이다. 논스를 찾는 유일한 방법은 모든 가능성을 열거해서 대입해보는 것이다. 이더리움은 ethash라는 해싱 알고리즘을 사용한다. 목표 값은 다양한 요소에 의해 계산되는 256비트의 숫자다. 헤더에 있는 난이도 값은 목표 값을 쉽게 다룰 수 있도록 다른 방식으로 표현한 것이다. 목표 값이 낮으면 논스를 찾기 위해 더 시간이 걸릴 것이며, 목표 값이 높으면 논스를 찾기 위한 시간이 줄어들 것이다. 다음은 퍼즐의 난이도를 계산하기 위한 공식이다.[2]

현재 블록의 난이도 = 이전 블록의 난이도 + 이전 블록의 난이도 // 2048 * max(1 - (현재 블록 타임스탬프 - 이전 블록 타임스탬프) // 10, -99) + int(2 ** ((현재 블록 번호 // 100000) - 2))

이제 네트워크 내 어떤 노드라도 블록체인 내 트랜잭션들이 유효한지, 타임스탬프가 유효한지, 모든 블록의 목표 값 및 논스가 유효한지, 채굴자가 적절한 보상을 받았는지 등을 확인해 보유하고 있는 블록체인이 유효한지 확인할 수 있다.

 하나의 노드가 두 개의 서로 다른 유효한 블록체인을 수신했을 경우, 모든 블록의 난이도 합이 더 높은 블록체인을 유효한 것으로 간주한다.

예를 들어 어떤 노드가 블록 내의 트랜잭션을 임의로 변경했다면, 모든 후속 블록의 논스를 계산해야 한다. 후속 블록의 논스를 다시 찾는 시간 동안 네트워크에서는 더 많은 블록이 채굴됐을 것이므로 결합된 난이도의 합이 낮아서 해당 블록체인을 거부할 것이다.

---

2 Homestead 기준의 난이도 계산 공식이다. //는 integer division 연산자를 의미한다(https://github.com/ethereum/EIPS/blob/master/EIPS/eip-2.mediawiki) - 옮긴이

▌타임스탬프

블록의 목표 값을 계산하기 위한 공식에는 현재의 타임스탬프가 필요하며 모든 블록의 헤더에 현재의 타임스탬프가 첨부돼 있다. 새로운 블록을 채굴하는 동안 채굴자가 현재의 타임스탬프 대신 다른 타임스탬프를 사용하는 것 자체는 막을 수 없으나, 타임스탬프 유효성 검사에 실패하게 되고 다른 노드에서 해당 블록을 승인하지 않아 채굴자의 자원 낭비가 되므로 다른 타임스탬프를 사용하지 않는다. 채굴자가 새롭게 채굴된 블록을 브로드캐스팅하면 이전 블록의 타임스탬프보다 타임스탬프 값이 큰지 확인하는 방법으로 유효성을 검사한다. 만약 채굴자가 현재의 타임스탬프보다 큰 값을 사용하면 난이도는 현재 타임스탬프 값에 반비례하므로 난이도가 내려간다. 따라서 현재의 타임스탬프를 사용한 블록이 더 높은 난이도를 가질 것이므로 네트워크에서 받아들여질 것이다. 만약 채굴자가 이전 블록의 타임스탬프보다는 크고 현재의 타임스탬프보다는 적은 타임스탬프를 이용할 경우 난이도는 더 높아질 것이며 블록을 채굴하는 데 더 많은 시간이 걸릴 것이므로 블록을 채굴하는 동안 네트워크에는 더 많은 블록이 생성될 것이다. 따라서 악의적인 채굴자의 블록체인은 네트워크의 블록체인보다 낮은 난이도를 가질 것이므로 블록은 거부될 것이다. 이와 같은 이유로 채굴자는 정확한 타임스탬프를 사용하며, 그렇지 않으면 아무것도 얻지 못할 것이다.

▌논스

논스nonce는 64비트의 부호 없는 정수unsigned integer다. 논스는 퍼즐을 풀기 위한 해결책이다. 채굴자는 답을 찾을 때까지 논스를 계속해서 증가시킨다. 만약 네트워크 내에서 다른 채굴자보다 더 많은 해시 파워를 가지고 있다면 항상 논스를 가장 먼저 찾을 것인지 궁금할 것이다. 음, 그렇지 않다.

채굴자가 채굴하는 블록의 해시는 타임스탬프, 채굴자 주소 등에 의존적이며 이 값은 채굴자별로 서로 다르다. 따라서 퍼즐을 풀기 위한 경쟁이 아니라 오히려 복권 추첨과 비슷하다. 물론 해시 파워에 따라 운이 좋을 수도 있지만, 항상 다음 블록을 찾을 수 있다는 의미는 아니다.

▌ 블록 시간

앞에서 살펴본 블록 난이도 공식은 부모와 자식 블록 간 시간 차이가 10~20초 사이인지 확인하기 위해 10초의 임계 값을 사용한다. 하지만 왜 다른 값이 아니라 10~20초인가? 그리고 일정한 난이도 대신 일정한 시간 차이 제한이 있는가?

채굴자는 블록의 해시 값이 난이도보다 같거나 작아지는 논스 값을 찾는데, 만약 일정한 난이도를 가지고 있다고 상상해보자. 만약 난이도가 높다고 가정해보면 사용자는 이더를 다른 사용자에게 송금하는 데 얼마나 오래 걸릴 것인지 알아낼 방법이 없다.

만약 네트워크의 연산 능력이 난이도를 만족하는 논스를 신속하게 찾기에 충분하지 않다면 매우 오랜 시간이 걸릴 수 있다. 가끔은 운이 좋아서 논스를 빨리 찾을 수도 있을 것이다. 하나의 은행 계좌로부터 다른 은행 계좌로 돈을 송금하는 경우, 완료돼야 하는 시간이 주어지는 것처럼, 사용자는 트랜잭션이 완료되기까지 얼마나 시간이 걸리는지 알고 싶어하기 때문에 이러한 시스템은 사용자의 관심을 끌기 힘들 것이다. 만약 낮은 수준의 일정한 난이도를 사용한다면 대규모의 채굴자가 소규모 채굴자보다 훨씬 빠르게 채굴할 수 있고, 대규모 채굴자는 네트워크 내 DApp을 제어할 수 있는 능력을 갖출 수 있으므로 블록체인의 보안성을 저해할 수 있다. 네트워크의 연산 능력이 일정하지 않으므로 네트워크를 안정시킬 수 있는 일정한 난이도 값을 찾는 것은 불가능하다.

이제 블록을 채굴하는 데 필요한 평균 시간이 항상 있어야 하는지에 대해 이해했을 것이다. 다음 질문은 1초부터 무한 초까지 어떤 값도 선택할 수 있지만, 가장 적합한 평균 시간이 얼마인지에 대한 부분이다. 난이도를 낮추면 평균 시간이 짧아지고, 난이도를 높이면 평균 시간이 길어진다. 하지만 짧거나 긴 평균 시간의 장단점은 무엇인가? 이를 논의하기 전에 우선 스테일 블록stale block이 무엇인지 알아야 한다.

만약 두 채굴자가 거의 비슷한 시간에 다음 블록을 채굴한다면 어떻게 되는가? 두 블록 모두 유효하지만, 블록체인은 같은 블록 번호를 가진 두 개의 블록을 모두 보유할 수 없으며 두 명의 채굴자가 모두 보상받을 수도 없다. 이는 일반적인 문제지만 해결책은 간단하다. 최종적으로 높은 난이도를 가진 블록체인이 네트워크에서 허용될 것이다. 최종적으로 버려지는 유효한 블록은 스테일 블록이라고 부른다.

네트워크 내에서 생성된 총 스테일 블록의 수는 새로운 블록을 생성하기 위한 평균 시간에 반비례한다. 블록 생성 시간이 짧아지면 새롭게 채굴된 블록이 네트워크로 전파되는 시간이 줄어들고, 하나 이상의 채굴자가 퍼즐의 답을 찾을 가능성이 커지므로 블록이 네트워크로 전파되는 시간 동안 다른 채굴자 역시 퍼즐을 풀어서 이를 전파하므로 스테일 블록이 생성된다. 하지만 만약 블록 평균 생성 시간이 길어지면 다수의 채굴자가 퍼즐을 풀 수 있는 확률이 줄어들며, 만약 푼다고 하더라도 푼 시점에는 시간차가 존재하므로 첫 번째 해결된 블록이 전파돼 다른 채굴자들은 해당 블록을 채굴하는 것을 중단하고 다음 블록을 채굴하려고 할 수 있다. 만약 네트워크 내에 스테일 블록이 자주 발생한다면 주요한 문제를 일으킬 수 있지만, 가끔 발생한다면 아무런 문제가 없다.

하지만 스테일 블록의 문제점은 무엇인가? 음, 스테일 블록은 트랜잭션의 확인을 지연시킨다. 만약 두 명의 채굴자가 거의 동시에 블록을 채굴했다고 하더라도 같은 트랜잭션 집합을 가지고 있지는 않을 것이며, 만약 우리의 트랜잭션이 그들 중 하나라면 트랜잭션이 포함된 블록이 스테일 블록일 수 있으므로 트랜잭션이 확인됐다고 말할 수 없다. 스테일 블록 때문에 평균 확인 시간average confirmation time이 평균 블록 생성 시간과 같지 않다.

스테일 블록이 블록체인의 보안에 영향을 미치는가? 그렇다. 우리는 네트워크의 보안이 네트워크 내 채굴자의 전체 연산 능력으로 측정되는 것을 알고 있다. 연산 능력이 향상되면 평균 블록 시간보다 블록이 빨리 생성되지 않도록 난이도가 올라간다. 따라서 난이도가 높아질수록 블록체인은 더욱 많은 해시 파워를 필요로 할 것이므로 블록체인을 변조하기 더욱 어려워지며 블록체인이 더욱 안전한 것을 의미한다. 만약 두 개의 블록이 거의 동시에 채굴된다면 네트워크는 두 개의 블록체인을 가진 네트워크로 분리되지만 하나가 최종 블록체인이 될 것이다. 따라서 스테일 블록의 네트워크는 스테일 블록 위에서 새로운 블록을 채굴할 것이며 해시 파워가 불필요한 곳에 사용되므로 해시 파워를 잃는 것이 된다. 두 개로 분리된 네트워크로 인해 해시 파워가 손실됐으므로 다음 블록을 생성하기 위해 평균 블록 시간보다 오래 걸릴 수 있다. 따라서 블록을 채굴하기 위해 평균 시간보다 오랜 시간이 걸렸으므로 난이도가 낮아질 것이다. 낮아진 난이도는 전체 블록체인의 보안성에 영향을 미친다. 만약 스테일 블록 비율이 높다면 블록체인의 보안성에 큰 영향을 미친다.

이더리움은 고스트 프로토콜ghost protocol로 알려진 방법을 통해 스테일 블록으로 인한 보안 문제를 해결한다. 이더리움은 실제 고스트 프로토콜의 수정된 버전을 사용한다. 블록체인의 전체 난이도는 스테일 블록 난이도의 합도 포함하므로 고스트 프로토콜은 간단히 스테일 블록을 메인 블록체인에 붙여서 블록체인의 전체 난이도를 상승시키는 방법으로 보안 문제를 해결한다. 하지만 트랜잭션의 충돌 없이 어떻게 스테일 블록을 메인 블록에 삽입할 수 있을까? 음, 어떠한 블록도 0개 또는 그 이상의 스테일 블록을 지정할 수 있다. 채굴자가 스테일 블록을 포함하는 것을 장려하기 위해 스테일 블록을 포함한 채굴자는 보상을 받는다. 그리고 스테일 블록을 채굴한 채굴자도 보상을 받는다.

스테일 블록 내의 트랜잭션은 확인을 계산하는 데 사용되지 않으며 스테일 블록 내에 포함된 트랜잭션의 수수료도 받지 않는다. 이더리움에서는 스테일 블록을 삼촌 블록uncle block이라고 부르는 것을 기억하라.

다음은 스테일 블록의 채굴자가 얼마나 보상받는지 계산하기 위한 공식이다. 나머지 보상은 고아 블록orphan block을 포함한 조카 블록nephew block에게 간다.

*(삼촌 블록 번호(uncle_block_number) + 8 – 블록 번호(block_number)) * 5 / 8*

스테일 블록의 채굴자에게 아무런 보상을 하지 않아도 보안에 저해되지 않지만, 스테일 블록의 채굴자가 왜 보상을 받는지 궁금해할 것이다. 네트워크 내에서 스테일 블록이 자주 발생할 경우 생기는 다른 문제가 있으며, 스테일 블록의 채굴자에게 보상하면서 해결될 수 있다. 채굴자는 네트워크에 제공하는 해시 파워의 백분율과 유사하게 보상을 받아야 한다. 거의 동시에 서로 다른 채굴자에 의해 블록이 채굴된 경우 더 많은 해시 파워를 가지고 있는 채굴자에 의해 채굴된 블록이 다음 블록을 채굴할 때의 효율성으로 인해 최종 블록체인에 포함될 가능성이 높다. 따라서 소규모의 채굴자는 보상을 잃을 것이다. 만약 스테일 비율이 낮다면 대규모의 채굴자가 받는 보상이 조금 증가하므로 큰 문제가 아니지만, 스테일 비율이 높다면 대규모 채굴자가 받아야 하는 보상보다 훨씬 많은 보상을 받게 되므로 큰 문제다. 고스트 프로토콜은 스테일 블록의 채굴자에게 보상하는 방식으로 균형을 유지한다. 대규모 채굴자가 모든 보상을 받지 않지만 받아야 하는 것보다 많이 받으므로, 스테일 블록 채굴자를 조카 블록과 같은 방법으로 보상하지 않고 대신 균형을 맞추기 위해 더 적은 양을 보상한다. 위의 공식은 이러한 균형을 잘 조절한다.

고스트는 조카가 참조할 수 있는 최대 스테일 블록의 수를 제한해, 채굴자가 단순히 스테일 블록만 채굴하고 블록체인을 멈추게 하지 않도록 한다.

따라서 스테일 블록이 네트워크에 나타나면 어느 정도 네트워크에 영향을 미친다. 스테일 블록의 빈도가 높을수록 네트워크는 더 많이 영향을 받는다.

▌ 포크

포크fork는 블록체인의 유효성과 관련해 노드 간 충돌이 있거나, 하나 이상의 블록체인이 네트워크에 있거나, 모든 블록체인이 일부 채굴자에 의해 검증될 때 발생한다. 포크에는 일반 포크regular fork, 소프트 포크soft fork, 하드 포크hard fork 이렇게 세 가지 종류가 있다.

일반 포크는 둘 이상의 채굴자가 블록을 거의 동시에 채굴했을 경우에 발생하는 임시적인 충돌이며, 둘 중 하나가 더 높은 난이도를 가지고 있으면 해결된다.

소스 코드가 변경되면 충돌이 발생할 수 있다. 충돌의 유형에 따라 충돌을 해결하기 위해 해시 파워의 50% 이상 채굴자가 업그레이드해야 할 수도 있거나 아니면 모든 채굴자가 업그레이드할 필요도 있다. 충돌을 해결하기 위해 해시 파워 50% 이상 채굴자의 업그레이드가 필요한 경우 소프트 포크라 부르고, 모든 채굴자가 업그레이드해야 할 경우 하드 포크라 부른다. 소프트 포크의 예시를 살펴보면, 만약 소스 코드의 업데이트가 오래된 블록/트랜잭션 일부를 무효화한다면, 해시 파워의 50% 이상 채굴자가 업그레이드해야만 해결될 수 있으며 새로운 블록체인이 더 높은 난이도를 가질 것이고 전체 네트워크에서 인정될 것이다. 하드 포크의 예시를 살펴보면, 소스 코드의 업데이트가 채굴자에 대한 보상을 변경한다면 충돌을 해결하기 위해 모든 노드가 업그레이드돼야 한다.

이더리움은 릴리스 이후 다양한 하드 및 소프트 포크를 통해 진행됐다.

창조 블록

창조 블록genesis block은 블록체인의 첫 번째 블록이며, 블록 번호 0번이 부여된다. 이전 블록이 없으므로 블록체인 내에서 유일하게 이전 블록의 참조 값을 가지지 않는 블록이다. 아직 이더가 생성되지 않았으므로 어떠한 트랜잭션도 보유하고 있지 않다.

네트워크 내 두 개의 노드가 같은 창조 블록을 가지고 있는 경우에만 서로 쌍을 이룰 수 있으며, 두 피어가 같은 창조 블록을 가지고 있는 경우에만 블록 동기화가 일어나고 아닌 경우 서로를 거부하게 된다. 높은 난이도의 서로 다른 창조 블록은 낮은 난이도의 블록을 대체하지 못한다. 모든 노드는 자신만의 창조 블록을 생성한다. 다양한 네트워크에서 창조 블록은 클라이언트 내에 하드코딩돼 있다.

이더 액면가

이더ether는 다른 화폐와 마찬가지로 다양한 액면가를 가지고 있다. 다음이 액면 금액이다.

- 1이더 = 1000000000000000000 Wei
- 1이더 = 1000000000000000 Kwei
- 1이더 = 1000000000000 Mwei

- 1이더 = 1000000000 Gwei

- 1이더 = 1000000 Szabo

- 1이더 = 1000 Finney

- 1이더 = 0.001 Kether

- 1이더 = 0.000001 Mether

- 1이더 = 0.000000001 Gether

- 1이더 = 0.000000000001 Tether

▌이더리움 가상 머신

이더리움 가상 머신^{EVM, Ethereum virtual machine}은 이더리움 스마트 컨트랙트 바이트 코드 실행 환경이다. 네트워크 내 모든 노드는 EVM을 구동한다. 모든 노드는 EVM을 사용해 스마트 컨트랙트를 가리키는 모든 트랜잭션을 실행하므로 모든 노드는 동일한 계산을 수행하며 같은 값을 저장한다. 단지 이더를 전송하는 트랜잭션도 주소가 잔액을 가지고 있는지 확인하고, 그에 따라 잔액을 차감하기 위해 일부 계산이 필요하다.

모든 노드는 여러 가지 이유로 트랜잭션을 실행하고 최종 상태를 저장한다. 예를 들어 파티에 참석하는 모든 사람의 이름과 상세 정보를 저장하는 스마트 컨트랙트가 있다면, 새로운 사람이 추가될 때마다 새로운 트랜잭션이 네트워크에 브로드캐스팅될 것이다. 네트워크에 있는 어떤 노드라도 파티에 참석하는 모든 사람의 상세 정보를 표시하기 위해서는 단순히 컨트랙트의 최종 상태를 읽으면 된다.

모든 트랜잭션은 일종의 연산과 저장 공간이 필요하다. 따라서 트랜잭션을 위한 비용이 필요하다. 그렇지 않으면 전체 네트워크는 스팸 트랜잭션으로 넘쳐날 것이며 트랜잭션 비용 없이는 채굴자가 블록에 트랜잭션을 포함할 이유가 없으므로 빈 블록을 채굴하기 시작할 것이다. 모든 트랜잭션은 서로 다른 양의 연산과 저장 공간이 필요하므로 모든 트랜잭션은 서로 다른 트랜잭션 비용이 필요하다.

EVM에는 바이트 코드 VM(byte-code VM)과 JIT-VM이라는 두 가지 구현 방법이 있다. 이 책을 저술한 시점에서 JIT-VM의 경우, 사용은 가능하지만 개발이 아직 완료되지는 않았다. 어떤 경우라도 솔리디티 코드는 바이트 코드로 컴파일된다. JIT-VM의 경우 바이트 코드가 추가적으로 컴파일된다. JIT-VM이 바이트 코드 VM보다 더욱 효율적이다.

가스

가스^{gas}는 계산 단계의 측정 단위다. 모든 트랜잭션은 가스 한도$^{gas\ limit}$와 가스당 지불할 의사가 있는 수수료(계산당 지불)를 포함해야 한다. 채굴자는 트랜잭션을 포함하고 수수료를 징수할 수 있는 선택권이 있다. 만약 트랜잭션에 사용되는 가스가 가스 한도와 같거나 작은 경우 트랜잭션은 처리된다. 만약 전체 가스가 가스 한도를 넘는 경우, 트랜잭션이 여전히 유효하고 수수료(사용될 수 있는 최대 가스 × 가스 가격)가 채굴자로부터 징수될 수 있다는 것을 제외하고는 모든 변경 사항이 취소된다.

채굴자는 가스 가격(계산당 가격)을 결정한다. 만약 트랜잭션이 채굴자가 결정한 가스 가격보다 낮은 가격을 가지고 있다면 채굴자는 해당 트랜잭션을 채굴하는 것을 거부한다. 가스 가격은 wei 단위의 금액이다. 따라서 채굴자는 가스 가격이 필요한 금액보다 낮은 경우 트랜잭션을 포함하는 것을 거부할 수 있다.

 EVM의 각 작업에는 소비되는 가스의 양이 지정된다.

트랜잭션 비용은 하나의 계정에서 다른 계정으로 송금할 수 있는 최대 이더의 양에 영향을 준다. 예를 들어 5이더의 잔액을 가지고 있는 계정이 있다면 5이더를 모두 송금할 경우 트랜잭션 비용을 차감할 잔액이 없으므로 5이더를 전체 송금할 수 없다.

만약 트랜잭션이 컨트랙트 함수를 호출하고, 함수가 이더를 송금하거나 다른 컨트랙트의 함수를 호출한다면 트랜잭션의 비용은 컨트랙트의 함수를 호출한 계정에서 차감된다.

▌ 피어 검색

노드가 네트워크의 일부가 되기 위해서는 네트워크 내 다른 노드와 연결돼야 트랜잭션/블록을 브로드캐스트할 수 있고 새로운 트랜잭션/블록을 수신할 수 있다. 네트워크에 있는 모든 노드와 연결될 필요는 없으며 대신 몇 개의 다른 노드에 연결되면 된다. 그리고 이 노드들도 다른 몇 개의 노드와 연결된다. 이러한 방식으로 전체 네트워크가 서로 간에 연결된다.

하지만 모든 노드가 정보를 교환하기 위해 연결되는 중앙 서버가 없으므로 네트워크 내 다른 노드를 어떻게 찾을 수 있을까? 이더리움은 이 문제를 해결하기 위해 Kadelima 프로토콜에 기반을 둔 자체적인 노드 검색 프로토콜을 가지고 있다. 노드 검색 프로토콜에는 부트스트랩 노드Bootstrap node라고 불리는 특별한 종류의 노드가 있다. 부트스트랩 노드는 일정 기간 동안 연결됐던 모든 노드의 목록을 유지한다. 블록체인 자체는 보유하고 있지 않다. 피어가 이더리움 네트워크에 접속될 때는 마지막 지정된 시간 내에 연결됐던 피어의 목록을 공유하는 부트스트랩 노드에 먼저 연결한다. 연결된 피어는 이제 다른 피어들과 연결되고 동기화된다.

이더리움 인스턴스가 여러 개 있을 수 있다. 즉, 고유한 네트워크 ID를 가지고 있는 다수의 네트워크가 있다. 두 개의 주요 이더리움 네트워크는 메인넷mainnet과 테스트넷testnet이다. 메인넷은 이더가 서로 교환되는 곳이며, 테스트넷은 개발자들이 테스트하기 위해 사용된다.

지금까지 메인넷 블록체인과 관련된 모든 것을 배워봤다.

부트노드(bootnode)는 이더리움 부트스트랩 노드를 구현한 것 중 가장 인기가 있다. 자신만의 부트스트랩 노드를 호스트하길 원하는 경우 부트노드를 이용하면 된다.

▌위스퍼와 스웜

위스퍼Whisper와 스웜Swarm은 각각 탈중앙화된 커뮤니케이션 프로토콜과 탈중앙화된 스토리지 플랫폼이며 이더리움 개발자들이 개발했다. 위스퍼는 탈중앙화된 커뮤니케이션 프로토콜이고, 스웜은 분산 파일시스템이다.

위스퍼는 노드가 네트워크 내에서 서로 통신할 수 있게 하며 브로드캐스팅, 사용자 대 사용자, 암호화된 메시지 등을 지원한다. 대량의 데이터를 전송하도록 설계돼 있지는 않다. 위스퍼에 대해서는 https://github.com/ethereum/wiki/wiki/Whisper에서 학습할 수 있으며, https://github.com/ethereum/wiki/wiki/Whisper-Overview에서 코드 예시를 살펴볼 수 있다.

스웜은 파일코인Filecoin과 유사하지만 기술적인 측면과 인센티브 측면에서 차이가 난다. 파일코인은 스토어에 패널티를 부과하지 않지만 스웜은 패널티를 준다. 따라서 파일 가용성이 더 높아진다. 스웜에서 인센티브가 어떻게 동작하는지 궁금할 것이다. 스웜이 내부 화폐를 가지고 있는가? 실제로 스웜은 내부 화폐를 가지고 있지 않으며 대신 인센티브를 위해 이더를 사용한다. 인센티브를 추적하기 위한 스마트 컨트랙트가 이더리움에 있다. 스마트 컨트랙트가 스웜과 통신할 수는 없지만, 대신 스웜이 스마트 컨트랙트와 통신한다. 따라서 기본적으로 스마트 컨트랙트를 통해 상점에 비용을 지불하고, 만료 일자 이후 상점에 비용이 지급된다. 파일이 누락된 경우 스마트 컨트랙트에 보고할 수 있으며, 이 경우 각 상점에 페널티가 부과될 수 있다. 스웜과 IPFS/파일코인 간의 더 상세한 차이점에 대해서는 https://github.com/ethersphere/go-ethereum/wiki/IPFS-&-SWARM에서 확인할 수 있다.

이 책을 저술한 시점 기준으로 위스퍼와 스웜은 여전히 개발 중이므로 아직 많은 부분이 확실하진 않다.

▌ geth

geth(go-ethereum이라고도 불림)는 이더리움, 위스퍼, 스웜 노드를 구현한 것이다. geth는 이 모든 기능 또는 선택된 기능을 위해 사용될 수 있다. 이 기능들을 결합한 이유는 하나의 DApp처럼 보일 수 있게 할 뿐 아니라 하나의 노드를 통해 클라이언트가 세 개의 DApp에 접근할 수 있기 때문이다.

geth는 CLI 애플리케이션이며 go 프로그래밍 언어로 작성됐고, 모든 주요 운영체제에서 사용할 수 있다. 현재 버전의 geth는 스웜을 지원하지 않고, 위스퍼의 경우 일부 기능만 지원한다. 이 책을 쓴 시점 기준으로 최신 버전의 geth는 1.6.7이다.

geth 설치

geth는 OS X, 리눅스, 윈도우에서 사용 가능하며 바이너리 및 스크립트 방식의 두 가지 설치 방법을 지원한다. 이 책을 저술하는 시점 기준으로, 마지막으로 안정된 버전은 1.6.7이다. 바이너리 설치 방법을 이용해 다양한 운영체제에서 설치하는 방법을 살펴보자. 스크립트 설치 방법은 geth 소스 코드를 일부 변경한 후 설치해야 할 경우 사용된다. 여기서는 소스 코드를 변경하지 않을 것이므로 바이너리 설치를 진행할 것이다.

OS X

OS에서 geth를 설치하기 위해 권장하는 방법은 brew를 사용하는 것이다. geth를 설치하기 위해서는 다음 두 명령어를 터미널에서 실행한다.

```
brew tap ethereum/ethereum
brew install ethereum
```

우분투

우분투Ubuntu에서 geth를 설치하기 위해 권장하는 방법은 apt-get을 사용하는 것이다. geth를 설치하기 위해서는 다음 명령어들을 우분투 터미널에서 실행한다.

```
sudo apt-get install software-properties-common
sudo add-apt-repository -y ppa:ethereum/ethereum
sudo apt-get update
sudo apt-get install ethereum
```

윈도우

윈도우에서 geth는 실행 파일 형태로 제공된다. https://github.com/ethereum/go-ethereum/wiki/Installation-instructions-for-Windows에서 zip 파일을 다운로드해 압축을 해제한다. 내부에서 geth.exe 파일을 찾을 수 있다.

 다양한 운영체제에서 geth를 설치하는 방법에 대해 더 자세히 알고 싶다면 https://github.com/ethereum/go-ethereum/wiki/Building-Ethereum을 방문한다.

JSON-RPC 및 자바스크립트 콘솔

geth는 다른 애플리케이션이 통신할 수 있도록 JSON-RPC API를 제공한다. geth는 JSON-RPC API를 HTTP, 웹 소켓WebSocket, 그리고 다른 프로토콜을 이용해 제공한다. JSON-RPC에서 제공하는 API는 admin, debug, eth, miner, net, personal, shh, txpool, web3와 같은 카테고리로 나눠진다. 이러한 카테고리에 대한 상세한 정보는 https://github.com/ethereum/go-ethereum/wiki/JavaScript-Console에서 확인할 수 있다.

geth는 자바스크립트 API를 사용해 프로그래밍적으로 상호작용할 수 있도록 대화식 자바스크립트 콘솔^{JavaScript console}을 제공한다. 대화식 콘솔은 IPC를 통한 JSON-RPC를 사용해 geth와 통신한다. JSON-RPC 및 자바스크립트 API에 대해서는 나중에 더 자세히 살펴볼 것이다.

하위 명령어 및 옵션

geth 명령어 중 일부 중요한 하위 명령어^{sub-command} 및 옵션에 대해 예제와 함께 살펴보자. help 하위 명령어를 이용해 모든 하위 명령어 및 옵션의 목록에 관해 확인할 수 있다.

geth 및 명령어에 대해서는 다음 장에서 더욱 많이 알아볼 것이다.

메인넷 네트워크 연결

이더리움 네트워크의 노드들은 기본적으로 30303 포트로 통신한다. 하지만 다른 포트 번호를 통해서도 자유롭게 리스닝할 수 있다.

메인넷 네트워크에 연결하기 위해서는 단지 geth 명령어를 실행하면 된다. 다음은 네트워크 ID를 명시적으로 지정하고 다운로드 블록체인을 저장할 사용자 정의 디렉터리를 지정하는 방법이다.

```
geth --datadir "/users/packt/ethereum" --networkid 1
```

--datadir 옵션은 블록체인을 저장할 경로를 시정하는 데 사용된다. 만약 세공되지 않을 경우 기본 경로는 $HOME/.ethereum이다.

--networkid는 네트워크 ID를 지정하기 위해 사용된다. 1은 메인넷 네트워크의 ID다. 제공되지 않을 경우 기본값은 1이다. 테스트넷의 네트워크 ID는 2다.

개인 네트워크 생성

개인 네트워크private network를 생성하기 위해서는 랜덤 네트워크 ID를 지정하면 된다. 개인 네트워크는 대개 개발 목적으로 생성된다. geth는 개발하는 동안 유용하게 사용할 수 있도록 로그와 디버깅을 위한 다양한 플래그를 제공한다. 따라서 랜덤 네트워크 ID와 다양한 로그 및 디버깅 플래그를 제공하는 대신 --dev 플래그를 사용하면 다양한 디버깅 및 로그 플래그가 활성화된 개인 네트워크가 실행된다.

계정 생성

geth를 통해 계정을 만들 수 있다. 즉, 계정과 연관된 키와 주소를 생성할 수 있다. 계정을 만들기 위해서는 다음 명령어를 사용하라.

```
geth account new
```

위 명령어를 사용하면 계정을 암호화하기 위한 비밀번호를 입력하라는 메시지가 표시될 것이다. 비밀번호를 분실한 경우 계정에 접근할 방법이 없다.

로컬 지갑 내에 있는 모든 계정의 목록을 확인하기 위해서는 다음 명령어를 사용하라.

```
geth account list
```

위 명령어는 계정의 모든 주소 목록을 출력할 것이다. 키는 기본적으로 --datadir 경로 내에 저장되며 --keystore 옵션을 사용해 다른 경로를 지정할 수 있다.

채굴

기본적으로 geth는 채굴을 시작하지 않는다. geth에게 채굴을 시작하도록 지시하려면, --mine 옵션을 제공해야 한다. 채굴과 관련돼 몇 가지 다른 옵션이 있다.

```
geth --mine --minerthreads 16 --etherbase '489b4e22aab35053ecd393b9f9c35f4f1de
7b194' --unlock '489b4e22aab35053ecd393b9f9c35f4f1de7b194'
```

여기서는 --mine 옵션과 함께 다른 다양한 옵션이 제공됐다. --minerthreads 옵션은 해싱을 위해 사용될 총 스레드의 개수를 지정한다. 기본적으로는 여덟 개의 스레드가 사용된다. etherbase는 채굴을 통한 보상이 지급될 주소다. 기본적으로 계정은 암호화돼 있다. 따라서 계정 내의 이더에 접근하기 위해서는 잠금을 해제해야 한다. 즉 계정을 복호화하는 것이다. 계정과 연관된 개인 키를 사용해 복호화한다. 채굴을 시작하기 위해서는 오직 채굴 보상을 입금할 계정만 필요하므로 잠금을 해제할 필요가 없다. --unlock 옵션을 사용해 하나 이상의 계정을 잠금 해제할 수 있다. 다수의 주소는 콤마를 이용해 분리한 후 제공하면 된다.

빠른 동기화

이 책을 저술한 시점에서 블록체인의 크기는 약 30GB 정도다. 만약 인터넷 연결이 느리다면 다운로드하는 데 몇 시간 또는 며칠이 걸릴 수 있다. 이더리움은 빠른 동기화fast synchronization 알고리즘을 구현해 블록체인을 빠르게 다운로드할 수 있다.

빠른 동기화는 전체 블록을 다운로드하는 대신에 블록 헤더, 트랜잭션 확인, 최신 상태의 데이터베이스만 다운로드한다. 따라서 모든 트랜잭션을 다운로드해서 재생해볼 필요가 없다. 빠른 동기화 알고리즘은 블록체인의 무결성을 검증하기 위해 지정된 블록 수마다 전체 블록을 다운로드한다. 빠른 동기화 알고리즘에 대해 자세히 알기 위해서는 https://github.com/ethereum/go-ethereum/pull/1889를 참조하라.

블록체인을 다운로드하는 동안 빠른 동기화를 사용하려면 geth를 실행할 때 --fast[3] 옵션을 사용해야 한다.

보안상의 이유로 빠른 동기화는 최초 동기화(노드의 자체적인 블록체인이 비어있는 경우)에만 실행된다. 노드가 네트워크와 성공적으로 동기화된 이후 빠른 동기화는 영구적으로 비활성화된다. 추가적인 보안 기능으로, 만약 빠른 동기화가 랜덤 피벗 포인트 부근 또는 이후에 실패한 경우 안전 예방 조치로 빠른 동기화가 비활성화되며 노드는 전체 블록 처리 기반의 동기화로 전환된다.

▌ 이더리움 지갑

이더리움 지갑은 계정을 생성하고, 이더를 송금하고, 컨트랙트를 배포하고, 컨트랙트의 함수를 호출하는 등의 다양한 일을 할 수 있는 이더리움 UI 클라이언트다.

이더리움 지갑은 geth를 번들로 포함하고 있다. 이더리움을 실행하면, 로컬 geth 인스턴스를 찾아 연결하려고 시도하며 실행 중인 geth를 발견하지 못할 경우 자체 geth 노드를 실행한다. 이더리움 지갑은 IPC를 사용해 geth와 통신한다. geth는 파일 기반의 IPC를 지원한다.

 geth를 실행할 때 데이터 디렉터리를 변경하면 IPC 파일 경로도 변경된다. 따라서 이더리움 지갑이 geth 인스턴스를 찾아서 연결하기 위해서는 --ipcpath 옵션을 이용해 IPC 파일 경로를 기본 경로로 지정해야 한다. 그렇지 않으면 이더리움 지갑이 찾지 못할 것이며 자체 인스턴스를 시작할 것이다. 기본 IPC 파일 경로를 찾기 위해 geth help를 실행하면, --ipcpath 옵션 옆에 기본 경로가 표시될 것이다.

---

3 --fast 옵션은 사용할 수 있지만 deprecated 상태며 --syncmode "fast"를 사용할 수 있다. – 옮긴이

이더리움 지갑을 다운로드하기 위해서는 https://github.com/ethereum/mist/releases 를 방문하라. 리눅스, OS X, 윈도우에서 사용 가능하며 geth와 마찬가지로 바이너리 및 스크립트 방식의 두 가지 설치 방법이 제공된다.

다음은 이더리움 지갑의 모습을 보여주는 이미지다.

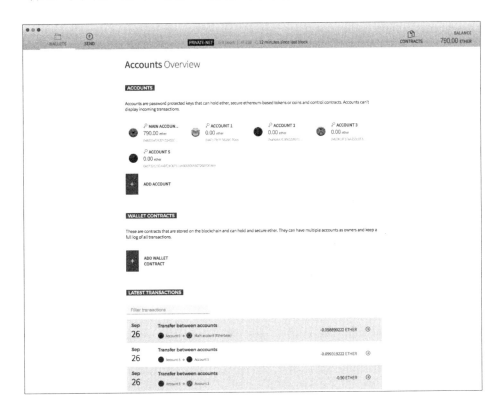

미스트

미스트Mist는 이더리움, 위스퍼, 스웜의 클라이언트다. 트랜잭션을 전송하거나 위스퍼 메시지를 전송하거나 블록체인을 검사하는 등의 일을 할 수 있다.

미스트와 geth의 관계는 이더리움 지갑과 geth 사이의 관계와 유사하다.

미스트는 무엇보다 브라우저와 함께 제공된다는 점에서 인기가 있다. 현재 브라우저에서 실행되는 프론트엔드 자바스크립트는 web3.js 라이브러리(다른 애플리케이션이 geth와 통신할 수 있도록 이더리움 콘솔의 자바스크립트 API를 제공하는 라이브러리)를 사용해 geth 노드의 web3 API에 접근할 수 있다.

미스트의 기본 아이디어는 이더리움, 위스퍼, 스웜을 중앙 서버의 대체재로 사용해 서버를 가질 필요가 없는 3세대 웹(웹 3.0)을 구축하는 것이다.

다음은 미스트의 모습을 보여주는 이미지다.

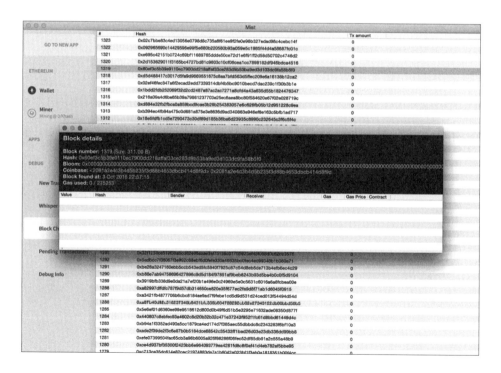

▌ 약점

모든 시스템은 몇 가지 약점을 가지고 있다. 마찬가지로 이더리움 또한 약점이 있다.

다른 애플리케이션과 마찬가지로 이더리움 소스 코드에도 버그가 있을 수 있다. 그리고 다른 네트워크 기반의 애플리케이션처럼 이더리움 또한 서비스 거부(DoS) 공격에 노출돼 있다. 하지만 이더리움만의 독특하고 주요한 약점에 대해 살펴보자.

시빌 공격

공격자는 네트워크를 자신이 제어하는 일반 노드로 채우려고 시도할 수 있다. 그러면 여러분은 공격자의 노드에만 연결할 가능성이 높다. 공격자의 노드에 연결되면, 공격자는 모든 사람으로부터의 블록 및 트랜잭션을 중개하는 것을 거부할 수 있으며 네트워크에 연결되는 것을 끊을 수 있다. 공격자는 자신이 생성한 블록만을 중개하며 별도의 네트워크에 격리시킬 수 있다.

51% 공격

만약 공격자가 네트워크 해시 비율의 절반 이상을 제어할 수 있으면 나머지 네트워크보다 빠르게 블록을 생성할 수 있다. 공격자는 단순히 자신의 프라이빗 포크가 정상적인 네트워크보다 길어질 때까지 보관하다가 브로드캐스팅한다.

50% 이상의 해시 파워가 있으므로 채굴자는 트랜잭션을 취소할 수 있으며, 모든/일부 트랜잭션이 채굴되는 것을 방지하고 다른 채굴자의 블록이 블록체인에 포함되는 것을 방지할 수 있다.

▌ 세레니티

세레니티Serenity는 이더리움 개발 4단계의 업데이트명이다.[4] 이 책을 저술하는 시점에서 세레니티는 여전히 개발 중이다. 이 업데이트는 하드 포크가 필요하다. 세레니티는 합의 프로토콜을 캐스퍼casper로 변경할 것이며 상태 채널과 샤딩sharding을 통합할 것이다.

현재 시점에서 작동 방법에 대한 상세한 내용은 여전히 명확하지 않다. 상위 수준의 개요에 대해 살펴보자.

지불 및 상태 채널

상태 채널state channel에 대해 알아보기 전에 지불 채널이 무엇인지 알아야 한다. 지불 채널이란 서로 다른 계정으로 이더를 송금하는 두 개 이상의 트랜잭션을 두 개의 트랜잭션으로 통합하는 기능이다. 작동 방식에 대해 살펴보자. X가 비디오 스트리밍 웹사이트의 소유자며, Y가 사용자라고 가정해보자. X는 1분마다 1이더의 비용을 부과한다. 물론 Y가 1분마다 트랜잭션을 브로드캐스팅할 수 있지만, X가 확인을 기다리는 동안 비디오가 잠시 멈출 수 있는 것과 같은 문제가 있다. 지불 채널이 이와 같은 문제를 해결한다. 지불 채널을 이용하면 잠금 트랜잭션을 브로드캐스팅하는 방법으로 Y는 일정 이더(아마도 100이더)를 특정 시간(아마도 24시간) 동안 X를 위해 잠가둘 수 있다. 비디오를 1분 본 이후 Y는 잠금을 해제할 수 있다는 서명된 기록을 전송할 것이고 1이더는 X의 계정으로 갈 것이며 나머지는 Y의 계정으로 갈 것이다. 또 1분 이후 Y는 잠금을 해제할 수 있다는 서명된 기록을 보낼 것이고 2이더는 X의 계정으로 갈 것이며 나머지는 Y의 계정으로 갈 것이다. 이 절차는 Y가 X의 웹사이트에서 비디오를 보는 동안 지속된다. 이제 Y가 100시간의 비디오를 보거나 24시간이 도달한 경우, X는 자신의 계정으로 자금을 인출하기 위해 최종 서명된 기록을 네트워크에 브로드캐스트한다. 만약 X가 24시간 이내 인출하는 데 실패하는 경우 Y에게 전액 환불된다. 따라서 블록체인에서 잠금 및 잠금 해제라는 두 가지 거래만 볼 수 있다.

---

4 이더리움 개발은 총 4단계의 로드맵으로 구성돼 있으며 각 단계는 다음과 같다. – 옮긴이
   1단계: 프론티어(Frontier) → 2단계: 홈스테드(Homestead) → 3단계: 메트로폴리스(Metropolis) → 4단계: 세레니티(Serenity)

지불 채널은 이더를 송금하는 트랜잭션과 연관돼 있다. 이와 유사하게 상태 채널을 통해 스마트 컨트랙트와 연관된 트랜잭션을 통합할 수 있다.

지분 증명 및 캐스퍼

캐스퍼casper 합의 프로토콜에 대해 알아보기 전에 지분 증명Proof of Stake 합의 프로토콜이 동작하는 방식을 이해해야 한다.

지분 증명은 작업 증명의 가장 보편적인 대안이다. 작업 증명 방식은 너무나 많은 연산 자원을 낭비한다. POW와 POS의 대표적인 차이는 POS에서는 채굴자가 퍼즐을 풀 필요 없이 채굴자는 블록을 채굴하기 위해 지분을 증명하면 된다는 것이다. POS 시스템에서 계정의 이더는 지분처럼 취급되며, 채굴자가 블록을 채굴할 가능성은 채굴자가 보유하고 있는 지분에 직접 비례한다.

따라서 만약 채굴자가 네트워크의 10% 지분을 보유하고 있다면, 블록의 10%를 채굴할 것이다. 하지만 다음 블록을 누가 채굴할 것인지 어떻게 알 수 있는지가 궁금할 것이다. 높은 지분을 가진 채굴자가 항상 블록을 채굴하는 것은 중앙 집중화가 생기므로 내버려 둘 수 없다. 랜덤 블록 선택, 코인 수명 기반 선택 등 다음 블록 선택을 위한 다양한 알고리즘이 있다.

캐스퍼는 POS의 다양한 문제를 해결한 수정된 버전의 POS다.

샤딩

현재 모든 노드가 대용량의 모든 트랜잭션을 다운로드해야 한다. 블록체인 크기가 증가하는 비율에 따라 향후 몇 년 내에 모든 블록을 다운로드하고 동기화하는 것이 매우 어려워질 것이다.

만약 분산화된 데이터베이스 아키텍처에 익숙하다면, 샤딩sharding에 대해서도 익숙할 것이다. 그렇지 않다면, 샤딩은 다수의 컴퓨터에 걸쳐 데이터를 분산시키는 방법이다.

이더리움은 샤딩을 구현해 블록체인을 분할하고 노드 간에 분산시킬 것이다.

블록체인의 샤딩에 대해 더 자세히 알기 위해서는 https://github.com/ethereum/wiki/wiki/Sharding-FAQ를 참조하라.

요약

이 장에서는 이더리움의 동작 방식을 자세히 살펴봤다. 블록 타임스탬프가 보안에 어떻게 영향을 미치는지와 이더리움의 약점에 대해서도 학습했다. 또한 미스트와 이더리움이 무엇인지와 설치하는 방법도 살펴봤다. 또한 geth의 중요한 명령어도 살펴봤다. 마지막으로 이더리움의 새로운 세레니티 업데이트에서 변경될 부분에 대해서도 배워봤다.

다음 장에서는 이더를 저장하고 보호하기 위한 다양한 방법을 배워볼 것이다.

03

스마트 컨트랙트 작성

앞 장에서는 이더리움 블록체인의 동작 방식과 작업 증명 합의 프로토콜을 통해 보안을 유지하는 방법을 배웠다. 이제 이더리움 동작 방식에 대해 이해했으므로 스마트 컨트랙트 작성을 시작할 시점이다. 이더리움 스마트 컨트랙트를 작성할 수 있는 여러 가지 언어가 있지만, 솔리디티가 가장 많이 사용된다. 이 장에서는 솔리디티 프로그래밍 언어에 대해 배워볼 것이다. 최종적으로는 특정 시점 기준 파일의 존재 여부, 무결성, 소유권을 증명할 수 있는 DApp, 즉 파일이 특정 시점에 특정 소유자에게 있었다는 것을 증명할 수 있는 DApp을 개발할 것이다.

이 장에서는 다음과 같은 주제를 다룰 것이다.

- 솔리디티 소스 파일의 레이아웃
- 솔리디티 데이터 유형에 대한 이해

- 스마트 컨트랙트의 특수 변수 및 함수
- 제어 구조
- 스마트 컨트랙트의 구조 및 특징
- 스마트 컨트랙트 컴파일 및 배포

▌ 솔리디티 소스 파일

솔리디티 소스 파일은 .sol 확장자를 사용해 표시된다. 다른 프로그래밍 언어와 같이 솔리디티도 버전이 다양하다. 이 책을 저술하는 시점에서 가장 최신 버전은 0.4.16이다.

소스 파일 내에서 pragma solidity 지시자를 사용해 코드가 작성된 컴파일러 버전을 언급할 수 있다.

다음 예시를 살펴보자.

```
pragma solidity ^0.4.2;
```

소스 파일은 0.4.2 이전 버전과 0.5.0 이후 버전(이 조건은 ^을 사용했기 때문에 추가됨)의 컴파일러로는 컴파일되지 않을 것이다. 0.4.2부터 0.5.0 버전 사이의 컴파일러는 기능적인 변화 없이 버그 수정만 포함될 가능성이 크다.

 컴파일러 버전을 지정하기 위해 더욱 복잡한 규칙을 사용할 수도 있다. npm에서 사용되는 표현식을 따른다.

스마트 컨트랙트 구조

컨트랙트는 클래스와 비슷하다. 컨트랙트는 상태 변수, 함수, 함수 변경자$^{function\ modifier}$, 이 벤트, 구조체, 열거형을 포함한다. 또한 컨트랙트는 상속도 지원한다. 상속은 컴파일 시점에 코드를 복사하는 방식으로 구현된다. 스마트 컨트랙트는 다형성도 지원한다.

스마트 컨트랙트의 예시를 통해 그 모습을 이해해보자.

```
contract Sample
{
    // 상태 변수
    uint256 data;
    address owner;

    // 이벤트 정의
    event logData(uint256 dataToLog);

    // 함수 변경자
    modifier onlyOwner() {
        if (msg.sender != owner) throw;
        _;
    }

    // 생성자
    function Sample(uint256 initData, address initOwner){
        data = initData;
        owner = initOwner;
    }
    // 함수
    function getData() returns (uint256 returnedData){
        return data;
    }

    function setData(uint256 newData) onlyOwner{
        logData(newData);
        data = newData;
```

```
        }
}
```

앞의 코드가 어떻게 동작하는지 살펴보자.

- 우선 contract 키워드를 사용해 컨트랙트를 선언한다.
- 그리고 두 개의 상태 변수를 선언한다. data는 데이터를 저장하고, owner는 소유
  자의 이더리움 지갑 주소, 즉 컨트랙트가 배포된 주소를 저장한다.
- 그리고 이벤트를 정의했다. 이벤트는 클라이언트에 무언가를 알려주기 위해 사
  용된다. data가 변경될 때마다 이 이벤트가 트리거된다. 모든 이벤트는 블록체
  인 내에 보관된다.
- 함수 변경자를 정의했다. 변경자는 함수 실행 전에 자동으로 조건을 검사하기 위
  해 사용된다. 여기서 변경자는 컨트랙트의 소유자가 함수를 호출했는지를 검사한
  다. 그렇지 않다면 예외를 발생시킨다.
- 다음에 나오는 부분은 컨트랙트 생성자다. 컨트랙트를 배포하는 동안 생성자가
  호출된다. 생성자는 상태 변수를 초기화하기 위해 사용된다.
- 두 개의 메소드를 정의했다. 첫 번째는 data 상태 변수의 값을 얻기 위한 메소드
  고, 두 번째는 data 값을 변경하기 위한 메소드다.

스마트 컨트랙트의 기능에 대해 깊게 이해하기 전에 솔리디티에 관련된 중요한 사항을 배
워보자. 그리고 다시 컨트랙트로 돌아올 것이다.

▌ 데이터 위치

지금까지 배운 모든 프로그래밍 언어는 변수 값을 메모리에 저장할 것이다. 하지만 솔리디
티에서는 변수가 컨텍스트에 따라 메모리 또는 파일시스템에 저장된다.

컨텍스트에 따라 기본 위치가 정해져 있다. 하지만 문자열, 배열, 구조체와 같은 복합 데

이터 유형의 경우 이더 스토리지 또는 메모리를 유형에 추가해 재정의할 수 있다. 함수 매개변수(리턴 매개변수 포함)의 기본 위치는 메모리고 로컬 변수의 기본 위치는 스토리지며 상태 변수의 경우 강제로 스토리지에 저장된다.

데이터 위치에 따라 할당이 동작하는 방식이 변경되므로 중요하다.

- 스토리지 변수와 메모리 변수 사이의 할당은 언제나 독립적인 사본을 생성한다. 하지만 메모리에 저장되는 복잡한 유형으로부터 다른 메모리에 저장되는 복합 유형으로의 할당은 사본을 생성하지 않는다.
- 상태 변수(다른 상태 변수로부터라도)의 할당은 언제나 독립적인 사본을 생성한다.
- 메모리에 저장된 복합 유형을 로컬 스토리지 변수에 할당할 수 없다.
- 상태 변수를 로컬 스토리지에 할당하는 경우, 로컬 스토리지 변수가 상태 변수를 가리킨다. 즉 로컬 스토리지 변수가 포인터가 된다.

▌ 다른 데이터 유형은 무엇인가?

솔리디티는 정적인 유형의 언어며, 변수가 저장하는 데이터 유형은 사전에 정의돼 있어야 한다. 기본적으로 변수의 모든 비트는 0으로 할당돼 있다. 솔리디티에서 변수는 함수의 범위를 가지고 있다. 즉 함수 내 어디에서든 선언된 변수는 선언된 위치와 상관없이 전체 함수의 범위를 가진다.

이제 솔리디티에서 제공하는 다양한 데이터 유형을 살펴보자.

- 가장 간단한 데이터 유형은 bool이며 참[True] 또는 거짓[False] 값을 가질 수 있다.
- uint8, uint16, uint24 … uint256은 각각 부호 없는 8비트, 16비트, 24비트, 256비트의 정수를 가질 수 있다. uint와 int는 각각 uint256, int256의 별칭이다. uint, int와 유사하게 ufixed, fixed는 실수를 나타낸다. ufixed0x8, ufixed0x16 … ufixed0x256은 각각 8비트, 16비트, 256비트의 부호 없는 실수를 표현하는 데

사용된다. 유사하게 fixed0x8, fixed0x16 ... fixed0x256은 부호 있는 실수를 가지는 경우 사용된다. 256비트 이상의 숫자가 필요한 경우 256비트의 데이터 유형이 사용되며 이 경우 근삿값이 저장된다.

- address는 16진수를 할당해 최대 20바이트 값을 저장하는 데 사용되고, 이더리움 주소를 저장하는 데 사용된다. address 유형은 balance와 send라는 두 개의 속성을 제공한다. balance는 계정의 잔액을 확인하는 데 사용되고, send는 주소로 이더를 송금하는 데 사용된다. send 메소드는 송금할 wei의 양을 입력받아 송금 성공 여부에 따라 true, false 값을 리턴한다. send 메소드를 호출하는 컨트랙트에서 wei가 차감된다. 솔리디티에서는 0x 접두사를 사용해 변수에 16진수 인코딩으로 표현된 값을 할당할 수 있다.

배열

솔리디티는 일반 및 바이트 배열array을 모두 지원하며, 정적 배열 및 동적 배열을 모두 지원한다. 또한 다차원의 배열도 지원한다.

bytes1, bytes2, bytes3, ..., bytes32는 바이트 배열의 유형이다. byte는 bytes1의 별칭이다.

다음은 일반 배열의 문법을 보여주는 예시다.

```
contract sample{
    // 동적 크기 배열
    // 배열 리터럴이 보일 때마다 새로운 배열이 생성된다. 배열 리터럴이 명시돼 있으면 스토리지에 저장되고,
함수 내부에서 발견되면 메모리에 저장된다
    // 여기서 myArray는 [0, 0] 배열을 저장한다. [0, 0]의 유형은 값에 기반을 두고 결정된다
    // 따라서 비어있는 리터럴을 할당할 수 없다
    int[] myArray = [0, 0];

    function sample(uint index, int value){
        // 배열의 인덱스는 uint256 유형이어야 한다
```

```
    myArray[index] = value;

    // myArray2는 myArray의 포인터를 저장한다
    int[] myArray2 = myArray;

    //   메모리 내 고정된 크기의 배열
    // 여기서는 99999가 최댓값이며 이 값을 위해 필요한 최대 크기가 24비트이므로 여기서는 uint24를
사용해야 한다
    // 메모리를 사용하는 것은 비싸므로 이와 같은 제약은 메모리 내 리터럴에 적용된다. [1, 2, 99999]
는 uint24 유형이므로 포인터를 저장하기 위해 같은 유형이어야 한다
    uint24[3] memory myArray3 = [1, 2, 99999]; // 배열 리터럴

    // myArray4에 메모리 내 복합 유형을 할당할 수 없으므로 예외가 발생한다
    uint8[2] myArray4 = [1, 2];
  }
}
```

다음은 배열에 대해 알아야 할 중요한 내용이다.

- 배열 또한 배열의 크기를 알아내기 위한 length 속성을 가지고 있다. 배열의 크기
  를 변경하기 위해 length 속성에 값을 할당할 수도 있다. 하지만 메모리 내 배열
  및 동적이 아닌 배열의 크기를 변경할 수는 없다.
- 동적 배열의 설정되지 않은 인덱스에 접근하려고 하는 경우 예외가 발생한다.

 배열, 구조체, 맵은 함수의 매개변수가 될 수 없고 함수로부터 리턴받을 수 없다는 것을 기억
하라.

문자열

솔리디티에서는 문자열을 생성하기 위해 bytes와 string을 이용하는 두 가지 방법이 있다. bytes는 원시 문자열^{raw string}을 만드는 데 사용되며 string은 UTF-8 문자열을 만드는 데 사용된다. 문자열의 길이는 언제나 동적이다.

다음은 문자열의 문법을 보여주는 예시다.

```
contract sample{
    // 문자열 리터럴이 보일 때마다 새로운 문자열이 생성된다. 문자열 리터럴이 명시돼 있으면 스토리지에 저장
되고, 함수 내부에서 발견되면 메모리에 저장된다
    // myString에 "" 문자열 저장
    string myString = ""; // 문자열 리터럴
    bytes myRawString;

    function sample(string initString, bytes rawStringInit){
        myString = initString;

        // myString2는 myString으로의 포인터를 저장
        string myString2 = myString;

        // myString3는 메모리 내의 문자열
        string memory myString3 = "ABCDE";

        // 길이 및 내용 변경
        myString3 = "XYZ";
        myRawString = rawStringInit;

        // myRawString의 길이 증가
        myRawString.length++;

        // 컴파일 시 예외 발생¹
        string myString4 = "Example";
```

---

1 컴파일 시 다음과 같은 오류가 발생한다. - 옮긴이
  Error: Type string memory is not implicitly convertible to expected type string storage pointer.

```
        // 컴파일 시 예외 발생
        string myString5 = initString;
    }
}
```

구조체

솔리디티는 구조체 또한 지원한다. 다음은 구조체 문법을 보여주는 예시다.

```
contract sample{
    struct myStruct {
        bool myBool;
        string myString;
    }

    myStruct s1;

    // 구조체 메소드가 보일 때마다 새로운 구조체가 생성된다. 구조체 메소드가 명시돼 있으면 스토리지에 저장
되고, 함수 내부에 있는 경우 메모리에 저장된다

    myStruct s2 = myStruct(true, ""); // 구조체 메소드 문법
    function sample(bool initBool, string initString){

        // 구조체의 인스턴스 생성
        s1 = myStruct(initBool, initString);

        // myStruct(initBool, initString)은 메모리에 인스턴스를 생성한다
        myStruct memory s3 = myStruct(initBool, initString);
    }
}
```

구조체는 함수 매개변수가 될 수 없으며 함수가 구조체를 리턴하지 못한다.

열거형

솔리디티는 열거형도 지원한다. 다음은 열거형의 문법을 보여주는 예시다.

```
contract sample {
    // 모든 열거형 값을 포함할 수 있는 가장 작은 정수형이 열거 값을 가지기 위해 선택된다
    enum OS { Windows, Linux, OSX, UNIX }

    OS choice;

    function sample(OS chosen){
        choice = chosen;
    }

    function setLinuxOS(){
        choice = OS.Linux;
    }

    function getChoice() returns (OS chosenOS){
        return choice;
    }
}
```

매핑

매핑 데이터 유형은 해시 테이블이다. 매핑은 메모리가 아닌 스토리지에만 사용될 수 있다. 따라서 오직 상태 변수로만 선언된다. 매핑은 키-값 쌍으로 구성된 것으로 생각할 수 있다. 키가 실제로 저장되는 대신 키의 keccak256 해시 값이 값을 검색하기 위해 사용된

다. 매핑은 길이를 가지고 있지 않다. 매핑은 다른 매핑에 할당될 수 없다.

다음은 매핑을 만들고 사용하는 예시다.

```
contract sample{
    mapping (int => string) myMap;

    function sample(int key, string value){
        myMap[key] = value;

        // myMap2는 myMap의 참조다
        mapping (int => string) myMap2 = myMap;
    }
}
```

 설정되지 않은 키에 접근하려고 하면 모두 0비트인 값을 준다는 것을 기억하라.

delete 연산자

delete 연산자는 어떤 변수라도 기본값으로 재설정하기 위해 사용될 수 있다. 기본값이란 모든 비트가 0으로 할당되는 것이다.

동적 배열에 delete를 적용한다면, 모든 요소를 지우고 길이가 0이 된다. 정적 배열에 적용한다면, 모든 인덱스가 재설정된다. 특정 인덱스에 delete를 적용할 수 있으며 이 경우 인덱스가 재설정된다.

맵 유형에 delete를 적용하면 아무 일도 발생하지 않는다. 하지만 맵의 키에 delete를 적용하면 키와 연관된 값이 삭제된다.

다음은 delete 연산자를 보여주는 예시다.

```
contract sample {
    struct Struct {
        mapping (int => int) myMap;
        int myNumber;
    }

    int[] myArray;
    Struct myStruct;

    function sample(int key, int value, int number, int[] array) {
        // 맵은 할당될 수 없으므로 구조체를 생성하는 동안 맵은 무시한다
        myStruct = Struct(number);

        // 맵 키/값을 설정
        myStruct.myMap[key] = value;
        myArray = array;
    }

    function reset(){
        // 이제 myArray의 길이는 0이다
        delete myArray;

        // 이제 myNumber는 0이며 myMap은 현재 상태로 남아있는다
        delete myStruct;
    }

    function deleteKey(int key){
        // 여기서 키를 삭제한다
        delete myStruct.myMap[key];
    }
}
```

기본 유형 간의 변환

배열, 문자열, 구조체, 열거형, 맵 이외의 모든 것을 기본 유형이라고 부른다.

서로 다른 유형 간에 연산자가 적용되면, 컴파일러가 묵시적으로 피연산자[operand] 중 하나를 다른 유형으로 변환하려 한다. 일반적으로 의미상 합당하고 정보의 유실이 없는 경우, 값 유형 간의 묵시적 변환은 가능하다. uint8은 uint16으로 변환할 수 있고 int128은 int256으로 변환할 수 있지만, int8은 uint256으로 변환할 수 없다(예를 들어 uint256 값은 -1과 같은 값을 가질 수 없으므로). 게다가 부호 없는 정수형은 동등하거나 큰 크기의 바이트로 변환할 수 있지만 반대는 불가능하다. uint160으로 변환할 수 있는 유형은 address 유형으로 변환할 수 있다.

솔리디티는 명시적 변환도 가능하다. 따라서 컴파일러가 두 데이터 유형 간의 묵시적 변환을 허용하지 않는다면 명시적 변환을 수행할 수 있다. 예상치 못한 결과가 발생할 수 있으므로 명시적 형 변환을 피하는 것을 권장한다.

명시적 형 변환의 예시를 살펴보자

```
uint32 a = 0x12345678;
uint16 b = uint16(a); // b는 이제 0x5678일 것이다
```

uint32 유형을 uint16으로 명시적으로 형 변환했으며 큰 유형을 작은 유형으로 변환했으므로 상위 비트는 잘린다.

var 사용

솔리디티는 변수를 선언하기 위해 var 키워드를 제공한다. 이 경우 변수의 유형은 첫 번째로 할당된 값에 따라 동적으로 결정된다. 값이 지정된 이후 유형은 고정되므로 다른 값을 할당하면 형 변환이 발생한다.

다음은 var를 보여주는 예시다.

```
int256 x = 12;

// y의 유형은 int256이다
var y = x;
uint256 z= 9;

// 묵시적 형 변환이 불가능하므로 예외가 발생한다
y = z;
```

 배열 또는 맵을 정의할 때는 var를 사용할 수 없다. 또한 함수 매개변수와 상태 변수를 정의할 때도 사용할 수 없다.

▌ 제어 구조

솔리디티는 제어 구조로 if, else, while, for, break, continue, return, ?를 지원한다. 다음은 제어 구조를 보여주는 예시다.

```
contract sample{
    int a = 12;
    int[] b;

    function sample( )
    {
        // "=="은 복합 유형에 대해 예외를 발생시킨다
        if(a == 12)
        {
        }
        else if(a == 34)
```

```
        {
        }
        else
        {
        }
        var temp = 10;

        while(temp < 20)
        {
            if(temp == 17)
            {
                break;
            }
            else
            {
                continue;
            }
            temp++;
        }

        for(var iii = 0; iii < b.length; iii++)
        {

        }
    }
}
```

▍ new 연산자를 사용해 컨트랙트 생성

new 키워드를 사용해 새로운 컨트랙트를 생성할 수 있으며, 생성되는 컨트랙트의 전체 코드에 대해 알고 있어야 한다.

다음은 이를 보여주는 예시다.

```
contract sample1
{
    int a;

    function assign(int b)
    {
        a = b;
    }
}

contract sample2{
    function sample2()
    {
        sample1 s = new sample1();
        s.assign(12);
    }
}
```

▌ 예외

자동으로 예외가 발생하는 경우도 있다. 수동으로 예외를 발생시키기 위해서는 throw 키워드를 사용한다. 예외는 현재 호출 중인 호출을 중지하고 되돌리는(즉 상태 및 잔액의 모든 변경 사항이 취소됨) 효과가 있으며, 예외 처리^{catch}하는 것은 불가능하다.

```
contract sample
{
    function myFunction()
    {
        throw;
    }
}
```

외부 함수 호출

솔리디티에는 내부 및 외부 함수 호출이라는 두 가지 함수 호출 유형이 있다. 내부 함수 호출이란 같은 컨트랙트 내의 다른 함수를 호출하는 것이다.

외부 함수 호출은 다른 컨트랙트의 함수를 호출하는 것이다. 다음의 예시를 살펴보자.

```
contract sample1
{
    int a;

    // "payable"은 기본으로 포함된(built-in) 변경자다
    // 다른 컨트랙트가 메소드를 호출하면서 이더를 전송할 때 이 변경자가 필요하다

    function sample1(int b) payable
    {
        a = b;
    }
    function assign(int c)
    {
        a = c;
    }
    function makePayment(int d) payable
    {
      a = d;
    }
}

contract sample2{
    function hello()
    {
    }

    function sample2(address addressOfContract)
    {
        // 컨트랙트 인스턴스를 생성하면서 12 wei 전송
        sample1 s = (new sample1).value(12)(23);
```

```
        s.makePayment(22);

        // 다시 이더를 전송
        s.makePayment.value(45)(12);

        // 사용할 가스의 양 지정
        s.makePayment.gas(895)(12);

        // 이더를 전송하고 가스를 다시 지정
        s.makePayment.value(4).gas(900)(12);

        // hello()는 내부 호출이며 this.hello()는 외부 호출
        this.hello();

        // 이미 배포된 컨트랙트를 지정
        sample1 s2 = sample1(addressOfContract);

        s2.makePayment(112);
    }
}
```

 this를 사용한 호출을 외부 호출이라고 한다. 함수 내 this 키워드는 현재 컨트랙트 인스턴스를 나타낸다.

▌ 컨트랙트의 특징

이제 컨트랙트에 대해 자세히 알아볼 시간이다. 몇 가지 새로운 특징을 살펴볼 것이며, 이미 본 기능에 대해서는 더욱 깊이 살펴볼 것이다.

가시성

상태 변수 또는 함수의 가시성^{visibility}은 누가 볼 수 있는지를 정의한다. 함수 및 상태 변수는 external, public, internal, private이라는 네 가지 유형의 가시성이 있다.

기본적으로 함수는 public이고 상태 변수는 internal이다. 각 가시성이 의미하는 바를 살펴보자.

- external: external 함수는 다른 컨트랙트 또는 트랜잭션을 통해서만 호출될 수 있다. 외부 함수 f는 내부적으로 호출될 수 없다. 즉 f()는 동작하지 않지만 this.f()는 동작한다. 상태 변수에는 외부 가시성을 적용할 수 없다.
- public: public 함수 및 상태 변수는 가능한 모든 방법으로 접근할 수 있다. 컴파일러에서 생성된 접근자 함수^{accessor function}는 모두 public 상태 변수다. 자신의 접근자를 생성할 수는 없다. 사실 getters만을 생성하고 setters는 생성하지 않는다.
- internal: internal 함수 및 상태 변수는 내부적으로만 접근될 수 있다. 즉 현재의 컨트랙트 또는 이 컨트랙트에서 상속된 컨트랙트에서만 가능하다. 접근을 위해 this를 사용할 수 없다.
- private: private 함수 및 상태 변수는 internal과 비슷하지만 상속된 컨트랙트에서 접근할 수 없다.

다음은 가시성 및 접근자를 보여주는 예시다.

```
contract sample1
{
    int public b = 78;
    int internal c = 90;

    function sample1()
    {
        // 외부(external) 접근
```

```
            this.a();

            // 컴파일 오류
            a();

            // 내부(internal) 접근
            b = 21;

            // 외부(external) 접근
            this.b;

            // 외부(external) 접근
            this.b();

            // 컴파일 오류
            this.b(8);

            // 컴파일 오류
            this.c();

            // 내부(internal) 접근
            c = 9;
        }
        function a() external
        {
        }
}

contract sample2
{
    int internal d = 9;
    int private e = 90;
    }

    // sample3은 sample2를 상속
    contract sample3 is sample2
    {
```

```
sample1 s;

function sample3( )
{
    s = new sample1( );

// 외부(external) 접근
s.a( );

// 외부(external) 접근
var f = s.b;

// 접근자를 통해 값을 할당할 수 없으므로 컴파일 오류
s.b = 18;

// 컴파일 오류
s.c( );

// 내부(internal) 접근
d = 8;

// 컴파일 오류
e = 7;
    }
}
```

함수 변경자

함수 변경자function modifier가 무엇인지는 이전에 살펴봤으며 기본적인 함수 변경자를 작성해봤다. 이제 변경자에 대해 자세히 알아보자.

변경자는 자식 컨트랙트에 의해 상속되며 자식 컨트랙트는 재정의override할 수 있다. 다수의 변경자는 공백으로 구별되는 목록을 지정하는 방식으로 적용될 수 있으며 순서대로 평가될 것이다. 또한 변경자에 인자를 전달할 수도 있다.

변경자 내부 _;이 표시된 곳에는 다음 변경자 바디나 함수 바디 중 먼저 오는 것이 삽입된다.

함수 변경자의 복잡한 코드 예제에 대해 살펴보자.

```
contract sample
{
    int a = 90;

    modifier myModifier1(int b) {
        int c = b;
        _;
        c = a;
        a = 8;
    }

    modifier myModifier2 {
        int c = a;
        _;
    }

    modifier myModifier3 {
        a = 96;
        return;
        _;
        a = 99;
    }

    modifier myModifier4 {
        int c = a;
        _;
    }

    function myFunction() myModifier1(a) myModifier2 myModifier3 myModifier4
returns
        (int d)
        {
```

```
        a = 1;
        return a;
    }
}
```

다음은 myFunction( )이 어떻게 실행되는지 보여준다.

```
int c = b;
    int c = a;
        a = 96;
        return;
            int c = a;
                a = 1;
                return a;
        a = 99;
c = a;
a = 8;
```

myFunction 함수를 호출하면 0을 리턴할 것이다. 하지만 그 이후 상태 변수 a에 접근하려고 할 경우 8 값을 얻을 것이다.

변경자 내부 또는 함수 바디에서의 리턴(return)은 즉시 함수를 벗어나며 리턴 값은 필요한 변수에 할당된다.

함수의 경우 호출자의 코드 실행이 완료되고 나면 리턴(return) 이후 코드가 실행된다. 그리고 변경자의 경우 호출자의 코드 실행이 완료된 이후 기존 변경자의 _ ; 뒤에 오는 코드가 실행된다. 앞의 예시에서 5~8번째 행은 절대로 실행되지 않는다. 네 번째 행 이후 9~10번째 행의 실행이 시작된다.

변경자 내부의 리턴은 연관된 값을 가질 수 없다. 항상 0비트를 반환한다.

폴백 함수

컨트랙트는 폴백 함수fallback function라고 불리는 정확히 한 개의 이름 없는 함수를 가질 수 있다. 이 함수는 인자를 가질 수 없으며 아무것도 리턴할 수 없다. 다른 함수들이 주어진 함수 식별자와 일치하지 않는 컨트랙트 호출인 경우 실행된다.

이 함수는 또한 어떠한 함수 호출 없이 컨트랙트가 이더를 수신한 경우, 즉 트랜잭션이 컨트랙트에 이더를 송금했으나 어떠한 메소드도 호출하지 않은 경우에도 실행된다. 이런 경우 일반적으로 함수 호출에 사용 가능한 가스가 거의 없으므로(정확히는 2,300 가스), 폴백 함수를 가능한 한 싸게 만드는 것이 중요하다.

폴백 함수가 정의되지 않은 컨트랙트의 경우 이더를 받으면 예외가 발생하며 이더를 돌려보낸다. 따라서 이더를 받고 싶은 컨트랙트의 경우 폴백 함수를 구현해야만 한다.

다음은 폴백 함수의 예시다.

```
contract sample
{
    function() payable
    {
        // 누구로부터 얼마큼의 이더가 전송됐는지 기록한다
    }
}
```

상속

솔리디티는 다형성polymorphism을 포함해 코드를 카피하는 방식으로 다중 상속을 지원한다. 컨트랙트가 다수의 다른 컨트랙트를 상속하더라도 블록체인에는 하나의 컨트랙트만 생성되며 부모 컨트랙트의 코드가 항상 최종 컨트랙트에 복사된다.

다음은 상속을 보여주는 예시다.

```
contract sample1
{
    function a( ){}
    function b( ){}
}

// sample2는 sample1을 상속한다
contract sample2 is sample1
{
    function b( ){}
}

contract sample3
{
    function sample3( int b)
    {
    }
}

// sample4는 sample1과 sample2를 상속한다
// sample1은 sample2 부모이므로, 오직 하나의 sample1 인스턴트만 존재한다

contract sample4 is sample1, sample2
{
    function a( ){}
    function c( ){

        // 그다음에는 sample3 컨트랙트의 a 메소드를 실행한다
        a( );

        // 그다음에는 sample1 컨트랙트의 a 메소드를 실행한다
        sample1.a( );

            // sample2.b( )가 부모 컨트랙트 리스트의 마지막에 있으며 sample1.b( )를 재정의하므로
sample2.b( )를 호출한다
        b( );
    }
}
```

```
// 생성자가 인자를 받으면, 자식 컨트랙트 생성 시 제공돼야 한다
// 솔리디티에서는 자식 컨트랙트가 부모의 생성자를 대신 호출하지 않는다. 부모가 초기화되고 자식에게 복사된다
contract sample5 is sample3(122)
{
}
```

super 키워드

super 키워드는 최종 상속 체인에서 다음 컨트랙트를 가리키기 위해 사용된다. 이를 이해하기 위해 다음 예시를 살펴보자.

```
contract sample1
{
}
contract sample2
{
}
contract sample3 is sample2
{
}
contract sample4 is sample2
{
}
contract sample5 is sample4
{
    function myFunc()
    {
    }
}
contract sample6 is sample1, sample2, sample3, sample5
{
    function myFunc()
    {
        // sample5의 myFunc()
```

```
        super.myFunc();
    }
}
```

sample6 컨트랙트와 관련된 최종 상속 체인은 sample6, sample5, sample4, sample2, sample3, sample1이다. 상속 체인은 가장 많이 상속받은 체인으로부터 시작해서 가장 적게 상속받은 체인으로 끝난다.

추상 컨트랙트

함수의 구현 대신 프로토타입만 가지고 있는 컨트랙트를 추상 컨트랙트라고 부른다. 이러한 컨트랙트는 컴파일되지 않는다(구현되지 않은 함수와 함께 구현된 함수를 포함하고 있더라도). 만약 추상 함수를 상속받았고 모든 미구현 함수를 재정의해서 구현하지 않았다면 그 자체도 추상이다.

이러한 추상 컨트랙트들은 인터페이스를 컴파일러에게 알려주기 위해서만 제공된다.

이미 배포된 컨트랙트를 참조하고 함수를 호출할 때 유용하다.

다음은 이를 보여주는 예시다.

```
contract sample1
{
    function a() returns (int b);
}

contract sample2
{
    function myFunc()
    {
        sample1 s = sample1(0xd5f9d8d94886e70b06e474c3fb14fd43e2f23970);

        // 추상 함수 없이는 이 부분이 컴파일되지 않을 것이다
        s.a();
```

```
        }
}
```

▌ 라이브러리

라이브러리는 컨트랙트와 유사하지만, 특정 주소에 한 번 배포되고 코드가 다양한 컨트랙트에서 재사용되는 것이 목적이다. 이는 만약 라이브러리 함수가 호출된다면 그 코드가호출한 컨트랙트의 컨텍스트에서 실행된다는 의미다. 즉, 호출하는 컨트랙트, 특히 호출하는 컨트랙트의 저장소에 접근할 수 있다는 것을 의미한다. 라이브러리는 소스의 독립된조각이므로 명시적으로 제공된 경우에만 호출한 컨트랙트의 상태 변수에 접근할 수 있다(달리 이름을 지정할 방법이 없다).

라이브러리는 상태 변수를 가질 수 없다. 상속을 지원하지 않으며 이더를 받을 수도 없다.라이브러리는 구조체와 열거형을 포함할 수 있다.

솔리디티 라이브러리가 일단 블록체인에 배포된 경우, 주소를 알고 있고 소스 코드(단지프로토타입 또는 완벽한 구현)를 가지고 있다면 누구라도 사용할 수 있다. 소스 코드는 솔리디티 컴파일러에서 필요하며 접근하려고 하는 메소드가 실제 라이브러리에 있는지 확인할 수 있다.

예시를 살펴보자.

```
library math
{
    function addInt(int a, int b) returns (int c)
    {
        return a + b;
    }
}

contract sample
```

```
{
    function data( ) returns (int d)
    {
        return math.addInt(1, 2);
    }
}
```

컨트랙트 소스 코드 내에서 라이브러리의 주소를 추가할 수 없다. 대신 컴파일러에서 컴파일하는 도중 라이브러리의 주소를 제공해야 한다.

라이브러리는 다양한 사용 사례가 있다. 라이브러리의 두 가지 주요 사용 사례는 다음과 같다.

- 일부 공통된 소스 코드를 가진 많은 계약이 있는 경우 공통된 코드를 라이브러리로 배포할 수 있다. 가스는 컨트랙트의 크기에도 의존적이므로 가스를 절약할 수 있을 것이다. 따라서 라이브러리를 이를 사용하는 컨트랙트들의 베이스 컨트랙트로 생각할 수 있다. 공통된 소스 코드를 나누기 위해 라이브러리 대신 베이스 컨트랙트를 사용할 경우, 솔리디티에서는 코드를 복사하는 방식으로 상속이 이뤄지기 때문에 가스가 절약되지 않을 것이다. 라이브러리가 베이스 컨트랙트처럼 간주되기 때문에 라이브러리 내 내부 가시성을 가지고 있는 함수들이 이를 사용하는 컨트랙트로 복사된다. 그렇지 않으면 외부 호출이 필요한데 내부 가시성을 가진 함수를 외부 호출로 호출할 수 없으므로, 내부 가시성을 가진 함수를 라이브러리를 사용하는 컨트랙트에서 호출할 수 없다. 또한 라이브러리 내 구조체와 열거형은 라이브러리를 사용하는 컨트랙트에 복사된다.
- 라이브러리는 데이터 유형에 멤버 함수를 추가하는 데도 사용할 수 있다.

> 만약 라이브러리가 오직 내부(internal) 함수와 구조체/열거형만 포함하고 있다면, 라이브러리 내에 있는 모든 것이 이를 이용하는 컨트랙트에 복사되므로 라이브러리를 배포할 필요가 없다.

for 사용

using A for B; 지시자는 라이브러리 함수를 attach하는 데 사용할 수 있다(라이브러리 A로부터 어떠한 유형의 B로). 이 함수들은 첫 번째 매개변수로 호출된 객체를 받는다.

using A for *;은 라이브러리 A의 함수를 모든 유형에 attach하는 효과를 가지고 있다.

for를 사용하는 다음 예시를 살펴보자.

```
library math
{
    struct myStruct1 {
        int a;
    }

    struct myStruct2 {
        int a;
    }

    // 참조할 수 있도록 's' 위치 저장소를 만들어야 한다
    // 그렇지 않으면 호출한 myStruct1 대신 다른 myStruct1 인스턴스를 접근/수정하게 된다
    function addInt(myStruct1 storage s, int b) returns (int c)
    {
        return s.a + b;
    }

    function subInt(myStruct2 storage s, int b) returns (int c)
    {
        return s.a + b;
    }
}

contract sample
{
    // "*"는 함수를 모든 구조체에 attach한다
    using math for *;
    math.myStruct1 s1;
```

```
    math.myStruct2 s2;

    function sample()
    {
        s1 = math.myStruct1(9);
        s2 = math.myStruct2(9);
        s1.addInt(2);

        // addInt의 첫 번째 매개변수가 myStruct1 유형이므로 myStruct2에 attach되지 않아 컴파일
오류가 발생함
        s2.addInt(1);
    }
}
```

▌ 다수의 값 리턴

솔리디티는 함수가 다수의 값을 리턴하는 것을 허용한다. 다음은 이를 보여주는 예시다.

```
contract sample
{
    function a() returns (int a, string c)
    {
        return (1, "ss");
    }

    function b()
    {
        int A;
        string memory B;

        // A는 1이고 B는 "ss"다
        (A, B) = a();

        // A는 1
```

```
        (A,) = a();

        // B는 "ss"
        (, B) = a();
    }
}
```

다른 솔리디티 소스 파일 가져오기

솔리디티는 소스 파일이 다른 소스 파일을 가져오는^{import} 것을 허용한다. 다음은 이를 보여주는 예시다.

```
// 이 선언문은 "filename"(이 파일에 임포트된 심볼 포함)으로부터 모든 전역 심볼을 현재 전역 범위로 가져온
다. "filename"은 절대 경로 및 상대 경로일 수 있으며 HTTP URL일 수 있다
import "filename";

// "filename"의 모든 전역 심볼이 멤버인 새로운 전역 심볼 symbolName 생성
import * as symbolName from "filename";

// "filename"으로부터 각각 symbol1과 symbol2를 참조하는 새로운 전역 심볼 alias 및 symbol2 생성
import {symbol1 as alias, symbol2} from "filename";

// import * as symbolName from "filename";과 같음
import "filename" as symbolName;
```

전역적으로 사용 가능한 변수

전역적으로 항상 존재하는 특별한 변수 및 함수가 있다. 이들에 대해서는 다음 절에서 논의해보자.

블록 및 트랜잭션 속성

블록 및 트랜잭션 속성은 다음과 같다.

- block.blockhash(uint blockNumber) returns (bytes32): 해당 블록의 해시. 가장 최신 256 블록에 대해서만 동작함
- block.coinbase (address): 현재 블록 채굴자의 주소
- block.difficulty (uint): 현재 블록 난이도
- block.gaslimit (uint): 현재 블록 가스 한도. 전체 블록의 모든 트랜잭션에게 사용할 수 있도록 허용된 최대 가스양을 정의한다. 블록 전파 및 처리 시간을 낮게 유지해서 충분히 분산된 네트워크를 허용하기 위한 목적이다. 채굴자는 현재 블록의 가스 한도를 마지막 블록의 ~0.0975%(1/1,024) 내로 설정할 권리가 있으므로 최종적인 가스 한도는 채굴자들이 선호하는 값들의 중앙값이어야 한다.
- block.number (uint): 현재 블록 번호
- block.timestamp (uint): 현재 블록 타임스탬프
- msg.data (bytes): 트랜잭션이 호출한 함수 및 인자의 전체적인 호출 데이터 저장
- msg.gas (uint): 잔여 가스
- msg.sender (address): 메시지 송신자(현재 호출)
- msg.sig (bytes4): 호출 데이터의 첫 4바이트(함수 식별자)
- msg.value (uint): 메시지와 함께 전달된 wei의 수
- now (uint): 현재 블록 타임스탬프(block.timestamp의 별칭)
- tx.gasprice (uint): 트랜잭션의 가스 가격
- tx.origin (address): 트랜잭션의 송신자(전체 호출 체인)

주소 유형 관련

주소 유형 관련 변수는 다음과 같다.

- \<address\>.balance (uint256): 주소의 잔액(wei 단위)
- \<address\>.send(uint256 amount) returns (bool): 주어진 wei를 주소로 전송. 실패 시에는 false 리턴

컨트랙트 관련

컨트랙트 관련 변수는 다음과 같다.

- this: 현재 컨트랙트며, 주소 유형으로 명시적으로 변환할 수 있다.
- selfdestruct(address recipient): 현재 컨트랙트를 파기하고 지정된 주소로 자금을 전송

▌ 이더 단위

wei, finney, szabo, Ether와 같은 접미사를 이용해 이더 하위 액면가 사이에 변환할 수 있으며, 접미사가 없는 경우 wei라고 가정한다. 예를 들어 2 Ether == 2000 finney는 참이다.

▌ 존재, 무결성, 소유권 증명

실제 파일을 공개하지 않고 파일의 소유권을 증명할 수 있는 솔리디티 컨트랙트를 작성해보자. 이는 특정 시간에 파일이 존재했다는 것을 증명할 수 있으며 최종적으로 문서의 무결성을 검사할 수 있다.

파일의 해시와 소유자의 이름을 쌍으로 저장하는 방식으로 소유권을 증명할 것이며, 파일의 해시와 블록의 타임스탬프를 쌍으로 저장하는 방식으로 존재를 증명할 것이다. 마지막으로 해시 자체를 저장해 파일의 무결성을 증명할 것이다. 즉, 만약 파일이 수정되면 해시가 변경될 것이므로 컨트랙트는 해당 파일을 찾지 못하므로 파일이 수정됐다는 것을 증명한다.

다음은 이를 구현하기 위한 스마트 컨트랙트의 코드다.

```
contract Proof
{
    struct FileDetails
    {
        uint timestamp;
        string owner;
    }
    mapping (string => FileDetails) files;

    event logFileAddedStatus(bool status, uint timestamp, string owner,
    string fileHash);

    // 블록 타임스탬프에 파일의 소유자를 저장하기 위해 사용된다
    function set(string owner, string fileHash)
    {

        // 키가 이미 존재하는지 확인하기 위한 적절한 방법이 없다. 따라서 기본값을 확인한다(예를 들어 모든
비트가 0인지)
        if(files[fileHash].timestamp == 0)
        {
            files[fileHash] = FileDetails(block.timestamp, owner);

            // 이벤트를 트리거해 프론트엔드 앱이 파일의 존재와 소유권에 대한 상세 정보가 저장됐다고 알
수 있게 한다
            logFileAddedStatus(true, block.timestamp, owner, fileHash);
        }
        else
```

```
    {
        // 그다음에는 프론트엔드에게 파일의 상세 정보가 이미 저장됐기 때문에 파일 존재 및 소유권에
대한 상세 정보를 저장할 수 없다고 알려준다
        logFileAddedStatus(false, block.timestamp, owner, fileHash);
    }
}

// 파일 정보를 얻기 위해 사용된다
function get(string fileHash) returns (uint timestamp, string owner)
{
    return (files[fileHash].timestamp, files[fileHash].owner);
}
}
```

▌ 컨트랙트 컴파일 및 배포

이더리움은 .sol 파일을 컴파일하기 위한 명령행 인터페이스를 제공하는 solc 컴파일러를 제공한다. 설치를 위해서는 http://solidity.readthedocs.io/en/develop/installing-solidity.html#binary-packages를 참조하고, 사용법을 위해서는 https://solidity.readthedocs.io/en/develop/using-the-compiler.html을 참조하라. 우리는 solc 컴파일러를 직접 사용하는 대신 solcjs와 브라우저 솔리디티browser Solidity를 사용할 것이다. solcjs는 솔리디티를 Node.js에서 프로그래밍적으로 컴파일하며, 브라우저 솔리디티는 IDE로서 작은 컨트랙트에 적합하다.

이제부터 위 컨트랙트를 이더리움에서 제공한 브라우저 솔리디티를 이용해 컴파일해보자. 자세히 알기 위해서는 https://ethereum.github.io/browser-solidity/를 참조하라. 또한 브라우저 솔리디티 소스 코드를 다운로드해 오프라인에서 사용할 수도 있다. 다운로드하기 위해서는 https://github.com/Ethereum/browser-solidity/tree/gh-pages를 참조하라.

브라우저 솔리디티를 사용하면 편집기를 제공하고 컨트랙트 배포를 위한 코드를 생성할 수 있다.

편집기에서 위 컨트랙트 코드를 복사하거나 붙여넣기하자. 컴파일되고, geth 대화형 콘솔을 사용해 배포할 수 있는 web3.js 코드를 제공할 것이다.

다음과 같은 결과물을 얻을 수 있다.

```
var proofContract =
web3.eth.contract([{"constant":false,"inputs":[{"name":"fileHash","type":"s
tring"}],"name":"get","outputs":[{"name":"timestamp","type":"uint256"},{"na
me":"owner","type":"string"}],"payable":false,"type":"function"},{"constant
":false,"inputs":[{"name":"owner","type":"string"},{"name":"fileHash","type
":"string"}],"name":"set","outputs":[],"payable":false,"type":"function"},{
"anonymous":false,"inputs":[{"indexed":false,"name":"status","type":"bool"}
,{"indexed":false,"name":"timestamp","type":"uint256"},{"indexed":false,"na
me":"owner","type":"string"},{"indexed":false,"name":"fileHash","type":"str
ing"}],"name":"logFileAddedStatus","type":"event"}]);
var proof = proofContract.new(
{
    from: web3.eth.accounts[0],
    data: '60606040526......,
    gas: 4700000
    }, function (e, contract){
    console.log(e, contract);
    if (typeof contract.address !== 'undefined') {
    console.log('Contract mined! address: ' + contract.address + '
    transactionHash: ' + contract.transactionHash);
}
})
```

data는 EVM이 이해할 수 있는 컨트랙트의 컴파일된 버전(바이트 코드)을 나타낸다. 소스 코드는 먼저 opcode로 변환된다. 이후 opcode가 바이트 코드로 변환된다. 각 opcode 는 연관된 가스가 있다.

`web3.eth.contract`의 첫 번째 인자는 ABI 정의다. ABI 정의는 모든 메소드의 프로토타입을 포함하고 있으므로 트랜잭션을 생성할 때 사용된다.

이제 geth를 채굴이 활성화된 개발자 모드로 실행해보자. 이를 위해서는 다음 명령어로 실행한다.

```
geth --dev --mine
```

이제 다른 명령행 창을 열어 다음 명령어로 geth 대화형 자바스크립트 콘솔을 연다.

```
geth attach[2]
```

위 명령어는 다른 창에서 실행 중인 geth 인스턴스와 JS 콘솔을 연결할 것이다.

브라우저 솔리디티의 오른쪽 패널에 web3 배포 텍스트 영역에 있는 모든 것을 복사해 대화형 콘솔에 붙여넣는다. 이제 엔터 키를 누른다. 우선 트랜잭션 해시를 가져오고 일정 시간 기다리고 나서 트랜잭션이 채굴된 이후 컨트랙트 주소를 얻을 수 있을 것이다. 트랜잭션 해시는 모든 트랜잭션에 대해 고유한 트랜잭션의 해시다. 배포된 모든 컨트랙트는 블록체인 내에서 식별하기 위해 고유한 컨트랙트 주소를 가진다.

컨트랙트 주소는 생성자의 주소(from 주소) 및 생성자가 전송한 트랜잭션의 수(트랜잭션 논스)로부터 결정적으로 계산된다. 이 두 가지는 RLP 인코딩된 후 keccak−256 해싱 알고리즘을 이용해 해시화된다. 트랜잭션 논스에 대해서는 나중에 학습할 것이다. RLP의 자세한 내용은 https://github.com/Ethereum/wiki/wiki/RLP를 참조하라.

이제 파일 상세 정보를 저장하고 검색해보자.

다음 코드를 배치해 파일의 상세 정보를 저장하기 위한 트랜잭션을 브로드캐스트해보자.

---

2 만약 ipc 파일을 찾을 수 없다는 오류가 발생할 경우 attach 명령을 실행할 때 ipc 파일의 경로를 지정해줄 수 있다. – 옮긴이
    예시) geth attach ipc:/tmp/ethereum_dev_mode/geth.ipc

```
var contract_obj = proofContract.at("0x9220c8ec6489a4298b06c2183cf04fb7e8fbd
6d4");
contract_obj.set.sendTransaction("Owner Name",
"e3b0c44298fc1c149afbf4c8996fb92427ae41e4649b934ca495991b7852b855", {
from: web3.eth.accounts[0],
}, function(error, transactionHash){
if (!error)
    console.log(transactionHash);
})
```

컨트랙트 주소를 당신이 가지고 있는 컨트랙트 주소로 대체하라. proofContract.at 메소드의 첫 번째 인자는 컨트랙트 주소다. 가스를 제공하지 않았으며 이 경우 자동으로 계산된다.

파일의 상세 정보를 검색해보자. 파일의 상세 정보를 찾으려면 다음 코드를 실행하라.

```
contract_obj.get.call("e3b0c44298fc1c149afbf4c8996fb92427ae41e4649b934ca495991b7
852b855");
```

다음과 같은 결과물을 얻을 것이다.

```
[1477591434, "Owner Name"]
```

call 메소드는 EVM상에서 현재 상태로 컨트랙트의 메소드를 호출하기 위해 사용됐다. 이는 트랜잭션을 브로드캐스트하지 않는다. 데이터를 읽기 위해서는 자체적인 블록체인의 사본을 가지고 있으므로 브로드캐스트할 필요가 없다.

web3.js에 대해서는 다음 장에서 자세히 살펴볼 것이다.

▌요약

이 장에서는 솔리디티 프로그래밍 언어에 대해 배워봤다. 데이터 위치, 데이터 유형, 컨트랙트의 고급 기능에 대해서도 배워봤다. 또한 스마트 컨트랙트를 컴파일하고 배포하기 위한 빠르고 쉬운 방법도 학습했다. 이제 스마트 컨트랙트를 작성하는 데 익숙해야 한다.

다음 장에서는 스마트 컨트랙트를 배포하거나 트랜잭션을 실행하는 것을 쉽게 해주는 스마트 컨트랙트의 프론트엔드를 구축할 것이다.

04

web3.js 시작하기

앞 장에서는 스마트 컨트랙트를 작성하는 방법과 geth의 대화형 콘솔 및 web3.js를 사용해 배포하고 트랜잭션을 브로드캐스팅하는 법을 배웠다. 이 장에서는 web3.js에 대한 기본적인 내용과 불러오는import 방법, geth에 연결하는 방법, Node.js 및 클라이언트 측 자바스크립트에서 사용하는 방법을 배워볼 것이다.

또한 web3.js를 사용해 앞 장에서 만든 스마트 컨트랙트의 웹 클라이언트를 만드는 방법도 배워볼 것이다.

이 장에서는 다음과 같은 주제를 다룰 것이다.

- Noje.js 및 클라이언트 측 자바스크립트에서 web3.js 불러오기
- geth 연결 방법

- web3.js를 사용해 수행할 수 있는 다양한 작업에 대한 탐색
- web3.js의 가장 많이 사용되는 API에 대한 확인
- 소유권 컨트랙트를 위한 Node.js 애플리케이션 구축

▌ web3.js 소개

web3.js는 geth와 통신할 수 있는 자바스크립트 API를 제공해준다. geth와 통신하기 위해 내부적으로는 JSON-RPC를 이용한다. web3.js는 JSON-RPC를 지원하는 어떤 종류의 이더리움 노드와도 통신할 수 있으며, 모든 JSON-RPC API를 자바스크립트 API 형태로 제공한다. 단지 이더리움 관련 API만을 지원하는 것이 아니라 위스퍼 및 스웜과 관련된 API도 지원한다.

다양한 프로젝트를 구축하면서 web3.js에 대해 더 자세히 배우겠지만, 지금은 web3.js에서 가장 자주 사용되는 API에 대해 살펴본 후 web3.js를 이용해 소유권 스마트 컨트랙트의 프론트엔드를 구축할 것이다.

이 책을 저술하는 시점에서 web3.js의 가장 최신 버전은 0.20.2다. 여기서는 이 버전과 관련된 모든 것을 배울 것이다.

web3.js는 https://github.com/ethereum/web3.js에 호스팅되고 있으며 전체 문서는 https://github.com/ethereum/wiki/wiki/JavaScript-API에 호스팅되고 있다.

web3.js 불러오기

Node.js에서 web3.js를 사용하기 위해서는 단순히 프로젝트 디렉터리 내에서 npm install web3를 실행하고, 소스 코드에서 require("web3");을 사용해 불러오면 된다.

클라이언트 측 자바스크립트에서 web3.js를 사용하기 위해서는 프로젝트 소스 코드의

dist 디렉터리 내부에서 찾을 수 있는 web3.js 파일을 대기열에 추가하면 된다. 이제 Web3 객체를 전역적으로 사용할 수 있다.

노드에 연결

web3.js는 HTTP 또는 IPC를 사용해 노드와 통신할 수 있다. 여기서는 HTTP를 사용해 노드와 통신하도록 설정할 것이다. web3.js는 다수의 노드와 연결을 맺는 것도 지원한다. web3의 인스턴스는 노드와의 연결을 나타낸다. 인스턴스는 API를 제공한다.

애플리케이션이 미스트 내부에서 동작 중이라면 미스트 노드와 연결된 web3 인스턴스를 자동으로 생성한다. 인스턴스의 변수명은 web3다.

다음은 노드에 연결하기 위한 기본 코드다.

```
if (typeof web3 !== 'undefined') {
  web3 = new Web3(web3.currentProvider);
} else {
 Web3.providers
  web3 = new Web3(new Web3.providers.HttpProvider("http://localhost:8545"));
}
```

먼저, web3가 undefined인지 아닌지를 확인해 코드가 미스트 내에서 실행 중인지 확인한다. web3가 정의돼 있으면 이미 사용 가능한 인스턴스를 사용한다. 그렇지 않으면 커스텀 노드에 연결해 인스턴스를 생성한다. 미스트 내부에서 앱이 동작 중인지 여부와 상관없이 커스텀 노드에 연결하길 원하는 경우 위 코드에서 if 조건 부분을 제거하면 된다. 여기서는 커스텀 노드가 로컬에서 포트 번호 8545로 동작 중이라고 가정한다.

Web3.providers 객체는 연결을 맺고 다양한 프로토콜을 사용해 메시지를 전송하기 위해 생성자(이 컨텍스트에서는 제공자provider라고 함)를 제공한다. Web3.providers.HttpProvider 는 HTTP 연결을 제공하고, Web3.providers.IpcProvider는 IPC 연결을 제공한다.

web3.currentProvider 속성은 현재 제공자 인스턴스에 자동으로 할당된다. web3 인스턴스를 만든 후에는 web3.setProvider( ) 메소드를 사용해 제공자를 변경할 수 있다. 이 메소드는 새로운 제공자의 인스턴스를 하나의 인자로 받는다.

 geth는 기본적으로 HTTP-RPC가 비활성화돼 있다. 따라서 활성화하기 위해서는 **구동 시에 --rpc 옵션을 제공해야 한다.** 기본적으로 HTTP-RPC는 포트 8545에서 동작한다.

web3는 노드에 연결돼 있는지를 확인할 수 있는 isConnected( ) 메소드를 제공한다. 연결 상태에 따라 true 또는 false를 리턴한다.

API 구조

web3는 이더리움 블록체인 상호작용을 위한 eth 객체(web3.eth)와 위스퍼 상호작용을 위한 shh 객체(web3.shh)를 특별히 포함하고 있다. web3.js의 대부분 API는 이 두 객체 내부에 있다.

모든 API는 기본적으로 동기식synchronous이다. 만약 비동기식 요청을 만들고 싶은 경우 대부분의 함수에 마지막 매개변수로 선택적인 콜백을 전달하면 된다. 모든 콜백은 오류 우선error-first 콜백 스타일을 사용한다.

일부 API는 비동기식 요청을 위한 별칭을 가지고 있다. 예를 들어 web3.eth.coinbase( )는 동기식이지만, web3.eth.getCoinbase( )는 비동기식이다.

다음 예시를 살펴보자.

```
// 동기식 요청
try
{
    console.log(web3.eth.getBlock(48));
}
```

```
catch(e)
{
    console.log(e);
}

// 비동기식 요청
web3.eth.getBlock(48, function(error, result){
    if(!error)
        console.log(result)
    else
        console.error(error);
})
```

getBlock은 번호 또는 해시를 이용해 블록에 대한 정보를 얻기 위해 사용된다. 또는 "earliest"(창조 블록), "latest"(블록체인의 최상단 블록)와 같은 문자열을 사용할 수도 있다. 인자를 전달하지 않는 경우 기본값은 web3.eth.defaultBlock이며 기본적으로 "latest"가 할당된다.

블록을 식별할 수 있는 값이 필요한 모든 API는 입력 값으로 숫자, 해시, 또는 읽을 수 있는 문자열 중 하나를 사용할 수 있다. 이러한 API들은 값이 전달되지 않으면 기본적으로 web3.eth.defaultBlock을 사용한다.

BigNumber.js

자바스크립트는 기본적으로 큰 숫자를 올바르게 처리하는 데 부족하다. 따라서 큰 숫자를 다루거나 완벽한 계산이 필요한 애플리케이션은 BigNumber.js 라이브러리를 사용한다.

web3.js 또한 BigNumber.js에 의존한다. BigNumber.js는 자동으로 추가된다. web3.js는 항상 숫자 값에 대해서는 BigNumber 객체를 리턴한다. 자바스크립트 숫자, 숫자 문자열, BigNumber 인스턴스를 입력 값으로 사용할 수 있다.

다음은 이를 보여주는 예시다.

```
web3.eth.getBalance("0x27E829fB34d14f3384646F938165dfcD30cFfB7c").toString();
```

여기서 우리는 web3.eth.getBalance() 메소드를 사용해 주소의 잔액을 얻었다. 이 메소드는 BigNumber 객체를 반환한다. BigNumber 객체를 숫자형 문자열로 변환하기 위해서는 toString()을 호출해야 한다.

BigNumber.js는 소수점 20자리 이상의 숫자를 올바르게 처리하지 못한다. 따라서 잔액을 wei 단위로 저장하고 보여줄 때 다른 단위로 변환하는 것이 권장된다. web3.js는 자체적으로 잔액을 리턴하거나 받아들일 때 항상 wei 단위를 사용한다. 예를 들어 getBalance() 메소드는 주소의 잔액을 wei 단위로 리턴한다.

단위 변환

web3.js는 wei 잔액을 다른 단위로 변환하거나 다른 단위의 잔액을 wei로 변환할 수 있는 API를 제공한다.

web3.fromWei() 메소드는 wei 숫자를 다른 단위로 변환하기 위해 사용되며, web3.toWei()는 다른 단위를 wei 단위로 변환하기 위해 사용된다.

다음은 이를 보여주는 예시다.

```
web3.fromWei("1000000000000000000", "ether");
web3.toWei("0.000000000000000001", "ether");
```

첫 번째 줄은 wei를 ether로 변환했고, 두 번째 줄은 ether를 wei로 변환했다.

위 두 메소드의 두 번째 인자로는 다음과 같은 문자열 중 하나를 사용할 수 있다.

- kwei/ada

- mwei/babbage

- gwei/shannon

- szabo

- finney

- ether

- kether/grand/einstein

- mether

- gether

- tether

가스 가격, 잔액, 트랜잭션 상세 정보 검색

가스 가격, 주소의 잔액, 채굴된 트랜잭션의 정보를 검색할 수 있는 API에 대해 살펴보자.

```
// 동기화 방식을 사용한다. 비동기식을 위해서는 getGasPrice를 사용하라
console.log(web3.eth.gasPrice.toString());

console.log(web3.eth.getBalance("0x407d73d8a49eeb85d32cf465507dd71d507100c1",45).toString());

console.log(web3.eth.getTransactionReceipt("0x9fc76417374aa880d4449a1f7f31ec597f00b1f6f3dd2d66f4c9c6c445836d8b"));
```

출력 형식은 다음과 같다.

```
20000000000
30000000000
{
  "transactionHash":
```

```
    "0x9fc76417374aa880d4449a1f7f31ec597f00b1f6f3dd2d66f4c9c6c445836d8b ",
    "transactionIndex": 0,
    "blockHash":
    "0xef95f2f1ed3ca60b048b4bf67cde2195961e0bba6f70bcbea9a2c4e133e34b46",
    "blockNumber": 3,
    "contractAddress": "0xa94f5374fce5edbc8e2a8697c15331677e6ebf0b",
    "cumulativeGasUsed": 314159,
    "gasUsed": 30234
}
```

위 메소드가 어떻게 동작하는지 알아보자.

- web3.eth.gasPrice(): 최신 블록 x개의 가스 가격 중앙값으로 가스 가격을 결정한다.

- web3.eth.getBalance(): 주어진 주소의 잔액을 리턴. 모든 해시는 web3.js API에게 16진수 리터럴이 아닌 16진수 문자열 형태로 제공돼야 한다. 솔리디티 address형의 입력 값 또한 16진수 문자열이어야 한다.

- web3.eth.getTransactionReceipt(): 해시를 이용해 트랜잭션 상세 정보를 얻을 때 사용된다. 블록체인 내에서 트랜잭션을 찾을 수 있는 경우 transaction receipt 객체를 리턴하며 아닌 경우 null을 리턴한다. transaction receipt 객체는 다음과 같은 속성을 가진다.

  - 블록해시(blockHash): 해당 트랜잭션이 있는 블록의 해시
  - 블록번호(blockNumber): 해당 트랜잭션이 있는 블록의 번호
  - 트랜잭션해시(transactionHash): 트랜잭션의 해시
  - 트랜잭션인덱스(transactionIndex): 블록 내 트랜잭션의 정수형 인덱스 위치
  - from: 송신자의 주소
  - to: 수신자의 주소, 컨트랙트 생성 트랜잭션의 경우 null
  - 누적 가스 사용량(cumulativeGasUsed): 이 트랜잭션이 블록 내에서 실행될 때 사용한 가스의 총량

- 가스 사용량(gasUsed): 특정 트랜잭션이 사용한 가스의 양
- 컨트랙트 주소(contractAddress): 컨트랙트 생성 트랜잭션의 경우 컨트랙트의 주소, 아닌 경우 null
- logs: 트랜잭션이 생성한 로그 객체의 배열

이더 송금

이더를 특정 주소로 보내는 방법을 살펴보자. 이더를 보내기 위해서는 web3.ethsend Transaction() 메소드를 사용해야 한다. 이 메소드는 모든 종류의 트랜잭션을 보내는 데 사용할 수 있지만, 이 메소드를 사용해 컨트랙트를 배포하거나 컨트랙트의 메소드를 호출하기 위해서는 데이터를 자동으로 생성해주는 것이 아니라 개별적으로 생성해야 하므로 번거롭기 때문에 거의 이더를 송금하는 데만 사용된다. 이 메소드는 다음과 같은 속성을 가지고 있는 트랜잭션 객체를 사용한다.

- from: 보내는 계정의 주소, 지정되지 않은 경우 web3.eth.defaultAccount 속성을 사용한다.
- to: 선택 사항. 메시지의 목적지 주소며 컨트랙트 생성 트랜잭션의 경우 정의되지 않은 채로 둔다.
- value: 선택 사항. 트랜잭션을 위해 전송되는 wei 단위의 값이며 컨트랙트 생성 트랜잭션의 경우 기부 금액이다.
- 가스(gas): 선택 사항. 트랜잭션을 위해 사용할 가스의 양(사용되지 않은 가스는 환불됨)이다. 제공되지 않은 경우 자동으로 결정된다.
- 가스 가격(gasPrice): 선택 사항. 트랜잭션에 대한 wei 단위의 가스 가격이며 네트워크 평균 가격이 기본값이다.
- 데이터(data): 선택 사항. 메시지와 연관된 데이터를 포함하고 있는 바이트 문자열이거나 컨트랙트 생성 트랜잭션일 경우에는 초기화 코드를 포함한다.
- 논스(nonce): 선택 사항. 정수형이며 모든 트랜잭션은 연관된 논스를 가지고 있

다. 논스는 트랜잭션의 송신자가 보낸 트랜잭션 수를 나타내는 카운터다. 제공되지 않을 경우 자동으로 결정된다. 리플레이 공격을 방지하는 데 도움이 된다. 이 논스는 블록과 연관된 논스와는 다르다. 만약 트랜잭션이 가져야 하는 논스보다 큰 값의 논스를 사용한다면 해당 트랜잭션은 다른 트랜잭션이 도착할 때까지 큐에서 대기한다. 예를 들어 다음 트랜잭션 논스는 4여야 하는데, 만약 우리가 논스를 10으로 설정했다면 geth는 이 트랜잭션을 브로드캐스팅하기 전에 중간 여섯 개의 트랜잭션을 기다릴 것이다. 논스 10을 가진 트랜잭션은 펜딩 트랜잭션pending transaction이 아니라 큐에서 대기하는 트랜잭션queued transaction이라고 불린다.

특정 주소로 이더를 전송하는 예시를 살펴보자.

```
var txnHash = web3.eth.sendTransaction({
    from: web3.eth.accounts[0],
    to: web3.eth.accounts[1],
    value: web3.toWei("1", "ether")
});
```

여기서는 계좌 번호 0번으로부터 계좌 번호 1번으로 하나의 이더를 전송했다. geth를 실행할 때 unlock 옵션을 사용해 두 계좌가 모두 잠금 해제돼 있는지 확인하라. 계정이 잠겨 있는 경우 geth 대화형 콘솔에서는 비밀번호를 물어보지만, 대화형 콘솔 외부 web3.js API는 에러를 발생시킨다. 이 메소드는 트랜잭션의 트랜잭션 해시를 리턴한다. getTransactionReceipt() 메소드를 이용해 트랜잭션이 채굴됐는지를 검사할 수 있다.

또한 web3.personal.listAccounts(), web3.personal.unlockAccount(addr, pwd), web3. personal.newAccount(pwd) API를 사용해 런타임에 계정을 관리할 수 있다.

컨트랙트 작업

새로운 컨트랙트를 배포하고, 주소 값을 이용해 이미 배포된 컨트랙트에 대한 참조를 얻고, 컨트랙트에 이더를 송금하고, 컨트랙트 메소드를 호출하기 위한 트랜잭션을 전송하고, 메소드 호출에 대한 가스를 예측하는 방법을 배워보자.

새로운 컨트랙트를 배포하거나 이미 배포된 컨트랙트의 참조 값을 얻기 위해서는 우선 web3.eth.contract() 메소드를 이용해 컨트랙트 객체를 생성해야 한다. 인자로는 컨트랙트 ABI를 받으며 컨트랙트 객체를 리턴한다.

다음은 컨트랙트 객체를 생성하는 코드다.

```
var proofContract =
web3.eth.contract([{"constant":false,"inputs":[{"name":"fileHash","type":"s
tring"}],"name":"get","outputs":[{"name":"timestamp","type":"uint256"},{"na
me":"owner","type":"string"}],"payable":false,"type":"function"},{"constant
":false,"inputs":[{"name":"owner","type":"string"},{"name":"fileHash","type
":"string"}],"name":"set","outputs":[],"payable":false,"type":"function"},{
"anonymous":false,"inputs":[{"indexed":false,"name":"status","type":"bool"}
,{"indexed":false,"name":"timestamp","type":"uint256"},{"indexed":false,"na
me":"owner","type":"string"},{"indexed":false,"name":"fileHash","type":"str
ing"}],"name":"logFileAddedStatus","type":"event"}]);
```

컨트랙트 객체를 생성했다면, 컨트랙트 객체의 new 메소드를 이용해 배포하거나 at 메소드를 사용해 ABI와 매칭하는 이미 배포된 컨트랙트의 참조 값을 얻을 수 있다.

새로운 컨트랙트를 배포하는 방법에 대한 예제를 살펴보자.

```
var proof = proofContract.new({
    from: web3.eth.accounts[0],
    data: "0x606060405261068...",
    gas: "4700000"
    },
    function (e, contract){
```

```
    if(e)
    {
        console.log("Error " + e);
    }
    else if(contract.address != undefined)
    {
        console.log("Contract Address: " + contract.address);
    }
    else
    {
        console.log("Txn Hash: " + contract.transactionHash)
    }
})
```

여기서 new 메소드는 비동기식으로 호출됐으므로 트랜잭션이 성공적으로 생성되고 브로드캐스팅됐다면 콜백이 두 번 발생한다. 첫 번째는 트랜잭션이 브로드캐스팅된 이후 호출되며 두 번째로는 트랜잭션이 채굴된 이후 호출된다. 콜백을 제공하지 않은 경우 proof 변수는 undefined로 설정된 address 속성을 가질 것이다. 컨트랙트가 채굴된 이후 address 속성이 설정될 것이다.

proof 컨트랙트 내에는 생성자가 없지만, 만약 생성자가 있었다면 생성자의 인자가 new 메소드 시작 부분에 반드시 있어야 한다. 우리가 전달한 객체는 from 주소, 컨트랙트의 바이트 코드, 사용할 최대 가스양을 포함하고 있다. 이 세 가지 속성은 반드시 있어야 하며 그렇지 않은 경우 트랜잭션이 생성되지 않는다. 이 객체는 sendTransaction() 메소드로 전달되는 객체와 동일한 속성을 가질 수 있으나, 여기서 data는 컨트랙트 바이트 코드이므로 to 속성 값은 무시된다.

at 메소드를 사용해 이미 배포된 컨트랙트의 참조 값을 얻을 수 있다. 이를 보여주는 코드는 다음과 같다.

```
var proof = proofContract.at("0xd45e541ca2622386cd820d1d3be74a86531c14a1");
```

이제 컨트랙트의 메소드를 호출하기 위해 트랜잭션을 전송하는 법을 살펴보자. 다음은 이를 보여주는 예시다.

```
proof.set.sendTransaction("Owner Name",
"e3b0c44298fc1c149afbf4c8996fb92427ae41e4649b934ca495991b7852b855", {

    from: web3.eth.accounts[0],
    }, function(error, transactionHash){

        if (!err)
            console.log(transactionHash);
    })
```

여기서는 동일한 이름을 가진 객체의 sendTransaction 메소드를 호출한다. sendTransaction 메소드에게 전달된 객체는 web3.eth.sendTransaction()과 같은 속성을 가진다. 단, data 및 to 속성은 무시된다.

트랜잭션을 생성하고 브로드캐스팅하는 대신 노드 자체에 있는 메소드를 호출하고 싶은 경우라면 sendTransaction 대신 call을 사용할 수 있다. 다음은 이를 보여주는 예시다.

```
var returnValue =
proof.get.call("e3b0c44298fc1c149afbf4c8996fb92427ae41e4649b934ca495991b785
2b855");
```

때로는 호출 여부를 결정하기 위해 메소드를 호출하는 데 필요한 가스의 양을 알아낼 필요가 있다. 이와 같은 목적을 위해서는 web3.eth.estimateGas를 사용할 수 있다. 하지만 web3.eth.estimateGas()를 직접 사용하기 위해서는 트랜잭션의 데이터를 생성해야 하므로 동일한 이름을 가진 객체의 estimateGas() 메소드를 사용할 수 있다. 다음은 이를 보여주는 예시다.

```
var estimatedGas =
proof.get.estimateGas("e3b0c44298fc1c149afbf4c8996fb92427ae41e4649b934ca495991b7
852b855");
```

 어떠한 메소드 호출 없이 단지 이더를 컨트랙트에 전송하길 원하는 경우라면 간단히 web3.
eth.sendTransaction 메소드를 사용하면 된다.

컨트랙트 이벤트 검색 및 리스닝

컨트랙트의 이벤트를 확인하는 방법을 살펴보자. 트랜잭션을 통한 메소드 호출의 결과는
대개 이벤트를 트리거하는 방식으로 리턴되므로 이벤트를 확인하는 것은 중요하다.

 이벤트를 검색하고 확인하는 방법을 배우기에 앞서, 이벤트의 인덱스화된 매개변수에 대
해 알아야 한다. 최대 세 개의 이벤트 매개변수가 indexed 속성을 가질 수 있다. 이 속성
은 앱 클라이언트가 리턴 값이 일치하는 이벤트를 검색할 수 있도록 노드에게 인덱스하
라고 시그널을 보내는 데 사용된다. 만약 인덱스화된 속성을 사용하지 않는 경우라면 노
드로부터 모든 이벤트를 검색해서 필요한 것만 필터링해야 한다. 예를 들어 다음과 같이
logFileAddedStatus를 작성할 수 있다.

```
event logFileAddedStatus(bool indexed status, uint indexed
timestamp,
string owner, string indexed fileHash);
```

다음은 컨트랙트 이벤트를 리스닝하는 법을 보여주는 예시다.

```
var event = proof.logFileAddedStatus(null, {
fromBlock: 0,
toBlock: "latest"
});
event.get(function(error, result){
```

132

```
if(!error)
{
    console.log(result);
}
else
{
    console.log(error);
}
})
event.watch(function(error, result){
if(!error)
{
    console.log(result.args.status);
}
else
{
    console.log(error);
}
})
setTimeout(function(){
event.stopWatching();
}, 60000)

var events = proof.allEvents({
fromBlock: 0,
toBlock: "latest"
});
events.get(function(error, result){
if(!error)
{
    console.log(result);
}
else
{
    console.log(error);
}
})
events.watch(function(error, result){
if(!error)
```

```
{
    console.log(result.args.status);
}
else
{
    console.log(error);
}
})
setTimeout(function(){
events.stopWatching();
}, 60000)
```

위 코드는 다음과 같이 동작한다.

1. 먼저 컨트랙트 인스턴스에서 이벤트와 이름이 같은 메소드를 호출하는 방식으로 이벤트 객체를 얻는다. 이 메소드는 이벤트를 필터링하는 데 사용되는 두 가지 객체를 인자로 받는다.

   - 첫 번째 객체는 인덱스화된 리턴 값으로 이벤트를 필터링하기 위해 사용된다. 예를 들면 {'valueA': 1, 'valueB': [myFirstAddress, mySecondAddress]}다. 기본적으로 모든 필터값은 null로 설정된다. 즉, 이 컨트랙트로부터 보낸 특정 유형의 어떤 이벤트와도 매칭될 것이다.

   - 다음 객체는 세 가지 속성인 fromBlock(가장 빠른 블록, 기본값은 "latest"임), toBlock(최신 블록, 기본값은 "latest"임), address(로그를 가져올 주소의 목록, 기본값은 컨트랙트 주소임)를 포함할 수 있다.

2. 이벤트 객체는 get, watch, stopWatching과 같은 세 가지 메소드를 제공한다. get은 블록 범위에 있는 모든 이벤트를 얻기 위해 사용된다. watch는 get과 비슷하지만, 이벤트 수신 후 변경 사항을 감시한다. stopWatching은 변경 사항에 대한 감시를 멈추기 위해 사용된다.

3. 컨트랙트 인스턴스의 allEvents 메소드도 있으며 컨트랙트의 모든 이벤트를 검색하기 위해 사용된다.

4. 모든 이벤트는 다음과 같은 속성을 포함하고 있는 객체로 표현된다.

- args: 이벤트 인자의 객체

- event: 이벤트 이름을 표현하는 문자열

- logIndex: 블록 내 로그 인덱스 위치를 표현하는 정수형

- transactionIndex: 인덱스 위치 로그가 생성된 트랜잭션을 표현하는 정수형

- transactionHash: 이 로그가 생성된 트랜잭션의 해시를 표현하는 문자열

- address: 이 로그가 속해 있는 주소를 표현하는 문자열

- blockHash: 이 로그가 속해 있는 블록의 해시를 표현하는 문자열. 펜딩일 경우 null임

- blockNumber: 이 로그가 속해 있는 블록 번호. 펜딩일 경우 null임

> web3.js는 이벤트를 감시하고 검색하기 위해 web3.eth.filter API를 제공한다. 이 API를 사용할 수도 있지만, 이전 방법의 이벤트 처리가 훨씬 쉽다. 이 API에 대한 자세한 내용은 https://github.com/ethereum/wiki/wiki/JavaScript-API#web3ethfilter에서 확인할 수 있다.

소유권 컨트랙트를 위한 클라이언트 구축

앞 장에서 소유권 컨트랙트를 위한 솔리디티 코드를 작성했으며, 앞 장과 이 장에서는 web3.js와 이를 사용해 컨트랙트의 메소드를 호출하는 방법을 배워봤다. 이제 사용자들이 쉽게 사용할 수 있도록 스마트 컨트랙트의 클라이언트를 구축할 차례다.

사용자가 파일을 선택하고 소유권에 대한 상세 정보를 입력한 후 Submit 버튼을 클릭하면 컨트랙트의 set 메소드를 호출해 파일 해시 및 소유권에 대한 상세 정보를 포함한 트랜잭션을 브로드캐스팅하는 클라이언트를 구축할 것이다. 트랜잭션이 성공적으로 브로드캐스팅되면, 트랜잭션 해시를 표시할 것이다. 사용자는 또한 스마트 컨트랙트로부터 소유

권에 대한 상세 정보를 얻을 수도 있다. 클라이언트는 또한 최근 채굴된 트랜잭션을 실시간으로 표시할 것이다.

프론트엔드에서 파일의 해시를 얻기 위해 sha1.js를 사용할 것이며, DOM 조작을 위해서는 jQuery를 사용하고 반응형 레이아웃을 위해서는 부트스트랩 4$^{Bootstrap\ 4}$를 사용할 것이다. 백엔드에서는 express.js와 web3.js를 사용할 것이다. 프론트엔드에서 매 주어진 시간마다 데이터를 요청할 필요가 없도록 socket.io를 사용해 백엔드에서 최근 채굴된 트랜잭션을 프론트엔드로 푸시할 것이다.

 web3.js는 프론트엔드에서도 사용될 수 있다. 하지만 이 애플리케이션에서는 geth에 저장된 계정을 사용하므로 geth 노드 URL을 프론트엔드에 노출하면 계정 내에 저장된 이더가 위험해질 수 있는 보안 위험이 따른다.

프로젝트 구조

이 장의 예제 파일에는 Final과 Initial이라는 두 개의 디렉터리가 있을 것이다. Final은 프로젝트의 최종 소스 코드를 포함하고 있으며 Initial은 애플리케이션을 빠르게 구축할 수 있도록 비어있는 소스 코드 파일과 라이브러리를 포함하고 있다.

 Final 디렉터리를 테스트하기 위해서는 내부에서 npm install을 실행해야 하며 app.js 내에 하드코딩된 컨트랙트 주소를 컨트랙트 배포 후에 얻을 수 있는 여러분의 컨트랙트 주소로 변경해야 한다. 그리고 Final 디렉터리 내에서 node app.js 명령어를 사용해 애플리케이션을 기동하면 된다.

Initial 디렉터리 내에는 public 디렉터리와 app.js 및 package.json이라는 두 개의 파일이 있다. package.json은 우리 애플리케이션의 백엔드 의존성을 관리하며, app.js는 백엔드 소스 코드가 위치할 파일이다.

public 디렉터리는 프론트엔드와 관련된 파일을 포함하고 있다. public/css 내부에는 부트스트랩 라이브러리인 bootstrap.min.css가 있으며 public/html에는 애플리케이션의 HTML 코드를 배치할 index.html 파일, public/js 디렉터리에는 jQuery, sha1, socket.io의 JS 파일이 있다. public/js 내에는 우리 애플리케이션의 프론트엔드 JS 코드를 배치할 main.js도 있다.

백엔드 구축

애플리케이션의 백엔드를 먼저 구축해보자. 우선 백엔드에서 필요한 종속성들을 설치하기 위해 Initial 디렉터리 내에서 `npm install`을 실행한다. 백엔드 코딩에 앞서 geth가 rpc가 활성화된 상태로 동작 중인지 확인하라. 만약 geth를 프라이빗 네트워크에서 실행 중이라면 채굴 또한 활성화됐는지 확인하라. 마지막으로 계정 0이 존재하고 잠금이 해제됐는지 확인하라. 다음 명령어를 이용해 RPC 및 채굴이 활성화되고 계정 0이 잠금 해제된 상태에서 geth를 프라이빗 네트워크에서 실행할 수 있다.

```
geth --dev --mine --rpc --unlock=0
```

코딩을 시작하기 전에 마지막으로 해야 할 일은 앞 장에서 살펴본 코드를 이용해 소유권 컨트랙트를 배포하고 컨트랙트의 주소를 복사해두는 것이다.

이제 브라우저에 HTML을 제공하고 `socket.io` 연결을 허용하는 하나의 서버를 생성해보자.

```
var express = require("express");
var app = express();
var server = require("http").createServer(app);
var io = require("socket.io")(server);
server.listen(8080);
```

여기서는 express와 socket.io 서버를 8080 포트에서 동작하는 하나의 서버로 통합했다.

이제 정적인 파일과 애플리케이션의 홈페이지를 제공하는 라우팅을 생성해보자. 다음은 이를 위한 코드다.

```
app.use(express.static("public"));
app.get("/", function(req, res){
    res.sendFile(__dirname + "/public/html/index.html");
})
```

여기서는 정적인 파일을 제공하기 위해 express.static 미들웨어를 사용하며, public 디렉터리 내에서 정적인 파일을 찾도록 요청하고 있다.

이제 geth 노드와 연결한 후 트랜잭션을 전송하고 이벤트를 감시하기 위해 이미 배포된 컨트랙트의 참조 값을 얻어보자. 다음은 이를 위한 코드다.

```
var Web3 = require("web3");

web3 = new Web3(new Web3.providers.HttpProvider("http://localhost:8545"));

var proofContract =
web3.eth.contract([{"constant":false,"inputs":[{"name":"fileHash","type":"string"}],"name":"get","outputs":[{"name":"timestamp","type":"uint256"},{"name":"owner","type":"string"}],"payable":false,"type":"function"},{"constant":false,"inputs":[{"name":"owner","type":"string"},{"name":"fileHash","type":"string"}],"name":"set","outputs":[],"payable":false,"type":"function"},{"anonymous":false,"inputs":[{"indexed":false,"name":"status","type":"bool"},{"indexed":false,"name":"timestamp","type":"uint256"},{"indexed":false,"name":"owner","type":"string"},{"indexed":false,"name":"fileHash","type":"string"}],"name":"logFileAddedStatus","type":"event"}]);

var proof = proofContract.at("0xf7f02f65d5cd874d180c3575cb8813a9e7736066");
```

코드 자체는 별도의 설명이 필요 없을 정도로 직관적이다. 단지 가지고 있는 컨트랙트 주소로 변경해주면 된다.

트랜잭션을 브로드캐스트하거나 파일에 대한 정보를 얻을 수 있는 라우팅을 만들어보자. 다음은 이를 위한 코드다.

```javascript
app.get("/submit", function(req, res){
    var fileHash = req.query.hash;
    var owner = req.query.owner;
    proof.set.sendTransaction(owner, fileHash, {
    from: web3.eth.accounts[0],
    }, function(error, transactionHash){
    if (!error)
    {
        res.send(transactionHash);
    }
    else
    {
        res.send("Error");
    }
    })
})

app.get("/getInfo", function(req, res){
    var fileHash = req.query.hash;
    var details = proof.get.call(fileHash);
    res.send(details);
})
```

여기서 /submit 라우팅은 트랜잭션을 생성하고 브로드캐스팅하는 데 사용됐다. 트랜잭션 해시를 얻은 이후 이를 클라이언트에게 전송한다. 트랜잭션이 채굴되기를 기다리는 동안 아무것도 하지 않는다. /getInfo 라우트는 트랜잭션을 생성하는 대신 노드 자체적인 컨트랙트의 get 메소드를 호출한다. 어떤 응답을 받든 간에 값을 돌려준다.

이제 컨트랙트의 이벤트를 감시하고 모든 클라이언트에게 브로드캐스팅해보자. 다음은 이를 위한 코드다.

```
proof.logFileAddedStatus().watch(function(error, result){
    if(!error)
    {
        if(result.args.status == true)
        {
         io.send(result);
        }
    }
})
```

여기서는 상태 값이 true인지 검사한 후 true인 경우에만 연결된 모든 socket.io 클라이언트에게 이벤트를 브로드캐스팅한다.

프론트엔드 구축

애플리케이션의 HTML에 대한 작업을 시작해보자. 다음 코드를 index.html 파일에 넣으면 된다.

```
<!DOCTYPE html>
<html lang="en">
    <head>
        <meta name="viewport" content="width=device-width, initial-scale=1,
            shrink-to-fit=no">
        <link rel="stylesheet" href="/css/bootstrap.min.css">
    </head>
    <body>
        <div class="container">
            <div class="row">
                <div class="col-md-6 offset-md-3 text-xs-center">
                    <br>
```

```html
<h3>Upload any file</h3>
<br>
<div>
    <div class="form-group">
        <label class="custom-file text-xs-left">
        <input type="file" id="file" class="customfile-
            input">
        <span class="custom-file-control"></span>
        </label>
    </div>
    <div class="form-group">
        <label for="owner">Enter owner name</label>
        <input type="text" class="form-control"
            id="owner">
    </div>
    <button onclick="submit()" class="btn btnprimary">
    Submit</button>
    <button onclick="getInfo()" class="btn btnprimary">
    Get Info</button>
    <br><br>
    <div class="alert alert-info" role="alert"
        id="message">
        You can either submit file's details or get
        information about it.
    </div>
    </div>
    </div>
</div>
<div class="row">
    <div class="col-md-6 offset-md-3 text-xs-center">
        <br>
        <h3>Live Transactions Mined</h3>
        <br>
        <ol id="events_list">No Transaction Found</ol>
    </div>
</div>
</div>
<script type="text/javascript" src="/js/sha1.min.js"></script>
<script type="text/javascript" src="/js/jquery.min.js"></script>
```

```
        <script type="text/javascript" src="/js/socket.io.min.js"></script>
        <script type="text/javascript" src="/js/main.js"></script>
    </body>
</html>
```

코드 동작 방식은 다음과 같다.

1. 먼저 사용자가 파일을 선택할 수 있도록 부트스트랩^{Bootstrap}의 파일 입력 필드를 표시한다.

2. 그리고 소유자의 상세 정보를 입력할 수 있도록 텍스트 필드를 표시한다.

3. 두 개의 버튼을 가지고 있다. 첫 번째는 파일 해시와 소유자의 상세 정보를 컨트랙트 내에 저장하는 버튼이고, 두 번째는 컨트랙트로부터 파일의 정보를 얻기 위한 버튼이다. Submit 버튼을 클릭하면 submit( ) 메소드가 트리거되고, Get Info 버튼을 클릭하면 getInfo( ) 메소드가 트리거된다.

4. 메시지를 표시하기 위한 경고 창^{alert box}이 표시된다.

5. 마지막으로, 사용자가 페이지에 있는 동안 채굴된 컨트랙트의 목록을 정렬해서 보여준다.

이제 getInfo( ) 및 submit( ) 메소드를 구현하고, 서버와 socket.io 연결을 맺고, 서버로부터 socket.io 메시지를 리스닝해보자.

다음은 이를 위한 코드다. 다음 코드를 main.js에 넣으면 된다.

```
function submit() {
    var file = document.getElementById("file").files[0];
    if (file) {
        var owner = document.getElementById("owner").value;
        if (owner == "") {
            alert("Please enter owner name");
        } else {
            var reader = new FileReader();
            reader.onload = function(event) {
```

```
                    var hash = sha1(event.target.result);
                    $.get("/submit?hash=" + hash + "&owner=" + owner, function(data) {
                        if (data == "Error") {
                            $("#message").text("An error occured.");
                        } else {
                            $("#message").html("Transaction hash: " + data);
                        }
                    });
                };
                reader.readAsArrayBuffer(file);
            }
        } else {
            alert("Please select a file");
        }
    }


    function getInfo() {
        var file = document.getElementById("file").files[0];
        if (file) {
            var reader = new FileReader();
            reader.onload = function(event) {
                var hash = sha1(event.target.result);
                $.get("/getInfo?hash=" + hash, function(data) {
                    if (data[0] == 0 && data[1] == "") {
                        $("#message").html("File not found");
                    } else {
                        $("#message").html("Timestamp: " + data[0] + " Owner: " +
    data[1]);
                    }
                });
            };
            reader.readAsArrayBuffer(file);
        } else {
            alert("Please select a file");
        }
    }
    var socket = io("http://localhost:8080");
    socket.on("connect", function() {
        socket.on("message", function(msg) {
```

```
        if ($("#events_list").text() == "No Transaction Found") {
            $("#events_list").html("<li>Txn Hash: " + msg.transactionHash +
                "nOwner: " + msg.args.owner + "nFile Hash: " + msg.args.fileHash
+ "</li>");
        } else {
            $("#events_list").prepend("<li>Txn Hash: " + msg.transactionHash +
                "nOwner: " + msg.args.owner + "nFile Hash: " + msg.args.fileHash
+ "</li>");
        }
    });
});
```

앞의 코드는 다음과 같이 동작한다.

1. 먼저 submit() 메소드를 정의했다. submit 메소드 내에서 파일이 선택됐고 텍스트 필드가 공백이 아닌지 확인한다. 그리고 파일의 내용을 배열 버퍼array buffer 방식으로 읽어 sha1.js에서 제공하는 sha1() 메소드에 배열 버퍼를 전달함으로써 배열 버퍼 내 내용에 대한 해시를 얻는다. 해시를 얻은 이후 jQuery를 이용해 /submit 경로로 AJAX 요청을 생성하고 트랜잭션 해시를 경고 창에 표시한다.

2. 다음으로 getInfo() 메소드를 정의했다. 먼저 파일이 선택됐는지를 확인한다. 그리고 앞에서 만든 것과 마찬가지로 해시를 생성하고 파일에 대한 정보를 얻기 위해 /getInfo에 요청한다.

3. 마지막으로 socket.io 라이브러리에서 제공하는 io() 메소드를 사용해 socket.io 연결을 맺는다. 그리고 연결이 맺어졌음을 의미하는 연결 이벤트가 트리거되기를 기다린다. 연결이 맺어진 후에는 서버로부터의 메시지를 리스닝하고 사용자에게 트랜잭션의 상세 정보를 표시한다.

이더리움 블록체인에 파일을 저장하지는 않는다. 파일을 저장하는 것은 많은 가스가 필요하므로 비용이 비싸기 때문이다. 우리의 경우를 살펴보면, 네트워크 내에 있는 노드가 파일을 볼 수 있으므로, 즉 사용자가 파일 내용을 비공개로 하고 싶어도 할 수 없으므로 파일을 저장할 필요가 없다. 우리 애플리케이션의 목적은 단지 파일의 소유권을 증명하고자 함이지, 클라우드 서비스처럼 파일을 저장하고 제공하고자 하는 것이 아니다.

클라이언트 테스트

이제 app.js 노드를 실행해 애플리케이션 서버를 실행한다. 선호하는 브라우저를 열어 http://localhost:8080/를 방문한다. 브라우저에 다음과 같은 결과물이 출력될 것이다.

Upload any file

Choose file...   Browse

Enter owner name

Submit Get Info

You can either submit file's details and get information about it.

Live Transactions Mined

No Transaction Found

파일을 선택하고 소유자의 이름을 입력한 후 Submit을 클릭하자. 화면은 다음과 같이 바뀔 것이다.

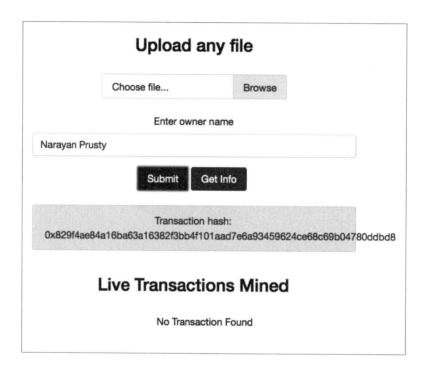

이제 트랜잭션 해시가 표시되는 것을 확인할 수 있다. 트랜잭션이 채굴될 때까지 기다리자. 트랜잭션이 채굴되면, 라이브 트랜잭션 목록에서 볼 수 있을 것이다. 화면은 다음과 같다.

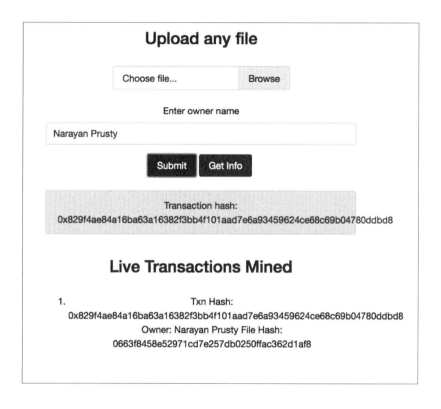

이제 같은 파일을 다시 한 번 선택하고 Get Info 버튼을 클릭해보자. 다음과 같은 출력 결과가 표시될 것이다.

여기에서 타임스탬프와 소유자의 상세 정보를 확인할 수 있다. 우리의 첫 번째 DApp을 위한 클라이언트 구축이 완료됐다.

요약

이 장에서는 가장 먼저 예시와 함께 web3.js의 기초적인 내용을 배워봤다. 노드에 연결하는 방법, 기본적인 API, 다양한 종류의 트랜잭션 전송, 이벤트 감시 등을 배웠다. 마지막으로 프로덕션 환경에서도 활용할 수 있도록 소유권 컨트랙트를 위한 클라이언트를 구축했다. 이제 스마트 컨트랙트를 작성하고 사용 편이성을 위해 UI 클라이언트를 구축하는 일에 익숙해졌을 것이다.

다음 장에서는 사용자가 오프라인에서도 쉽게 이더리움 지갑을 생성하고 관리할 수 있는 지갑 서비스를 개발할 것이다. 이를 위해 특별히 LightWallet 라이브러리를 사용할 것이다.

05

지갑 서비스 구축

지갑 서비스^{wallet service}는 자금을 전달하거나 받기 위해 사용된다. 지갑 서비스를 구축할 때의 주요 도전 과제는 보안과 신뢰다. 사용자는 자신들의 자금이 안전하며, 지갑 서비스의 관리자가 자금을 훔치지 않는다고 느껴야 한다. 이 장에서 구축할 지갑 서비스는 이러한 문제들을 해결할 것이다.

이 장에서는 다음과 같은 주제를 다룰 것이다.

* 온라인 지갑과 오프라인 지갑의 차이
* hooked-web3-provider와 ethereumjs-tx를 사용해 이더리움 노드에서 관리하지 않는 계정들에 대해 쉽게 트랜잭션을 생성하고 서명하는 방법
* HD 지갑과 그 사용법에 대한 이해

- lightwallet.js를 사용해 HD 지갑 및 트랜잭션 서명자 생성
- 지갑 서비스 구축

▌ 온라인 지갑과 오프라인 지갑의 차이

지갑은 계정들의 모음이고, 계정은 주소와 이에 연관된 개인 키의 조합이다.

지갑은 인터넷에 연결돼 있으면 온라인 지갑이라고 불린다. 예를 들어 geth 내부, 어떤 웹사이트/데이터베이스 등에 저장된 지갑을 온라인 지갑이라고 한다. 온라인 지갑은 핫 지갑hot wallet, 웹 지갑web wallet, 호스팅되는 지갑hosted wallet 등으로도 불린다. 온라인 지갑은 많은 양의 이더를 저장하거나 이더를 오랫동안 보관하는 경우 위험성이 있으므로 권장되지 않는다. 또한 지갑이 어디에 저장되느냐에 따라 제3자를 신뢰해야 할 수도 있다.

예를 들어, 인기 있는 지갑 서비스는 지갑의 개인 키를 같이 저장해 이메일 및 비밀번호로 지갑에 접근할 수 있게 한다. 따라서 지갑에 대한 실제 접근 권한을 가지고 있지 않으며 그들이 원하는 경우 지갑 내의 금액을 훔칠 수 있다.

지갑이 인터넷에 연결돼 있지 않은 경우 오프라인 지갑이라고 불린다. 예를 들어 USB 드라이브, 종이, 텍스트 파일 등에 저장된 지갑이다. 오프라인 지갑은 콜드 지갑cold wallet이라고도 불린다. 오프라인 지갑을 누군가 훔치기 위해서는 물리적으로 저장소에 접근해야 하므로 온라인 지갑보다 더욱 안전하다. 오프라인 저장소의 문제는 실수로 지워지거나 잊혀지지 않으며, 다른 사람들이 접근할 수 없는 위치를 찾아야 한다는 것이다. 대부분의 사람들은 안전하고 오랫동안 보관하기 위해 종이 지갑 형태로 저장한 후 출력한 종이를 금고에 넣어둔다. 만약 계좌로부터 종종 금액을 전송해야 한다면 암호로 보호되는 USB 드라이브 또는 금고에 저장할 수 있다. 디지털 장치는 언제든지 손상될 수 있으며 손상된 경우 지갑에 접근할 수 없게 되므로 지갑을 디지털 장치에만 보관하는 것은 조금 위험하다. 그래서 USB 드라이브에만 저장하는 것과 함께 금고에도 보관해야 한다. 필요에 따라서

는 더 나은 해결책을 찾을 수 있지만 안전한지 여부를 확인하고 실수로 접근 권한을 잃지 않도록 주의해야 한다.

hooked-web3-provider 및 ethereumjs-tx 라이브러리

지금까지 web3.js 라이브러리 sendTransaction() 메소드의 모든 예제는 이더리움 노드에 존재하는 from 주소를 사용했다. 따라서 이더리움 노드가 브로드캐스팅 전에 트랜잭션을 서명할 수 있었다. 하지만 지갑의 개인 키가 다른 곳에 저장돼 있다면 geth는 개인 키를 찾을 수 없을 것이다. 따라서 이 경우에는 트랜잭션을 브로드캐스팅하기 위해 web3.eth.sendRawTransaction() 메소드를 사용해야 한다.

web3.eth.sendRawTransaction()은 원시 트랜잭션을 브로드캐스트하는 데 사용된다. 즉, 원시 트랜잭션을 생성하고 서명하기 위한 코드를 작성해야 한다. 이더리움 노드는 트랜잭션에 아무것도 수행하지 않고 직접 브로드캐스팅한다. 하지만 web3.eth.sendRawTransaction()을 사용해 트랜잭션을 브로드캐스팅하는 것은 데이터 부분 생성, 원시 트랜잭션 생성, 트랜잭션 서명이 필요하므로 어렵다.

hooked-web3-provider 라이브러리는 HTTP를 사용해 geth와 통신하는 커스텀 공급자를 제공한다. 그리고 이 공급자는 우리의 키를 사용해 컨트랙트 인스턴스의 sendTransaction 호출을 서명할 수 있게 해준다. 따라서 더 이상 트랜잭션의 데이터 부분을 만들 필요가 없다. 커스텀 공급자는 실제로 web3.eth.sendTransaction() 메소드 구현 부분을 재정의[override]한다. 따라서 기본적으로 컨트랙트 인스턴스의 sendTransaction() 호출과 web3.eth.sendTransaction() 호출을 모두 서명할 수 있다. 컨트랙트 인스턴스의 sendTransaction() 메소드는 내부적으로 트랜잭션의 데이터를 생성하고 트랜잭션을 브로드캐스트하기 위해 web3.eth.sendTransaction()을 호출한다.

EthereumJS는 이더리움과 연관된 라이브러리의 모음이다. ethereumjs-tx는 트랜잭션과 연관된 다양한 API를 제공하는 라이브러리 중 하나다. 예를 들어 원시 트랜잭션을 생성하고, 원시 트랜잭션을 서명하고, 트랜잭션이 올바른 키로 서명됐는지 여부 등을 검사할 수 있다.

이 두 라이브러리는 Node.js 및 클라이언트 측 자바스크립트에서 모두 사용할 수 있다. https://www.npmjs.com/package/hooked-web3-provider에서 hooked-web3-provider를 다운로드할 수 있으며, https://www.npmjs.com/package/ethereumjs-tx에서 ethereumjs-tx를 다운로드 할 수 있다.

이 책을 저술하는 시점에서 hooked-web3-provider의 최신 버전은 1.0.0이며 ethereumjs-tx는 1.3.3이다.

이러한 라이브러리들을 사용해 geth에 의해 관리되지 않는 계좌로부터 트랜잭션을 전송하는 방법을 살펴보자.

```
var provider = new HookedWeb3Provider({
  host: "http://localhost:8545",
  transaction_signer: {
    hasAddress: function(address, callback) {
      callback(null, true);
    },
    signTransaction: function(tx_params, callback) {
      var rawTx = {
        gasPrice: web3.toHex(tx_params.gasPrice),
        gasLimit: web3.toHex(tx_params.gas),
        value: web3.toHex(tx_params.value)
        from: tx_params.from,
        to: tx_params.to,
        nonce: web3.toHex(tx_params.nonce)
      };
      var privateKey =
          EthJS.Util.toBuffer('0x1a56e47492bf3df9c9563fa7f66e4e032c661de9d68c3f36
f358e6bc9a9f69f2 ', 'hex ');
      var tx = new EthJS.Tx(rawTx); tx.sign(privateKey);
      callback(null, tx.serialize().toString('hex'));
    }
```

```
  }
});
var web3 = new Web3(provider); web3.eth.sendTransaction({
  from: "0xba6406ddf8817620393ab1310ab4d0c2deda714d",
  to: "0x2bdbec0ccd70307a00c66de02789e394c2c7d549",
  value: web3.toWei("0.1", "ether"),
  gasPrice: "20000000000",
  gas: "21000"
}, function(error, result) {
  console.log(error, result)
})
```

코드 동작 방식은 다음과 같다.

1. 먼저 HookedWeb3Provider 인스턴스를 생성했다. 이는 hooked−web3−provider 라이브러리에서 제공한다. 생성자는 반드시 제공돼야 하는 두 개의 속성을 가진 객체를 받아들인다. host는 노드의 HTTP URL이며 transaction_signer는 커스텀 공급자가 트랜잭션을 서명하기 위해 통신하는 객체다.

2. transaction_signer 객체는 hasAddress와 signTransaction이라는 두 개의 속성을 가지고 있다. hasAddress는 트랜잭션이 서명될 수 있는지, 즉 트랜잭션 서명자가 from 주소 계좌의 개인 키를 가졌는지 검사하기 위해 호출된다. 이 메소드는 주소와 콜백을 받는다. 콜백은 첫 번째 인자를 오류 메시지로, 그리고 두 번째 인자를 주소의 개인 키가 발견되지 않을 경우 false로 설정해 호출돼야 한다. 그리고 개인 키가 발견된다면 첫 번째 인자는 null이어야 하고 두 번째 인자는 true여야 한다.

3. 만약 주소의 개인 키가 있는 경우 커스텀 공급자는 트랜잭션을 서명하기 위해 signTransaction 메소드를 호출한다. 이 메소드는 트랜잭션 매개변수와 콜백이라는 두 개의 매개변수를 가지고 있다. 메소드 내에서 먼저 트랜잭션 매개변수를 원시 트랜잭션 매개변수로 변환한다. 즉 원시 트랜잭션 매개변수 값은 16진수 문자열로 인코딩돼 있다. 그런 다음 개인 키를 저장하기 위한 버퍼를 생성한다. 버

퍼는 ethereumjs-util 라이브러리에 포함된 `EthJS.Util.toBuffer()` 메소드를 이용해 생성된다. ethereumjs-util 라이브러리는 ethereumjs-tx 라이브러리에 의해 임포트된다. 그런 다음 원시 트랜잭션을 생성하고 서명한 후 직렬화하고 serialize 16진수 문자열로 변환한다. 마지막으로 서명된 원시 트랜잭션의 16진수 문자열을 커스텀 공급자에게 콜백을 사용해 전달해야 한다. 이 경우 메소드 내부에서 오류가 발생하면 콜백의 첫 번째 인자는 오류 메시지여야 한다.

4. 이제 커스텀 공급자는 원시 트랜잭션을 받아들이고 `web3.eth.sendRawTransaction()`을 사용해 브로드캐스팅한다.

5. 마지막으로 다른 계좌로 일부 이더를 송금하기 위해 `web3.eth.sendTransaction` 함수를 호출한다. 커스텀 공급자가 논스를 계산할 수 있으므로 여기서는 논스를 제외한 모든 트랜잭션 매개변수를 제공해야 한다. 기존에는 대부분 매개변수 값들이 제공되지 않더라도 이더리움 노드가 자체적으로 계산할 수 있었으므로 선택 사항이었지만, 지금은 자체적으로 서명하기 때문에 모든 것을 제공해야 한다. 연관된 어떤 데이터도 없는 트랜잭션의 경우 가스는 항상 21,000이다.

공개 키는 어떠한가?

앞 코드의 어느 곳에서도 서명 주소의 공개 키를 언급하지 않았다. 여러분은 채굴자가 공개 키 없이 트랜잭션의 진위를 어떻게 확인하는지 궁금할 것이다. 채굴자는 ECDSA라고 불리는 고유의 속성을 사용하며, 이는 메시지와 서명으로부터 공개 키를 계산할 수 있도록 한다. 트랜잭션 내에서 메시지는 트랜잭션의 의도를 의미하며, 서명(signature)은 메시지가 올바른 개인 키를 사용해 서명됐는지 확인하는 데 사용된다. 이것이 ECDSA를 더욱 특별하게 만든다. ethereumjs-tx는 트랜잭션을 검증하기 위한 API를 제공한다.

계층적인 결정적 지갑은 무엇인가?

계층적인 결정적 지갑hierarchical deterministic wallet은 시드seed라고 불리는 단일 시작 지점으로부터 주소와 키를 얻어낼 수 있는 시스템이다. 결정적이라는 것은 만약 같은 시드를 사용하면 같은 주소와 키를 생성할 수 있음을 의미하며, 계층적이라는 것은 주소와 키가 같은 순서로 생성됨을 의미한다. 이는 개별 키와 주소를 저장하지 않고 단지 시드만 저장하면 다수의 계좌를 백업하고 저장하는 것을 쉽게 해준다.

왜 사용자는 다수의 계좌를 사용해야 하는가?

왜 사용자가 다수의 계좌가 필요한지 궁금할 것이다. 그 이유는 그들의 재산을 숨기기 위함이다. 계좌의 잔액은 블록체인 내에 공개돼 있다. 따라서 사용자 A가 이더를 받기 위해 사용자 B에게 주소를 알려준 경우 사용자 B는 해당 계좌에 얼마나 많은 이더가 있는지 확인해볼 수 있다. 따라서 사용자는 대개 다수의 계좌에 걸쳐 재산을 분배해둔다.

다양한 형식의 HD 지갑이 있으며, 시드의 형식과 주소 및 키를 생성하는 알고리즘 간에는 차이가 있다. 예를 들어 BIP32, Armory, Coinkite, Coinb.in 등이다.

BIP32, BIP44, BIP39는 무엇인가?

비트코인 개선 제안(BIP, Bitcoin Improvement Proposal)은 비트코인 커뮤니티에 정보를 제공하거나 비트코인 및 절차 환경에 대한 새로운 기능을 설명하는 디자인 문서다. BIP는 기능에 대한 간략한 기술적인 사양과 기능의 근거를 제공해야 한다. 이 책을 저술하는 시점에는 152개의 BIP가 있다. BIP32 및 BIP39는 각각 HD 지갑을 구현하기 위한 알고리즘과 니모닉(mnemonic) 시드 사양에 대한 정보를 제공한다. 더 상세한 정보는 https://github.com/bitcoin/bips에서 배울 수 있다.

키 유도 함수 소개

비대칭 암호화 알고리즘은 연관된 키가 필요하므로 키의 특성과 키가 생성돼야 하는 방법에 대해 정의하고 있다. 예를 들어 RSA 키 생성 알고리즘은 결정적이다.

대칭 암호화 알고리즘은 키의 크기만을 정의한다. 키를 생성하는 것은 우리에게 달려 있다. 이러한 키를 생성하는 다양한 알고리즘이 있다. 이러한 알고리즘 중 하나가 KDF다.

키 유도 함수$^{KDF, key derivation function}$는 비밀 값(마스터 키, 비밀번호, 비밀 구문)으로부터 대칭 키를 얻기 위한 결정적 알고리즘이다. bcrypt, crypt, PBKDF2, scrypt, HKDF 등과 같은 다양한 유형의 KDF가 있다. KDF에 대해서는 https://en.wikipedia.org/wiki/Key_derivation_function에서 확인할 수 있다.

 하나의 비밀 값으로부터 다수의 키를 생성하려면 숫자를 연결해 증가시킬 수 있다.

비밀번호 기반의 키 유도 함수는 비밀번호를 받아들여 대칭 키를 생성한다. 사용자들이 대개 약한 보안 수준의 비밀번호를 사용하므로 비밀번호 기반의 키 유도 함수는 무차별 대입 공격$^{brute force attack}$ 및 다른 유형의 공격을 수행하는 것을 어렵게 만들기 위해 느리고 많은 양의 메모리를 사용하도록 설계됐다. 비밀번호 기반의 키 유도 함수는 비밀 키를 기억하는 것이 어렵고 다른 곳에 저장하는 것은 도난당할 위험이 있기 때문에 광범위하게 사용된다. PBKDF2는 비밀번호 기반의 키 유도 함수의 예다.

마스터 키 또는 비밀 구문은 무차별 대입 공격을 사용해 크래킹하기 어렵다. 따라서 마스터 키 또는 비밀 구문으로부터 대칭 키를 생성하길 원하는 경우 HKDF와 같은 비암호 기반의 키 유도 함수를 사용할 수 있다. HKDF는 PBKDF2보다 훨씬 빠르다.

▌LightWallet 소개

LightWallet은 BIP32, BIP39, BIP44를 구현한 HD 지갑이다. LightWallet은 트랜잭션
을 생성하고 서명한 후, 이를 사용해 생성된 주소 키를 이용함으로써 데이터를 암호화/복
호화할 수 있는 API를 제공한다.

LightWallet API는 keystore, signing, encryption, txutils라는 네 개의 네임스페이
스로 나눠진다. signing, encrpytion, txutils는 각각 트랜잭션 서명, 비동기식 암호화,
트랜잭션 생성을 위한 API를 제공하는 반면 keystore 네임스페이스는 키 저장소keystore
를 생성하고 시드를 생성하는 등에 사용된다. keystore는 시드와 암호화된 키를 저장하
는 객체다. keystore 네임스페이스는 hooked-web3-provider를 사용하는 경우 we3.
eth.sendTransaction() 호출을 서명하는 데 필요한 트랜잭션 서명 메소드를 구현한다.
따라서 keystore 네임스페이스는 찾을 수 있는 주소에 대해 자동으로 트랜잭션을 생성하
고 서명할 수 있다. 실제로 LightWallet은 hooked-web3-provider를 위한 서명 공급
자가 주된 의도였다.

keystore 인스턴스는 트랜잭션을 생성하고 서명하거나 데이터를 암/복호화하도록 설정
될 수 있다. 트랜잭션을 서명하기 위해 secp256k1 매개변수를 사용하며 암/복호화를 위해
서는 curve25519 매개변수를 사용한다.

LightWallet의 시드는 기억하긴 쉽지만 해킹하기는 어려운 12단어의 니모닉^{mnemonic}
이다. 아무 12단어나 될 수는 없으며 대신 LightWallet에서 생성된 시드여야만 한다.
LightWallet에서 생성된 시드는 단어 및 기타 항목의 선택적인 측면에서 특정 속성을 가
지고 있다.

HD 유도 경로

HD 유도 경로^{HD derivation path}는 다수의 암호 화폐(같은 서명 알고리즘을 사용한다고 가정함), 다
수의 블록체인, 다수의 계좌 등을 처리하기 쉽게 만들어주는 문자열이다.

HD 유도 경로는 원하는 만큼 많은 매개변수를 가질 수 있으며 매개변수에 대한 다른 값
을 사용해 서로 다른 그룹의 주소와 연관된 키를 생성할 수 있다.

기본적으로 LightWallet은 `m/0'/0'/0'` 유도 경로를 사용한다. 여기서 `/n'`은 매개변수며
n은 매개변수의 값이다.

모든 HD 유도 경로는 `curve`와 `purpose`를 가지고 있다. `purpose`는 `sign` 또는 `asymEncrypt`
가 될 수 있다. `sign`은 경로가 트랜잭션을 서명하기 위해 사용된다는 것을 나타내며,
`asymEncrypt`는 경로가 암호화 및 복호화를 위해 사용된다는 것을 나타낸다. `curve`는 ECC
의 매개변수를 나타낸다. LightWallet은 그들의 이익을 위해 이러한 매개변수를 사용하는
것을 강제하기 때문에 서명을 위해서는 매개변수가 반드시 `secp256k1`이어야 하며 비동기
식 암호화를 위해서는 `curve`가 반드시 `curve25591`이어야 한다.

▌ 지갑 서비스 구축

이제 LightWallet에 대한 이론은 충분히 배웠으므로, LightWallet과 hooked-web3-
provider를 사용해 지갑 서비스를 구축할 차례다. 우리의 지갑 서비스는 사용자들이 고
유한 시드를 생성할 수 있도록 하며, 주소와 연관된 잔액을 표시하고, 마지막으로 사용자

들이 이더를 다른 계좌로 보낼 수 있도록 한다. 모든 작업은 클라이언트 측에서 수행되므로 사용자들은 쉽게 우리를 신뢰할 수 있다. 사용자는 시드를 기억하거나 어딘가에 저장해둬야 한다.

사전 필요조건

지갑 서비스 구축을 시작하기에 앞서 geth 개발 인스턴스가 채굴이 활성화됐고 HTTP-RPC 서버가 활성화됐으며 어떠한 도메인으로부터도 클라이언트의 요청을 허용하고 마지막으로 계좌 0이 잠금 해제됐는지 확인하라. 다음 명령어를 이용해 이 모든 것을 실행할 수 있다.

```
geth --dev --rpc --rpccorsdomain "*" --rpcaddr "0.0.0.0" --rpcport
"8545" --mine --unlock=0
```

여기서 --rpccorsdomain은 특정 도메인이 geth와 통신하는 것을 허용하기 위해 사용됐다. 'http://localhost:8080 https://mySite.com *'와 같이 공백으로 구별된 도메인의 목록을 제공해야 한다. 또한 * 와일드카드 문자를 지원한다. --rpcaddr은 geth 서버에 접근할 수 있는 IP 주소를 나타낸다. 기본적으로는 127.0.0.1이므로 호스트되는 서버인 경우 서버의 공인 IP 주소를 사용해서 연결할 수 없다.

따라서 서버가 어떠한 IP 주소로부터도 연결될 수 있도록 값을 0.0.0.0으로 변경했다.

프로젝트 구조

이 장의 예제 파일에는 Final과 Initial이라는 두 개의 디렉터리가 있을 것이다. Final은 프로젝트의 최종 소스 코드를 포함하고 있으며, Initial은 애플리케이션을 빠르게 구축할 수 있도록 비어있는 소스 코드 파일과 라이브러리를 포함하고 있다.

Final 디렉터리를 테스트하기 위해서는 내부에서 npm install을 실행해야 한다. 그러고 나서 Final 디렉터리 내에서 node app.js 명령어를 사용해 애플리케이션을 기동하면 된다.

Initial 디렉터리 내에는 public 디렉터리와 app.js 및 package.json이라는 두 개의 파일이 있다. package.json은 우리 애플리케이션의 백엔드 의존성을 관리하며, app.js는 백엔드 소스 코드가 위치할 파일이다.

public 디렉터리는 프론트엔드와 관련된 파일을 포함하고 있다. public/css 내부에는 부트스트랩 라이브러리인 bootstrap.min.css가 있으며 public/html에서는 애플리케이션의 HTML 코드를 배치할 index.html, public/js 디렉터리에서는 hooked-web3-provider, web3js, LightWallet의 .js 파일을 찾을 수 있다. public/js 내에는 우리 애플리케이션의 프론트엔드 JS 코드를 배치할 main.js도 있다.

백엔드 구축

애플리케이션의 백엔드를 먼저 구축해보자. 우선 백엔드에서 필요한 종속성들을 설치하기 위해 Initial 디렉터리 내에서 npm install을 실행한다.

다음은 익스프레스 서비스를 구동하고 index.html 파일 및 정적인 파일을 제공하기 위한 백엔드 코드다.

```
var express = require("express");
var app = express();

app.use(express.static("public"));

app.get("/", function(req, res){
    res.sendFile(__dirname + "/public/html/index.html");
})

app.listen(8080);
```

위 코드는 직관적이다.

프론트엔드 구축

이제 애플리케이션의 프론트엔드를 구축해보자. 프론트엔드는 주요 기능인 시드 생성, 시드의 주소 표시, 이더 송금으로 구성돼 있다.

애플리케이션의 HTML 코드를 작성해보자. 다음 코드를 index.html 파일 내에 넣으면 된다.

```
<!DOCTYPE html>
<html lang="en">
    <head>
        <meta charset="utf-8">
        <meta name="viewport" content="width=device-width, initialscale=
            1, shrink-to-fit=no">
        <meta http-equiv="x-ua-compatible" content="ie=edge">
        <link rel="stylesheet" href="/css/bootstrap.min.css">
    </head>
    <body>
        <div class="container">
            <div class="row">
                <div class="col-md-6 offset-md-3">
                    <br>
                    <div class="alert alert-info" id="info" role="alert">
                        Create or use your existing wallet.
                    </div>
                    <form>
                        <div class="form-group">
                            <label for="seed">Enter 12-word seed</label>
                            <input type="text" class="form-control"
                                id="seed">
                        </div>
                        <button type="button" class="btn btn-primary"
                            onclick="generate_addresses()">Generate Details</button>
```

```html
        <button type="button" class="btn btn-primary"
            onclick="generate_seed()">Generate New Seed</button>
    </form>
    <hr>
    <h2 class="text-xs-center">Address, Keys and Balances
        of the seed
    </h2>
    <ol id="list"></ol>
    <hr>
    <h2 class="text-xs-center">Send ether</h2>
    <form>
        <div class="form-group">
            <label for="address1">From address</label>
            <input type="text" class="form-control"
                id="address1">
        </div>
        <div class="form-group">
            <label for="address2">To address</label>
            <input type="text" class="form-control"
                id="address2">
        </div>
        <div class="form-group">
            <label for="ether">Ether</label>
            <input type="text" class="form-control"
                id="ether">
        </div>
        <button type="button" class="btn btn-primary"
            onclick="send_ether()">Send Ether</button>
    </form>
        </div>
    </div>
</div>
<script src="/js/web3.min.js"></script>
<script src="/js/hooked-web3-provider.min.js"></script>
<script src="/js/lightwallet.min.js"></script>
<script src="/js/main.js"></script>
</body>
</html>
```

코드 동작 방식은 다음과 같다.

1. 먼저 부트스트랩 4 스타일시트를 대기열에 추가한다.

2. 그런 다음 다양한 메시지를 사용자에게 보여줄 정보 박스를 표시한다.

3. 그리고 입력 창과 두 개의 버튼을 가지고 있는 폼을 보여준다. 입력 창은 시드를
    입력하는 데 사용되거나, 새로운 시드를 생성하는 동안 시드가 여기에 표시된다.

4. Generate Details 버튼은 주소를 표시하는 데 사용되고, Generate New Seed 버
    튼은 새로운 고유 시드를 생성하는 데 사용된다. Generate Details가 클릭되면
    generate_addresses( ) 메소드를 호출하고 Generate New Seed 버튼이 클릭되면
    generate_seed( ) 메소드를 호출한다.

5. 그리고 비어있는 순서 목록이 있으며, 여기에 주소 및 잔액, 시드와 관련된 개인
    키들을 사용자가 Generate Details 버튼을 클릭할 때 동적으로 표시한다.

6. 마지막으로 from 주소 및 to 주소와 전송할 이더의 양을 입력하는 다른 폼이 있
    다. from 주소는 반드시 정렬되지 않는 목록^{unordered list}에 표시되는 주소 중의 하
    나여야 한다.

이제 HTML 코드가 호출하는 각 함수의 구현 부분을 작성해보자. 먼저 새로운 시드를 생
성하는 코드를 작성해보자. 다음 코드를 main.js 파일에 넣으면 된다.

```javascript
function generate_seed( ) {
    var new_seed = lightwallet.keystore.generateRandomSeed( );
    document.getElementById("seed").value = new_seed;
    generate_addresses(new_seed);
}
```

keystore 네임스페이스의 generateRandomSeed( ) 메소드는 새로운 무작위 시드를 생성
하는 데 사용된다. 이는 추가적인 엔트로피^{entropy}를 나타내는 문자열 형식의 옵션 매개변
수를 취한다.

엔트로피는 알고리즘이나 다른 곳에서 랜덤 데이터가 필요한 경우 사용하기 위해 애플리케이션이 수집한 임의성이다. 대개 엔트로피는 마우스 동작과 같이 이미 존재하는 것들이나 특별히 제공되는 무작위 생성기와 같은 하드웨어 소스로부터 수집된다.

고유의 시드를 생성하려면 정말 높은 엔트로피가 필요하다. LightWallet은 이미 고유 시드를 생성하기 위한 메소드로 제작됐다. LightWallet이 엔트로피를 생성하기 위한 알고리즘은 환경에 의존적이다. 하지만 여러분이 더 나은 엔트로피를 생성할 수 있다고 느끼는 경우 생성된 엔트로피를 generateRandomSeed( ) 메소드에 넘길 수 있으며 내부적으로 generateRandomSeed( )에서 생성된 엔트로피와 연결된다.

무작위 시드를 생성한 후 generate_addresses 메소드를 호출한다. 이 메소드는 시드를 취해서 내부에 있는 주소를 표시한다. 주소를 생성하기 전에 얼마나 많은 주소를 원하는지 사용자에게 물어본다.

다음은 generate_addresses( ) 메소드의 구현 부분이다. 이 코드를 main.js 코드에 넣으면 된다.

```javascript
var totalAddresses = 0;

function generate_addresses(seed) {
    if (seed == undefined) {
        seed = document.getElementById("seed").value;
    }
    if (!lightwallet.keystore.isSeedValid(seed)) {
        document.getElementById("info").innerHTML = "Please enter a valid seed";
        return;
    }
    totalAddresses = prompt("How many addresses do you want to generate");
    if (!Number.isInteger(parseInt(totalAddresses))) {
        document.getElementById("info").innerHTML = "Please enter valid number of
        addresses ";
        return;
```

```
        }
        var password = Math.random().toString();
        lightwallet.keystore.createVault({
            password: password,
            seedPhrase: seed
        }, function(err, ks) {
            ks.keyFromPassword(password, function(err, pwDerivedKey) {
                if (err) {
                    document.getElementById("info").innerHTML = err;
                } else {
                    ks.generateNewAddress(pwDerivedKey, totalAddresses);
                    var addresses = ks.getAddresses();
                        var web3 = new Web3(new Web3.providers.HttpProvider("http://
localhost:8545"));
                    var html = "";
                    for (var count = 0; count < addresses.length; count++) {
                        var address = addresses[count];
                        var private_key = ks.exportPrivateKey(address, pwDerivedKey);
                        var balance = web3.eth.getBalance("0x" + address);
                        html = html + "<li>";
                        html = html + "<p><b>Address: </b>0x" + address + "</p>";
                        html = html + "<p><b>Private Key: </b>0x" + private_key + "</
p>";
                        html = html + "<p><b>Balance: </b>" + web3.fromWei(balance,
"ether") + " ether</p>";
                        html = html + "</li>";
                    }
                    document.getElementById("list").innerHTML = html;
                }
            });
        });
}
```

코드 동작 방식은 다음과 같다.

1. 먼저 사용자가 생성을 원하는 총 주소의 개수를 나타내는 totalAddresses라는
   이름의 변수를 가지고 있다.

2. 그런 다음 seed 매개변수가 정의됐는지를 검사한다. 만약 정의되지 않은 경우라면 입력 창으로부터 시드 값을 가져온다. 새로운 시드를 생성하는 동안 또는 사용자가 Generate Details 버튼을 클릭한 경우 generate_addressess( ) 메소드는 정보를 표시하기 위해 사용될 수 있다.

3. 그런 다음 keystore 네임스페이스의 isSeedValid( ) 메소드를 사용해 시드를 검증한다.

4. 그런 다음 얼마나 많은 주소를 생성하고 표시하길 원하는지 사용자에게 묻는다. 그리고 입력 값을 검증한다.

5. keystore 네임스페이스의 개인 키는 항상 암호화된 채로 저장된다. 키를 생성하는 동안 암호화해야 하며, 트랜잭션을 서명하는 동안 키는 복호화돼야 한다. 대칭 암호화 키를 얻기 위한 비밀번호는 사용자 입력 값으로부터 얻거나 임의의 문자열이 비밀번호로 제공된다. 더 나은 사용자 경험^{user experience}을 위해서는 임의의 문자열을 생성하고 이를 비밀번호로 사용한다. 대칭 키는 keystore 네임스페이스 내부에 저장되지 않는다. 따라서 생성 키, 접근 키와 같이 개인 키와 연관된 작업을 할 때마다 비밀번호로부터 키를 생성해야 한다.

6. 그런 다음 keystore 인스턴스를 생성하기 위해 createVault 메소드를 사용한다. createVault는 객체와 콜백을 사용한다. 객체는 password, seedPharse, salt, hdPathString이라는 네 개의 속성을 가질 수 있다. password는 필수며 다른 모든 것은 옵션 값이다. seedPharse를 제공하지 않으면 임의의 시드를 생성하고 사용한다. salt는 비밀번호에 연결하며, 공격자는 비밀번호와 함께 salt 값을 찾아야 하므로 대칭 키의 보안을 강화한다. salt가 제공되지 않으면 임의로 생성된다. keystore 네임스페이스는 salt를 암호화하지 않은 상태로 보관한다. hdPathString은 keystore 네임스페이스의 기본 유도 경로를 제공하기 위해 사용된다. 즉 주소 생성, 트랜잭션 서명 등에 사용된다. 만약 유도 경로를 제공하지 않으면 이 유도 경로가 사용된다. hdPathString을 제공하지 않으면 기본값은 m/0'/0'/0'이다. 이 유도 경로의 기본 목적은 서명이다. 다른 유도 경

로를 생성할 수 있으며 keystore 인스턴스의 addHdDerivationPath( ) 메소드를 사용해 유도 경로의 목적을 덮어 씌울 수 있다. 또한 keystore 인스턴스의 setDefaultHdDerivationPath( ) 메소드를 사용해 기본 유도 경로를 변경할 수도 있다. 마지막으로, 일단 keystore 네임스페이스가 생성되면 인스턴스는 콜백을 통해 리턴된다. 여기에서는 오직 비밀번호와 시드만을 사용해 keystore를 생성했다.

7. 이제 사용자가 필요한 개수의 주소와 연관된 키를 생성해야 한다. 시드로부터 수백만 개의 주소를 생성할 수도 있지만, 얼마나 많은 주소를 생성하길 원하는지 모르므로 우리가 원하기 전까지 keystore는 어떤 주소도 생성하지 않는다. keystore를 생성한 후 keyFromPassword 메소드를 사용해 비밀번호로부터 대칭 키를 생성한다. 그런 다음 주소 및 연관된 키를 생성하기 위해 generateNewAddress( ) 메소드를 호출한다.

8. generateNewAddress( )는 비밀번호 유도 키, 생성할 주소의 개수, 유도 경로라는 세 가지 인자를 받아들인다. 유도 경로를 제공하지 않았으므로 keystore의 기본 유도 경로를 사용한다. generateNewAddress( )를 여러 번 호출한 경우 마지막 호출에서 생성한 from 주소로부터 다시 시작한다. 예를 들어 이 메소드를 두 번 호출한 경우 각각 두 개의 주소를 생성하며, 처음 네 개의 주소를 가지게 될 것이다.

9. 그런 다음 keystore에 저장된 모든 주소를 얻기 위해 getAddresses( )를 사용한다.

10. exportPrivateKey 메소드를 사용해 주소의 개인 키를 복호화하고 검색한다.

11. 주소의 잔액을 얻기 위해 web3.eth.getBalance( )를 사용한다.

12. 그리고 마지막으로, 정렬되지 않은 목록에 모든 정보를 표시한다.

이제 시드로부터 주소와 개인 키를 생성하는 방법을 학습했다. 시드로부터 생성된 주소 중 하나로부터 이더를 전송하는 데 사용될 수 있는 send_ether( ) 메소드의 구현 부분을 작성해보자.

다음은 이를 위한 코드다. 다음 코드를 main.js 파일에 넣으면 된다.

```javascript
function send_ether() {
    var seed = document.getElementById("seed").value;
    if (!lightwallet.keystore.isSeedValid(seed)) {
        document.getElementById("info").innerHTML = "Please enter a valid seed";
        return;
    }
    var password = Math.random().toString();
    lightwallet.keystore.createVault({
        password: password,
        seedPhrase: seed
    }, function(err, ks) {
        ks.keyFromPassword(password, function(err, pwDerivedKey) {
            if (err) {
                document.getElementById("info").innerHTML = err;
            } else {
                ks.generateNewAddress(pwDerivedKey, totalAddresses);
                ks.passwordProvider = function(callback) {
                    callback(null, password);
                };
                var provider = new HookedWeb3Provider({
                    host: "http://localhost:8545",
                    transaction_signer: ks
                });
                var web3 = new Web3(provider);
                var from = document.getElementById("address1").value;
                var to = document.getElementById("address2").value;
                var value = web3.toWei(document.getElementById("ether").value,
                    "ether");
                web3.eth.sendTransaction({
                    from: from,
                    to: to,
                    value: value,
                    gas: 21000
                }, function(error, result) {
                    if (error) {
                        document.getElementById("info").innerHTML = error;
```

```
            } else {
                document.getElementById("info").innerHTML = "Txn hash: "
+ result;
            }
        })
    }
    });
});
}
```

여기서 시드로부터 주소를 생성하는 부분까지의 코드는 직관적이다. 그런 다음 ks의 passwordProvider 속성에 콜백을 할당한다. 이 콜백은 트랜잭션을 서명하는 과정에서 개인 키를 복호화하기 위한 비밀번호를 얻기 위해 호출된다. 이를 제공하지 않으면 LightWallet은 사용자에게 비밀번호를 입력해 달라고 묻는다. 그런 다음 keystore를 트랜잭션 서명자로 전달하며 HookedWeb3Provider 인스턴스를 생성한다. 이제 커스텀 공급자가 트랜잭션 서명을 원하면 ks의 has Address와 signTransactions 메소드를 호출한다. 만약 서명할 주소가 생성된 주소 내에 없다면 ks는 커스텀 공급자에게 오류를 전달한다. 마지막으로 web3.eth.sendTransaction 메소드를 사용해 일부 이더를 전송한다.

테스트

지갑 서비스를 구축하는 것이 완료됐으므로 예상대로 동작하는지 확인해보자. 먼저 Initial 디렉터리 내에서 `node app.js`를 실행하고, 선호하는 브라우저를 이용해 http:// localhost:8080에 접속한다. 다음과 같은 화면이 표시될 것이다.

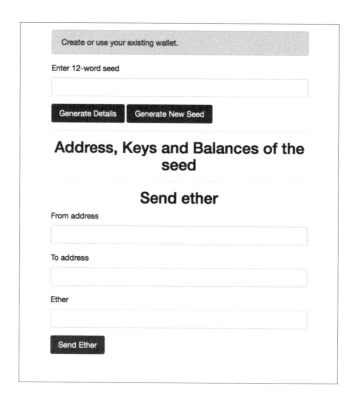

이제 시드를 생성하기 위해 Generate New Seed 버튼을 클릭한다. 생성할 계좌의 수를 입력하라는 메시지가 뜰 것이다. 어떠한 숫자라도 입력할 수 있지만, 테스트 목적으로 1보다 큰 숫자를 입력한다. 이제 다음과 같은 화면이 보일 것이다.

Create or use your existing wallet.

Enter 12-word seed

mutual obscure inch roast stable silent shine shy mail garbage cradle s

Generate Details   **Generate New Seed**

Address, Keys and Balances of the seed

1. **Address:** 0xe922fec586b0578bb022fe148d667d0d37e6306f

   Private Key:
   0xc8be4ac85648777ba50b1741c0ea971e3ccddcd6f6309b052be5565b00805f98

   Balance: 0 ether

2. **Address:** 0x76e0699914e6cd2e05353e3d52112fd1fa4f2e87

   Private Key:
   0x33a6b11f6e308b4c55a6ad392ab926baff19d1882228ef08afffee9a6eeabc28

   Balance: 0 ether

Send ether

From address

To address

Ether

Send Ether

이제 이더 송금을 테스트하기 위해 코인 베이스coinbase 계좌로부터 생성된 계좌 중 하나로 이더를 송금해야 한다. 생성된 계좌 중 하나로 이더를 송금한 후 UI를 갱신하기 위해 Generate Details 버튼을 클릭한다. 단 지갑 서비스를 사용해 이더 전송을 테스트할 필요는 없다. 같은 주소가 다시 생성되는지 확인해보라. 이제 화면은 다음과 같을 것이다.

Create or use your existing wallet.

Enter 12-word seed

mutual obscure inch roast stable silent shine shy mail garbage cradle s

Generate Details   Generate New Seed

Address, Keys and Balances of the seed

1. **Address:** 0xba6406ddf8817620393ab1310ab4d0c2deda714d

   Private Key:
   0x1a56e47492bf3df9c9563fa7f66e4e032c661de9d68c3f36f358e6bc9a9f69f2

   Balance: 1009.09663936 ether

2. **Address:** 0x2bdbec0ccd70307a00c66de02789e394c2c7d549

   Private Key:
   0x053c8a5754ce99e3a909b968b23dcb3314f3c88e16ef00658f0aa3f255579a7a

   Balance: 0.9 ether

Send ether

From address

To address

Ether

Send Ether

이제 from 주소 필드에 표시된 주소 중 잔액이 있는 계좌의 주소를 입력한다. 그리고 다른 주소를 to 주소 필드에 입력하라. 테스트 목적으로 표시되는 다른 주소 중 아무 주소나 넣을 수 있다. 그리고 from 주소 계좌의 이더 잔액보다 작거나 같은 양을 입력한다. 이제 다음과 같은 화면이 보일 것이다.

Create or use your existing wallet.

Enter 12-word seed

mutual obscure inch roast stable silent shine shy mail garbage cradle s

Generate Details   **Generate New Seed**

Address, Keys and Balances of the seed

1. **Address:** 0xba6406ddf8817620393ab1310ab4d0c2deda714d

   Private Key:
   0x1a56e47492bf3df9c9563fa7f66e4e032c661de9d68c3f36f358e6bc9a9f69f2

   Balance: 1009.09663936 ether

2. **Address:** 0x2bdbec0ccd70307a00c66de02789e394c2c7d549

   Private Key:
   0x053c8a5754ce99e3a909b968b23dcb3314f3c88e16ef00658f0aa3f255579a7a

   Balance: 0.9 ether

Send ether

From address

0xba6406ddf8817620393ab1310ab4d0c2deda714d

To address

0x2bdbec0ccd70307a00c66de02789e394c2c7d549

Ether

23

Send Ether

Send Ether 버튼을 누르면 트랜잭션 해시가 정보 박스 내에 보일 것이다. 채굴될 때까지 잠시 대기하라. 대기하는 동안 Generate Details 버튼을 누르면 채굴돼 있는지를 확인할 수 있다. 트랜잭션이 채굴된 이후 화면은 다음과 같이 보일 것이다.

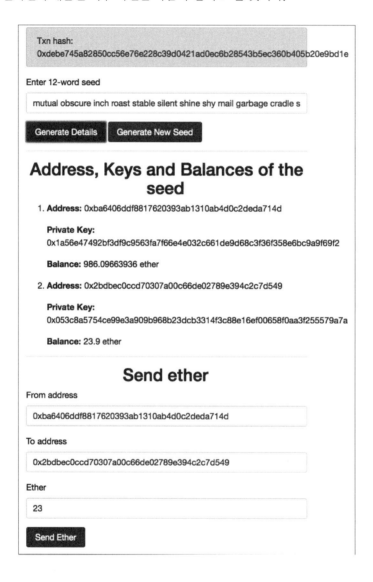

만약 설명된 것처럼 모두 정상적으로 동작한다면 지갑 서비스 준비가 완료됐다. 이제 이 서비스를 실제로 커스텀 도메인에 배포하고 공개적으로 사용하도록 만들 수 있다. 이 서비스는 안전하며 사용자들도 신뢰할 것이다.

▌ 요약

이 장에서는 hooked-web3-provider, ethereumjs-tx, LightWallet이라는 세 가지 중요한 이더리움 라이브러리들을 배웠다. 이들은 계좌를 관리하거나 이더리움 노드 외부에서 트랜잭션을 서명하는 데 사용될 수 있다. DApp 클라이언트를 개발하는 동안 이러한 라이브러리들이 유용함을 알게 될 것이다.

마지막으로 지갑에 관련된 정보나 개인 키를 백엔드와 공유할 수 있도록 사용자들이 자신의 계정을 관리할 수 있는 지갑 서비스를 생성했다.

다음 장에서는 스마트 컨트랙트를 구축하고 배포하는 플랫폼을 구축할 것이다.

06

스마트 컨트랙트 배포 플랫폼 구축

일부 클라이언트는 런타임에 컨트랙트를 컴파일하고 배포할 필요가 있다. 소유권 증명 DApp에서는 스마트 컨트랙트를 수동으로 배포하고 클라이언트 측 코드 내에 컨트랙트 주소를 하드코딩했다. 하지만 일부 클라이언트는 스마트 컨트랙트를 런타임에 배포할 필요가 있다. 예를 들어 클라이언트가 학생들의 출석 정보를 블록체인 내에 기록할 수 있도록 한다면 새로운 학교가 등록될 때마다 스마트 컨트랙트를 배포해야 각 학교가 자신의 스마트 컨트랙트를 완전히 제어할 수 있다. 이 장에서는 web3.js를 이용해 스마트 컨트랙트를 컴파일하는 방법과 web3.js 및 EthereumJS를 사용해 배포하는 법을 배울 것이다.

이 장에서는 다음과 같은 주제를 다룰 것이다.

- 트랜잭션의 논스 계산
- 트랜잭션 풀 JSON−RPC API 사용

- 컨트랙트 생성 및 메소드 호출을 위한 트랜잭션의 데이터 생성
- 트랜잭션에서 필요한 가스 예측
- 계좌 내 사용 가능한 현재 잔액 확인
- solcjs를 사용한 스마트 컨트랙트 컴파일
- 스마트 컨트랙트 작성, 컴파일 배포를 위한 플랫폼 개발

▌ 트랜잭션 논스 계산

geth에서 관리되는 계좌에 대해서는 geth가 올바른 논스를 트랜잭션에 추가하고 서명해 주므로 트랜잭션 논스에 대해 걱정할 필요가 없다. geth에서 관리되지 않는 계좌를 사용하는 동안에는 논스를 자체적으로 계산해야 한다.

자체적으로 논스를 계산하기 위해서는 geth에서 제공한 `getTransactionCount` 메소드를 사용할 수 있다. 첫 번째 인자는 트랜잭션 카운트가 필요한 주소며, 두 번째 인자는 트랜잭션 카운트가 필요할 때까지의 블록이다. 현재 채굴 중인 블록의 트랜잭션을 포함하기 위해서는 `"pending"` 문자열을 제공할 수 있다. 이전 장에서 논의한 대로 geth는 보류 중이고 대기 중인 트랜잭션을 보관하기 위한 트랜잭션 풀을 관리한다. 블록을 채굴하기 위해 geth는 트랜잭션 풀에서 보류 중인 트랜잭션을 가져와 새로운 블록 채굴을 시작한다. 보류 중인 트랜잭션은 트랜잭션 풀에 남아있다가 채굴되면 트랜잭션 풀에서 제거된다. 블록을 채굴하는 중에 새롭게 들어온 트랜잭션은 트랜잭션 풀에 넣어지고 다음 블록에 채굴된다. 따라서 `getTransactionCount`를 호출할 때 두 번째 인자로 "pending"을 제공하면 트랜잭션 풀 내부를 보지 않고 대신 보류 중인 블록 내의 트랜잭션에 대해서만 고려한다.

따라서 geth에서 관리되지 않는 계좌로부터 트랜잭션을 전송하려고 하는 경우 블록체인 내 계좌의 총 트랜잭션 수를 계산하고 트랜잭션 풀 내 보류 중인 트랜잭션을 추가한다. 만약 보류 중인 블록에서 보류 중인 트랜잭션을 사용하려고 하는 경우 블록체인 내 트랜잭

션을 포함하기 위해 평균 12초가 소요되므로 몇 초 간격으로 트랜잭션이 geth로 보내지는 경우 올바른 논스를 계산할 수 없다.

앞 장에서는 hooked-web3-provider를 이용해 트랜잭션에 논스를 추가했다. 불행히도, hooked-web3-provider는 논스를 올바른 방법으로 가져오지 않는다. 이는 계좌마다 카운터를 관리하며 해당 계좌로부터 트랜잭션을 전송할 때마다 카운터를 증가시킨다. 그리고 만약 트랜잭션이 올바르지 않은 경우(예를 들어 가지고 있는 것보다 더 많은 이더를 전송하려고 하는 경우) 카운터를 감소시키지 않는다. 따라서 해당 계좌로부터의 나머지 트랜잭션은 큐에 들어가며 클라이언트가 재시작하면서 hooked-web3-provider가 초기화될 때까지 채굴되지 않는다. 그리고 hooked-web3-provider 인스턴스를 여러 개 생성한 경우 이 인스턴스들은 계좌의 논스를 서로 동기화할 수 없으므로 결국 올바르지 않은 논스가 생길 수 있다. 하지만 트랜잭션에 논스를 추가하기 전에 hooked-web3-provider는 항상 보류 중인 블록까지의 트랜잭션 카운트를 가지고 와서 현재의 카운터와 비교한 후 큰 값을 사용한다. 따라서 hooked-web3-provider에서 관리되는 계좌로부터의 트랜잭션이 네트워크 내 다른 노드에서 전송되고 보류 중인 블록에 포함된다면 hooked-web3-provider가 볼 수 있다. 하지만 전체 hooked-web3-provider는 논스를 계산할 수 없다. 클라이언트 측 앱 프로토타이핑을 하는 데는 적합하며, 트랜잭션이 네트워크에 브로드캐스팅되지 않고 hooked-web3-provider가 자주 재설정되고 사용자가 트랜잭션을 보고 재전송할 수 있는 앱에 적합하다. 예를 들어 우리의 지갑 서비스에서는 사용자가 페이지를 종종 로드하므로 새로운 hooked-web3-provider 인스턴스가 자주 생긴다. 그리고 트랜잭션이 브로드캐스팅되지 않거나 올바르지 않거나 채굴되지 않는 경우 사용자는 페이지를 새로고침하고 트랜잭션을 재전송할 수 있다.

▌ solcjs 소개

solcjs는 Node.js 라이브러리며 솔리디티 파일을 컴파일하는 데 사용되는 명령행 툴이다. solc 명령행 컴파일러를 사용하지 않고 순수 자바스크립트를 사용해 컴파일하므로 solc 보다 훨씬 설치하기 쉽다.

solc는 실제 솔리디티 컴파일러다. solc는 C++로 작성됐다. C++ 코드는 emscripten 을 사용해 자바스크립트로 컴파일됐고, solc의 모든 버전은 자바스크립트로 컴파일됐다. https://github.com/ethereum/solc-bin/tree/gh-pages/bin에서 각 솔리디티 버전에 맞는 자바스크립트 기반의 컴파일러를 찾을 수 있다. solcjs는 이러한 자바스크립트 기반의 컴파일러 중 하나를 사용해 솔리디티 소스 코드를 컴파일한다. 이 자바스크립트 기반의 컴파일러는 브라우저 및 Node.js 환경에서 모두 동작한다.

 브라우저 솔리디티는 솔리디티 소스 코드 컴파일을 위해 자바스크립트 기반의 컴파일러를 사용한다.

solcjs 설치

solcjs는 solc라는 이름의 npm 패키지로 사용할 수 있다. 다른 npm 패키지와 마찬가지로 solcjs npm 패키지를 지역적으로나 전역적으로 설치할 수 있다. 만약 이 패키지가 전역적으로 설치되면 명령행 툴인 solcjs를 사용할 수 있다. 따라서 명령행 툴을 설치하기 위해서는 다음 명령어를 실행한다.

```
npm install -g solc
```

다음 명령어를 실행해 명령행 컴파일러로 솔리디티 파일을 컴파일하는 방법을 살펴보자.

```
solcjs --help
```

여기서 solcjs 명령행 툴은 살펴보지 않을 것이다. 대신 솔리디티 파일을 컴파일하기 위한 solcjs API를 배워볼 것이다.

 기본적으로 solcjs는 해당 버전과 매칭하는 컴파일러 버전을 사용한다. 예를 들어 solcjs 0.4.8 버전을 설치했다면 기본적으로 0.4.8 버전 컴파일러를 사용해 컴파일할 것이다. solcjs 는 다른 컴파일러 버전을 사용하도록 설정될 수 있다.[1]

solcjs API

solcjs는 솔리디티 코드를 컴파일하는 데 사용되는 compiler 메소드를 제공한다. 이 메소드는 소스 코드가 import 구문을 가지고 있느냐에 따라 두 가지 서로 다른 방법으로 사용된다. 만약 소스 코드가 어떠한 import 구문도 가지고 있지 않다면 두 개의 매개변수를 받아들인다. 첫 번째 매개변수는 문자열 형태의 솔리디티 소스 코드며, 두 번째는 바이트 코드를 최적화할지 나타내는 불린^{Boolean} 값이다. 만약 소스 코드 문자열이 다수의 컨트랙트를 포함하고 있다면 모든 컨트랙트를 컴파일한다.

다음은 이를 보여주는 예시다.

```
var solc = require("solc");
var input = "contract x { function g() {} }";
var output = solc.compile(input, 1); // 1은 최적화를 활성화
for (var contractName in output.contracts) {
    // 코드 및 ABI를 로깅
    console.log(contractName + ": " +
    output.contracts[contractName].bytecode);
```

---

1 이 책을 번역한 시점에 가장 최신 버전의 solcjs는 0.4.16이다. – 옮긴이

```
    console.log(contractName + "; " +
    JSON.parse(output.contracts[contractName].interface));
}
```

만약 소스 코드가 import 구문을 포함하고 있으면 첫 번째 매개변수는 키가 파일 이름이며 값은 파일의 콘텐츠인 객체다. 따라서 컴파일러가 import 구문을 볼 때마다 파일시스템에서 파일을 찾는 대신 객체 내에서 파일 이름을 키와 비교해 파일 콘텐츠를 검색한다. 다음은 이를 보여주는 예시다.

```
var solc = require("solc");
var input = {
    "lib.sol": "library L { function f() returns (uint) { return 7; } }",
    "cont.sol": "import 'lib.sol'; contract x { function g() { L.f(); } }"
};
var output = solc.compile({sources: input}, 1);
for (var contractName in output.contracts)
    console.log(contractName + ": " +
output.contracts[contractName].bytecode);
```

만약 컴파일하는 동안 파일 콘텐츠를 파일시스템에서 읽길 원하거나 컴파일 도중 파일 콘텐츠를 확인하려는 경우라면 컴파일러 메소드는 파일 이름을 받아들여서 파일 콘텐츠를 리턴하는 메소드를 세 번째 매개변수로 지정할 수 있다.

다음은 이를 보여주는 예시다.

```
var solc = require("solc");
var input = {
    "cont.sol": "import 'lib.sol'; contract x { function g() { L.f(); } }"
};
function findImports(path) {
    if (path === "lib.sol")
        return { contents: "library L { function f() returns (uint) {
        return 7; } }" }
```

```
    else
        return { error: "File not found" }
}
var output = solc.compile({sources: input}, 1, findImports);
for (var contractName in output.contracts)
    console.log(contractName + ": " +
output.contracts[contractName].bytecode);
```

다른 버전의 컴파일러 사용

다른 버전의 솔리디티를 사용해 컨트랙트를 컴파일하려는 경우 다른 컴파일러의 참조 값을 얻기 위해 useVersion 메소드를 사용해야 한다. useVersion은 컴파일러를 포함하고 있는 자바스크립트 파일 이름을 문자열로 받아들이며, 해당 파일을 /node_modules/solc/bin 디렉터리 내에서 찾는다.

solcjs는 loadRemoteVersion이라는 메소드도 제공한다. 이 메소드는 solc-bin 저장소 (https://github.com/ethereum/solc-bin)의 solc-bin/bin 디렉터리에서 입력 값과 일치하는 이름의 컴파일러를 다운로드해 사용한다.

마지막으로 setupMethods라는 메소드도 제공한다. 이 메소드는 useVersion 메소드와 비슷하지만 어떤 디렉터리에서라도 컴파일러를 로드할 수 있다.

다음은 이 세 가지 메소드를 보여주는 예시다.

```
var solc = require("solc");
var solcV047 = solc.useVersion("v0.4.7.commit.822622cf");
var output = solcV011.compile("contract t { function g() {} }", 1);
solc.loadRemoteVersion('soljson-v0.4.5.commit.b318366e', function(err,
    solcV045) {
    if (err) {
        // 오류가 발생하면 표시하고 빠져나간다
    }
    var output = solcV045.compile("contract t { function g() {} }", 1);
```

```
});

var solcV048 = solc.setupMethods(require("/my/local/0.4.8.js"));
var output = solcV048.compile("contract t { function g() {} }", 1);

solc.loadRemoteVersion('latest', function(err, latestVersion) {
    if (err) {
        // 오류가 발생하면 표시하고 빠져나긴다
    }
    var output = latestVersion.compile("contract t { function g() {} }",
    1);
});
```

위 코드를 실행하려면 먼저 solc-bin 저장소로부터 v0.4.7.commit.822622cf.js 파일을 다운로드해서 node_modules/solc/bin 디렉터리에 넣어둬야 한다. 그리고 솔리디티 0.4.8 버전의 컴파일러를 다운로드해 파일시스템에 넣어두고 해당 디렉터리 경로를 setupMethods 호출에서 지정해야 한다.

라이브러리 링킹

만약 솔리디티 코드가 라이브러리를 참조한다면 생성된 바이트 코드는 참조된 라이브러리의 실제 주소를 위한 플레이스홀더를 포함할 것이다. 이는 컨트랙트 배포 전에 링킹이라고 불리는 절차에 의해 업데이트돼야 한다.

solcjs는 생성된 바이트 코드에 라이브러리 주소를 링크하기 위한 linkByteCode 메소드를 제공한다. 다음은 이를 보여주는 예시다.

```
var solc = require("solc");

var input = {
    "lib.sol": "library L { function f() returns (uint) { return 7; } }",
    "cont.sol": "import 'lib.sol'; contract x { function g() { L.f(); } }"
};
```

```
var output = solc.compile({sources: input}, 1);

var finalByteCode = solc.linkBytecode(output.contracts["x"].bytecode, {'L':
'0x123456...' });
```

ABI 업데이트

컨트랙트의 ABI는 구현 이외에도 컨트랙트의 다양한 종류의 정보를 제공한다. 상위 버전
의 경우 하위 버전보다 더 많은 솔리디티 기능을 제공하기 때문에 ABI 내에 추가적인 정
보를 포함하고 있으므로 두 가지 서로 다른 버전의 컴파일러에서 생성된 ABI는 일치하지
않는다. 예를 들어 폴백 함수는 0.4.0 버전에서 소개됐으므로 0.4.0 이전 버전의 컴파일러
에서 생성된 ABI는 폴백 함수의 정보를 가지고 있지 않을 것이며, 이러한 스마트 컨트랙
트는 비어있는 바디 및 payable 변경자를 가지고 있는 것처럼 동작할 것이다. 따라서 새로
운 솔리디티 버전의 ABI에 의존하는 애플리케이션이 컨트랙트에 대한 더 많은 정보를 가
질 수 있도록 API도 업데이트돼야 한다.

solcjs는 ABI를 업데이트하는 API를 제공한다. 다음은 이를 보여주기 위한 예제 코드다.

```
var abi = require("solc/abi");
var inputABI =
[{"constant":false,"inputs":[],"name":"hello","outputs":[{"name":"","type":
"string"}],"payable":false,"type":"function"}];
var outputABI = abi.update("0.3.6", inputABI)
```

여기서 0.3.6은 ABI가 0.3.6 버전의 컴파일러를 사용해 생성됐다는 것을 의미한다. 현재
solcjs 버전 0.4.8을 사용하고 있으므로 ABI는 solcjs 컴파일러 버전에서 생성된 것과 일
치하도록 업데이트될 것이다.

위 코드의 실행 결과는 다음과 같다.

[{"constant":false,"inputs":[],"name":"hello","outputs":[{"name":"","type":
"string"}],"payable":true,"type":"function"},{"type":"fallback","payable":t
rue}]

▌컨트랙트 배포 플랫폼 구축

solcjs를 사용해 솔리디티 소스 코드를 컴파일하는 방법을 배웠으므로, 컨트랙트를 작성
하고 컴파일하고 배포할 수 있는 플랫폼을 구축할 차례다. 이 플랫폼은 사용자가 자신의
계좌 주소와 개인 키를 제공하면 컨트랙트를 배포하도록 해준다.

애플리케이션을 구축하기 전에 채굴 기능 및 geth가 활성화돼 있고, HTTP-RPC 서버를
통한 eth, web3, txpool API를 제공하는 geth 개발 인스턴스가 동작 중인지 확인하라.
다음 명령어를 통해 실행할 수 있다.

```
geth --dev --rpc --rpccorsdomain "*" --rpcaddr "0.0.0.0" --rpcport "8545" --mine
--rpcapi "eth,txpool,web3"
```

프로젝트 구조

이 장의 예제 파일에는 Final과 Initial이라는 두 개의 디렉터리가 있다. Final은 프로젝트
의 최종 소스 코드를 포함하고 있고, Initial은 애플리케이션을 빠르게 구축할 수 있도록
비어있는 소스 코드 파일과 라이브러리를 포함하고 있다.

Final 디렉터리를 테스트하기 위해서는 내부에서 npm install을 실행한 후 Final 디렉터리 내에서 node app.js 명령어를 사용해 애플리케이션을 기동하면 된다.

Initial 디렉터리 내에는 public 디렉터리와 app.js 및 package.json이라는 두 개의 파일이 있다. package.json은 우리 애플리케이션의 백엔드 의존성을 관리하며, app.js는 백엔드 소스 코드가 위치할 파일이다.

public 디렉터리는 프론트엔드와 관련된 파일을 포함하고 있다. public/css 내부에는 부트스트랩 라이브러리인 bootstrap.min.css와 codemirror 라이브러리의 css인 codemirror.css가 있다. public/html에는 애플리케이션의 HTML 코드를 배치할 index. html, public/js 디렉터리에는 codemirror 및 web3.js의 JS 파일이 있다. public/js 내에는 애플리케이션의 프론트엔드 JS 코드를 배치할 main.js도 있다.

백엔드 구축

애플리케이션의 백엔드를 먼저 구축해보자. 우선 백엔드에서 필요한 종속성들을 설치하기 위해 Initial 디렉터리 내에서 npm install을 실행한다.

다음은 익스프레스 서비스를 구동하고 index.html 파일 및 정적인 파일을 제공하기 위한 백엔드 코드다.

```
var express = require("express");
var app = express();

app.use(express.static("public"));

app.get("/", function(req, res){
    res.sendFile(__dirname + "/public/html/index.html");
})

app.listen(8080);
```

위 코드는 직관적이다. 더 진행해보자. 우리의 애플리케이션은 compile(컴파일) 및 deploy(배포)라는 두 개의 버튼을 가지고 있다. 사용자가 컴파일 버튼을 클릭하면 컨트랙트가 컴파일되며, 배포 버튼을 클릭하면 컨트랙트가 배포될 것이다.

여기서는 컨트랙트 컴파일과 배포를 백엔드에서 할 것이다. 이 과정은 프론트엔드에서도 할 수 있지만 solcjs를 Node.js에서만 사용할 수 있기 때문에 백엔드에서 수행한다(비록 자바스크립트 기반의 컴파일러는 프론트엔드에서 동작하지만).

 프론트엔드에서 컴파일하는 방법을 배우려면 solcjs 소스 코드를 살펴보라. 이는 자바스크립트 기반의 컴파일러에서 제공하는 API에 대한 아이디어를 제공한다.

사용자가 컴파일 버튼을 클릭하면 프론트엔드는 /compile 경로 대상으로 컨트랙트 소스 코드를 전달하는 GET 요청을 생성한다. 다음은 라우팅을 위한 코드다.

```
var solc = require("solc");

app.get("/compile", function(req, res){
    var output = solc.compile(req.query.code, 1);
    res.send(output);
})
```

여기서는 먼저 solcjs 라이브러리 코드를 임포트한다. 그리고 /compile 라우팅을 정의하고 라우팅 콜백 내에 클라이언트에서 전달된 소스 코드를 최적화하는 기능을 활성화한 상태에서 컴파일한다. 그리고 solc compile 메소드의 리턴 값을 프론트엔드에 전달하고 클라이언트가 컴파일의 성공 여부를 검사하도록 한다.

사용자가 배포 버튼을 클릭하면 프론트엔드는 /deploy 경로에 컨트랙트 소스 코드와 계좌 주소 및 개인 키로부터의 생성자 매개변수를 전달하는 GET 요청을 생성한다. 사용자가 이 버튼을 클릭하면 컨트랙트는 배포되며 트랜잭션 해시가 사용자에게 리턴될 것이다.

다음은 이를 위한 코드다

```
var Web3 = require("web3");
var BigNumber = require("bignumber.js");
var ethereumjsUtil = require("ethereumjs-util");
var ethereumjsTx = require("ethereumjs-tx");
var web3 = new Web3(new Web3.providers.HttpProvider("http://localhost:8545"));

function etherSpentInPendingTransactions(address, callback) {
    web3.currentProvider.sendAsync({
        method: "txpool_content",
        params: [],
        jsonrpc: "2.0",
        id: new Date().getTime()
    }, function(error, result) {
        if (result.result.pending) {
            if (result.result.pending[address]) {
                var txns = result.result.pending[address];
                var cost = new BigNumber(0);
                for (var txn in txns) {
                    cost = cost.add((new BigNumber(parseInt(txns[txn].value))).
add((new BigNumber(parseInt(txns[txn].gas))).mul(new
BigNumber(parseInt(txns[txn].gasPrice)))));
                }
                callback(null, web3.fromWei(cost, "ether"));
            } else {
                callback(null, "0");
            }
        } else {
            callback(null, "0");
        }
    })
}

function getNonce(address, callback) {
    web3.eth.getTransactionCount(address, function(error, result) {
        var txnsCount = result;
        web3.currentProvider.sendAsync({
```

```
                method: "txpool_content",
                params: [],
                jsonrpc: "2.0",
                id: new Date().getTime()
        }, function(error, result) {
            if (result.result.pending) {
                if (result.result.pending[address]) {
                    txnsCount = txnsCount +
                        Object.keys(result.result.pending[address]).length;
                    callback(null, txnsCount);
                } else {
                    callback(null, txnsCount);
                }
            } else {
                callback(null, txnsCount);
            }
        })
    })
}
app.get("/deploy", function(req, res) {
    var code = req.query.code;
    var arguments = JSON.parse(req.query.arguments);
    var address = req.query.address;
    var output = solc.compile(code, 1);
    var contracts = output.contracts;
    for (var contractName in contracts) {
        var abi = JSON.parse(contracts[contractName].interface);
        var byteCode = contracts[contractName].bytecode;
        var contract = web3.eth.contract(abi);
        var data = contract.new.getData.call(null, ...arguments, {
            data: byteCode
        });
        var gasRequired = web3.eth.estimateGas({
            data: "0x" + data
        });
        web3.eth.getBalance(address, function(error, balance) {
            var etherAvailable = web3.fromWei(balance, "ether");
            etherSpentInPendingTransactions(address, function(error, balance) {
                etherAvailable = etherAvailable.sub(balance)
```

```
                    if (etherAvailable.gte(web3.fromWei(new BigNumber(web3.eth.
gasPrice).mul(gasRequired), "ether"))) {
                    getNonce(address, function(error, nonce) {
                        var rawTx = {
                            gasPrice: web3.toHex(web3.eth.gasPrice),
                            gasLimit: web3.toHex(gasRequired),
                            from: address,
                            nonce: web3.toHex(nonce),
                            data: "0x" + data
                        };
                        var privateKey = ethereumjsUtil.toBuffer(req.query.key,
'hex');

                        var tx = new ethereumjsTx(rawTx);
                        tx.sign(privateKey);
                        web3.eth.sendRawTransaction("0x" + tx.serialize().
toString('hex'), function(err, hash) {
                            res.send({
                                result: {
                                    hash: hash,
                                }
                            });
                        });
                    })
                } else {
                    res.send({
                        error: "Insufficient Balance"
                    });
                }
            })
        })
        break;
    }
})
```

위 코드는 다음과 같이 동작한다.

1. 먼저 web3.js, BigNumber.js, ethereumjs-util, ethereumjs-tx 라이브러리를 임포트한다. 그리고 Web3의 인스턴스를 생성한다.

2. 그리고 계좌 주소의 보류 중인 트랜잭션에서 사용된 전체 이더를 계산하는 `etherInSpentPendingTransactions`라는 이름의 함수를 정의한다. web3. js는 트랜잭션 풀에 관련된 자바스크립트 API를 제공하지 않으므로 web3. currentProvider.sendAsync를 이용해 원시 JSON-RPC를 생성한다. sendAsync는 비동기식 원시 JSON-RPC 호출을 생성하기 위해 사용된다. 만약 동기식 호출을 생성하려면 sendAsync 대신 send 메소드를 사용하면 된다. 계좌 주소의 보류 중인 트랜잭션의 전체 이더를 계산하는 동안 이전에 논의한 이슈 때문에 보류 중인 블록 대신 트랜잭션 풀의 보류 중인 트랜잭션을 확인한다. 전체 이더를 계산하는 동안 가스 또한 이더 잔액을 감소시키므로 각 트랜잭션의 값과 가스양을 합산한다.

3. 다음으로 앞에서 설명한 기술을 사용해 계좌의 논스를 얻을 수 있는 getNonce라고 불리는 함수를 정의한다. 이는 단순히 보류 중인 트랜잭션의 전체 수에 채굴된 트랜잭션의 전체 수를 합산한다.

4. 마지막으로 /deploy 엔드포인트를 선언한다. 먼저 컨트랙트를 컴파일한다. 그리고 첫 번째 컨트랙트만을 배포한다. 우리의 플랫폼은 제공된 소스 코드 내에 다수의 컨트랙트가 확인된다면 첫 번째 컨트랙트만을 배포하도록 설계됐다. 차후 첫 번째뿐 아니라 모든 컴파일된 컨트랙트를 배포하도록 애플리케이션을 개선해볼 수 있을 것이다. 그리고 web3.eth.contract를 사용해 컨트랙트 객체를 생성한다.

5. sendTransactions를 가로채서 sendRawTransaction 호출로 변환하기 위한 hooked-web3-provider 또는 어떠한 핵도 사용하지 않으므로 컨트랙트를 배포하기 위해서는 컨트랙트 바이트 코드 및 생성자 인자를 결합해 16진수 문자열로 인코딩된 트랜잭션의 데이터 부분을 생성해야 한다. 컨트랙트 객체는 실제로 우리가 트랜잭션의 데이터 부분을 생성하도록 한다. 이는 getData 메소드를 함

수 인자와 함께 호출해 수행할 수 있다. 컨트랙트를 배포하기 위해 데이터를 얻어야 한다면 contract.new.getData를 호출하고, 컨트랙트의 함수를 호출해야 한다면 contract.functionName.getData를 호출한다. 두 경우 모두 getData 메소드에 인자를 제공한다. 따라서 트랜잭션의 데이터를 생성하기 위해서는 단지 컨트랙트의 ABI만 필요하다. 데이터를 생성하기 위해 함수 이름과 인자가 어떻게 결합하고 인코딩되는지 알려면 https://github.com/ethereum/wiki/wiki/Ethereum-Contract-ABI#examples를 참조하면 된다. 단, 컨트랙트의 ABI를 가지고 있거나 ABI를 수동으로 생성하는 방법을 알고 있다면 굳이 그럴 필요는 없다.

6. 그리고 web3.eth.estimateGas를 사용해 컨트랙트를 배포하는 데 필요한 가스의 양을 계산한다.

7. 차후 컨트랙트를 배포하는 데 필요한 가스를 지불할 충분한 이더가 계좌에 있는지 검사한다. 이는 현재 계좌의 잔액에서 보류 중인 트랜잭션에 사용한 금액을 제외한 최종 잔액이 가스 지불을 위해 필요한 이더만큼 있는지 검사하는 방식이다.

8. 마지막으로 논스를 얻고 트랜잭션을 서명하고 브로드캐스팅한다. 단순히 트랜잭션의 해시를 프론트엔드에 리턴한다.

프론트엔드 구축

이제 애플리케이션의 프론트엔드를 구축해보자. 프론트엔드는 사용자가 코드를 작성할 수 있는 편집기를 포함한다. 만약 사용자가 컴파일compile 버튼을 클릭하면 동적으로 입력 상자를 표시하며 각 입력 상자는 생성자 인자를 나타낸다. 배포 버튼이 클릭되면 입력 창으로부터 생성자 인자 값을 가져온다. 사용자는 이 입력 창에 JSON 문자열을 입력해야 한다.

 편집기를 프론트엔드와 통합하기 위해 codemirror 라이브러리를 사용할 것이다. codemirror에 대한 상세한 내용과 사용 방법은 http://codemirror.net/를 참조하라.

다음은 애플리케이션의 프론트엔드 HTML 코드며, 이 코드를 index.html 파일 내에 넣
으면 된다.

```html
<!DOCTYPE html>
<html lang="en">
  <head>
    <meta charset="utf-8">
    <meta name="viewport" content="width=device-width, initial-scale=1,
      shrink-to-fit=no">
    <meta http-equiv="x-ua-compatible" content="ie=edge">
    <link rel="stylesheet" href="/css/bootstrap.min.css">
    <link rel="stylesheet" href="/css/codemirror.css">
    <style type="text/css">
      .CodeMirror
      {
      height: auto;
      }
    </style>
  </head>
  <body>
    <div class="container">
      <div class="row">
        <div class="col-md-6">
          <br>
          <textarea id="editor"></textarea>
          <br>
          <span id="errors"></span>
          <button type="button" id="compile" class="btn btnprimary">
          Compile</button>
        </div>
        <div class="col-md-6">
          <br>
          <form>
            <div class="form-group">
              <label for="address">Address</label>
              <input type="text" class="form-control"
                id="address" placeholder="Prefixed with 0x">
```

```
            </div>
            <div class="form-group">
                <label for="key">Private Key</label>
                <input type="text" class="form-control"
                    id="key" placeholder="Prefixed with 0x">
            </div>
            <hr>
            <div id="arguments"></div>
            <hr>
            <button type="button" id="deploy" class="btn btnprimary">
            Deploy</button>
          </form>
        </div>
      </div>
    </div>
    <script src="/js/codemirror.js"></script>
    <script src="/js/main.js"></script>
  </body>
</html>
```

여기에서 textarea가 있는 것을 알 수 있다. textarea 태그는 사용자가 codemirror 편집기에 입력할 내용을 저장한다. 위 코드의 나머지 부분은 직관적이다.

다음은 완전한 프론트엔드 자바스크립트 코드다. 다음 코드를 main.js 파일에 넣으면 된다.

```
var editor = CodeMirror.fromTextArea(document.getElementById("editor"), {
    lineNumbers: true,
});
var argumentsCount = 0;
document.getElementById("compile").addEventListener("click", function() {
    editor.save();
    var xhttp = new XMLHttpRequest();
    xhttp.onreadystatechange = function() {
        if (this.readyState == 4 && this.status == 200) {
            if (JSON.parse(xhttp.responseText).errors != undefined) {
                document.getElementById("errors").innerHTML =
                    JSON.parse(xhttp.responseText).errors + "<br><br>";
```

```
            } else {
                document.getElementById("errors").innerHTML = "";
            }
            var contracts = JSON.parse(xhttp.responseText).contracts;
            for (var contractName in contracts) {
                var abi = JSON.parse(contracts[contractName].interface);
                document.getElementById("arguments").innerHTML = "";
                for (var count1 = 0; count1 < abi.length; count1++) {
                    if (abi[count1].type == "constructor") {
                        argumentsCount = abi[count1].inputs.length;
                        document.getElementById("arguments").innerHTML =
                            '<label>Arguments</label>';
                        for (var count2 = 0; count2 < abi[count1].inputs.length;
count2++) {
                            var inputElement = document.createElement("input");
                            inputElement.setAttribute("type", "text");
                            inputElement.setAttribute("class", "form-control");
                            inputElement.setAttribute("placeholder",
                                abi[count1].inputs[count2].type);
                                inputElement.setAttribute("id", "arguments-" +
(count2 + 1));
                            var br = document.createElement("br");
                            document.getElementById("arguments").appendChild(br);
                            document.getElementById("arguments").appendChild
(inputElement);
                        }
                        break;
                    }
                }
                break;
            }
        }
    };
    xhttp.open("GET", "/compile?code=" +
        encodeURIComponent(document.getElementById("editor").value), true);
    xhttp.send();
})
document.getElementById("deploy").addEventListener("click", function() {
    editor.save();
```

```
    var arguments = [];
    for (var count = 1; count <= argumentsCount; count++) {
        arguments[count - 1] = JSON.parse(document.getElementById("arguments-" +
            count).value);
    }
    var xhttp = new XMLHttpRequest();
    xhttp.onreadystatechange = function() {
        if (this.readyState == 4 && this.status == 200) {
            var res = JSON.parse(xhttp.responseText);
            if (res.error) {
                alert("Error: " + res.error)
            } else {
                alert("Txn Hash: " + res.result.hash);
            }
        } else if (this.readyState == 4) {
            alert("An error occured.");
        }
    };
    xhttp.open("GET", "/deploy?code=" +
        encodeURIComponent(document.getElementById("editor").value) +
        "&arguments=" +
        encodeURIComponent(JSON.stringify(arguments)) + "&address=" +
        document.getElementById("address").value + "&key=" +
        document.getElementById("key").value, true);
    xhttp.send();
})
```

위 코드는 다음과 같이 동작한다.

1. 먼저 코드 편집기를 웹 페이지에 추가한다. 코드 편집기는 textarea 부분에 표시될 것이며 textarea는 숨겨질 것이다.

2. 그리고 컴파일 버튼의 클릭 이벤트 핸들러를 설정한다. 핸들러 내부에서 편집기의 내용을 textarea에 복사하는 방식으로 편집기를 저장한다. 컴파일 버튼이 클릭되면 /compile 경로로 요청하며 결과 값을 얻은 후 파싱해 사용자가 생성자 인자를 입력할 수 있는 입력 창을 표시한다. 여기서 첫 번째 컨트랙트의 생성자 인

자만을 읽어들인다. 하지만 컨트랙트가 하나 이상 있는 경우 모든 컨트랙트의 입력 창을 보여줄 수 있도록 UI를 개선할 수 있다.

3. 마지막으로 배포 버튼의 이벤트 핸들러를 설정한다. 여기서 생성자의 인자 값을 읽어들여 파싱하고 배열에 집어넣는다. 그리고 /deploy 엔드포인트에 주소, 키, 코드, 인자 값을 넘기는 요청을 추가한다. 만약 오류가 발생한 경우 팝업 형태로 표시하며 그렇지 않은 경우 트랜잭션의 해시를 팝업으로 표시한다.

테스트

애플리케이션을 테스트하기 위해서는 Initial 디렉터리 내에서 app.js 노드를 실행하고 localhost:8080을 방문한다. 다음 스크린 캡처와 같은 화면을 볼 수 있을 것이다.

이제 솔리디티 컨트랙트 코드를 작성하고 컴파일 버튼을 누른다. 이제 새로운 입력 창이 오른쪽에 표시되는 것을 볼 수 있다. 예를 들어 다음 스크린 캡처를 살펴보자.

이제 올바른 계좌 주소와 연관된 개인 키를 입력한다. 그리고 생성자 인자에 값을 입력하고 배포 버튼을 클릭한다. 만약 모든 것이 정상적이라면 트랜잭션 해시가 표시되는 경고창을 보게 될 것이다. 예를 들어 다음 스크린 캡처를 살펴보자.

요약

이 장에서는 트랜잭션 풀 API 사용 방법, 올바른 논스 계산법, 사용 가능한 잔액 계산, 트랜잭션의 데이터 생성, 컨트랙트 컴파일 등을 배웠다. 그리고 컨트랙트 컴파일 및 배포 플랫폼을 구축했다. 이제 편집기 내의 모든 컨트랙트 배포, 임포트 부분 처리, 라이브러리 추가 등을 통해 구축한 애플리케이션을 개선해볼 수 있다.

다음 장에서는 탈중앙화 베팅 애플리케이션 구축을 통해 Oraclize에 대해 배워볼 것이다.

07

베팅 애플리케이션 구축

때로는 스마트 컨트랙트에서 다른 DApp이나 월드 와이드 웹의 데이터에 접근할 필요가 있다. 하지만 스마트 컨트랙트가 외부의 데이터에 접근하도록 허용하는 것은 기술적이고 합의적인 문제로 인해 실제로는 복잡하다. 따라서 현재 이더리움 스마트 컨트랙트는 외부 데이터에 접근하는 것을 기본적으로 지원하지 않는다. 하지만 이더리움 스마트 컨트랙트는 제3자를 통해 다른 유명한 DApp 및 월드 와이드 웹의 데이터에 접근할 수 있다. 이 장에서는 Oraclize를 사용해 이더리움 스마트 컨트랙트가 HTTP 요청을 생성해 월드 와이드 웹의 정보에 접근하는 방법을 학습할 것이다. 또한 IPFS에 저장된 파일에 접근하는 방법, 문자열을 다루기 위해 strings 라이브러리를 사용하는 방법 등도 배울 것이다. 여기서는 축구 베팅 스마트 컨트랙트와 클라이언트를 구축하면서 위와 같은 내용을 모두 배워볼 것이다.

이 장에서는 다음과 같은 주제를 다룰 것이다.

- Oraclize는 어떻게 동작하는가?
- Oraclize의 다양한 데이터 원본은 무엇이며 각각 어떻게 동작하는가?
- Oraclize 내에서 합의는 어떤 식으로 동작하는가?
- Oraclize를 이더리움 스마트 컨트랙트와 통합
- 솔리디티 strings 라이브러리를 사용해 문자열을 쉽게 다루는 법
- 축구 베팅 애플리케이션 구축

Oraclize 소개

Oraclize는 스마트 컨트랙트가 다른 블록체인 및 월드 와이드 웹의 데이터에 접근할 수 있도록 하는 서비스다. 이 서비스는 현재 비트코인, 이더리움의 테스트넷 및 메인넷에서 사용 중이다. Oraclize가 특별한 이유는 스마트 컨트랙트에 제공되는 모든 데이터에 대해 신뢰성을 입증하기 때문에 별도로 신뢰할 필요가 없다는 것이다.

이 장에서는 이더리움 컨트랙트가 Oraclize를 사용해 월드 와이드 웹에서 데이터를 가져오는 방법에 대해 배우는 것을 목표로 한다.

어떻게 동작하는가?

이더리움 스마트 컨트랙트가 Oraclize를 사용해 다른 블록체인 및 월드 와이드 웹으로부터 데이터를 가져오는 절차에 대해 살펴보자.

이더리움 블록체인 외부에 있는 데이터를 가져오려면 이더리움 스마트 컨트랙트가 Oraclize에게 쿼리를 전송할 필요가 있으며, 데이터 원본(데이터를 가져올 위치를 표현) 및 데이터 원본에 대한 입력 값(가져올 대상을 표현)을 언급해야 한다.

Oraclize에게 쿼리를 전송하는 것은 이더리움 블록체인 내 Oraclize 컨트랙트에게 컨트랙트 호출(즉, 내부 트랜잭션)을 전송하는 것을 의미한다. Oraclize 서버는 스마트 컨트랙트에 대한 새로운 쿼리가 들어오는 것을 확인한다. 새로운 쿼리를 확인할 때마다 결과를 가져와 여러분의 컨트랙트의 _callback 메소드를 호출하는 방식으로 돌려준다.

데이터 원본

다음은 Oraclize를 통해 스마트 컨트랙트에서 데이터를 가져올 수 있는 원본의 목록이다.

- URL: URL 데이터 원본은 HTTP GET 또는 POST 요청을 만들어낼 수 있게 한다. 즉 WWW로부터 데이터를 가져온다.
- WolframAlpha(울프럼알파): WolframAlpha 데이터 원본은 WolframAlpha 지식 엔진에 쿼리를 전달해 답변을 얻을 수 있는 기능을 제공한다.
- Blockchain: 블록체인 데이터 원본은 다른 블록체인의 데이터에 접근할 수 있도록 한다. 가능한 블록체인 데이터 원본은 비트코인 블록체인 높이^{height}, 라이트코인 해시율, 비트코인 난이도, 특정 주소(1NPFRDJuEdyqEn2nmLNaWMfojNksFjbL4S)의 잔액 등이다.
- IPFS: IPFS 데이터 원본은 IPFS 내에 저장된 파일의 내용을 가져올 수 있는 기능을 제공한다.
- Nested(중첩): 중첩 데이터 원본은 메타데이터 원본이며 추가 서비스에 대한 접근을 제공하지는 않는다. 간단한 병합 로직을 제공하기 위해 고안됐으며, 다수 데이터 원본에 대한 서브 쿼리를 하나의 쿼리로 만들어 결과 값으로 하나의 문자열을 생성한다. 예를 들면 다음과 같다.

```
[WolframAlpha] temperature in ${[IPFS]
QmP2ZkdsJG7LTw7jBbizTTgY1ZBeen64PqMgCAWz2koJBL}.
```

- Computation(계산): 계산 데이터 원본은 주어진 애플리케이션이 안전한 오프체인 컨텍스트에서 감사가 가능하도록 실행한다. 즉 애플리케이션의 오프체인 실행에 대한 결과를 가져올 수 있다. 애플리케이션은 종료 전에 쿼리 결과를 마지막 줄(표준 출력)에 출력해야 한다. 실행 컨텍스트는 Dockerfile에 의해 기술돼야 하며 Dockerfile을 빌드하고 실행하면 메인 애플리케이션을 즉시 시작해야 한다. Dockerfile 초기화와 애플리케이션의 실행은 가능한 한 빨리 종료돼야 한다. AWS의 t2.micro 인스턴스의 경우 최대 실행 제한 시간execution timeout은 5분이다. 여기서는 Oraclize가 애플리케이션을 실행하는 데 AWS t2.micro 인스턴스를 사용하는 것을 고려하고 있다. 데이터 원본에 대한 입력 값은 필요한 파일들(Dockerfile 및 외부 파일 의존성, Dockerfile은 압축 파일의 루트에 있어야 함)을 포함하고 있는 ZIP 압축 파일의 멀티해시이므로, 이 압축 파일을 준비해 IPFS에 미리 넣어둬야 한다.

이 책을 저술하는 시점에서는 위와 같은 데이터 원본을 이용할 수 있다. 그러나 차후에는 더 많은 데이터 원본을 이용할 수 있을 것이다.

진위 증명

Oraclize는 신뢰할 수 있는 서비스지만, Oraclize에서 리턴된 데이터의 신뢰 가능 여부, 즉 Oraclize 또는 다른 누군가에 의해 조작됐는지를 확인하고 싶을 것이다.

Oraclize는 URL, 블록체인, 중첩 및 계산 데이터 원본에서 리턴된 데이터에 대해 선택적으로 TLSNotary 증명을 제공한다. 이 증명은 WolframAlpha 및 IPFS 데이터 원본에는 사용할 수 없다. 현재 Oraclize는 오직 TLSNotary만 지원하지만, 미래에는 다른 인증 방법을 지원할 수도 있다. 현재 TLSNotary 증명은 수동으로 검증돼야 하지만 Oraclize는 이미 체인 내에서 증명 확인onchain proof verification을 위해 작업 중이다. 즉 여러분의 스마트 컨트랙트 코드가 Oraclize로부터 데이터를 수신받는 동안 자체적으로 TLSNotary 증명을 검증할 수 있으며, 만약 증명 결과가 올바르지 않다면 이 데이터를 버릴 수 있다.

이 툴(https://github.com/Oraclize/proof-verification_tool)은 Oraclize에서 제공되는 오픈 소스 툴이며 원하는 경우 TLSNotary 증명을 검증할 수 있다.

 TLSNotary의 작동 방식을 이해하기 위해 Oraclize를 사용하거나 증명을 검증할 필요는 없다. TLSNotary 증명을 검증하기 위한 툴은 오픈소스이므로 어떠한 악성코드라도 담고 있다면 쉽게 발견될 것이므로 이 툴은 신뢰할 수 있다.

TLSNotary의 동작 방식에 대해 전체적인 개요를 살펴보자. TLSNotary의 동작 방식을 이해하기 위해서는 먼저 TLS의 동작 방식을 이해해야 한다. TLS 프로토콜은 클라이언트와 서버 사이에 암호화된 세션을 제공해 다른 누군가가 클라이언트와 서버 사이에 전송되는 데이터를 보거나 조작할 수 없도록 한다. 서버는 먼저 자신의 인증서(신뢰할 수 있는 CA에서 도메인 소유자에게 발급)를 클라이언트에게 전달한다. 이 인증서에는 서버의 공개 키가 포함돼 있다. 클라이언트는 CA의 공개 키를 이용해 인증서를 복호화함으로써 인증서가 CA로부터 발급받은 것이 맞는지 확인하고, 서버의 공개 키를 획득한다. 그리고 클라이언트는 대칭 암호화 키와 MAC 키를 생성한 후 서버의 공개 키를 이용해 암호화하고 서버로 전송한다. 서버만이 복호화할 수 있는 개인 키를 가지고 있으므로 서버만이 이 메시지를 복호화할 수 있다. 이제 클라이언트와 서버는 같은 대칭 키와 MAC 키를 가졌으며, 다른 누구도 이 키에 대해 알지 못하고 상호 간에 데이터를 전송하거나 수신할 수 있다. 대칭 키는 데이터를 암호화/복호화하는 데 사용되며, 메시지가 공격자에 의해 수정될 경우 다른 사람들이 알 수 있도록 암호화된 메시지의 서명을 생성하는 데 MAC 키와 대칭 키가 같이 사용된다.

TLSNotary는 여러분의 스마트 컨트랙트에 제공된 데이터가, 데이터 원본이 특정 시간에 Oraclize에 준 데이터와 같은지를 보여주기 위한 암호화 증명을 제공하기 위해 TLS를 수정한 것이다. 실제 TLSNotary 프로토콜은 오픈소스 기술이며, PageSigner 프로젝트에서 개발된 후 사용되고 있다.

TLSNotary는 대칭 키 및 MAC 키를 세 구성원, 즉 서버, 감사 대상[auditee], 감사자[auditor] 사이에서 분할하는 방식으로 동작한다. TLSNotary의 기본적인 아이디어는 감사 대상이 특정 시간에 특정 결과가 서버로부터 리턴됐음을 감사자에게 증명할 수 있다는 것이다.

TLSNotary가 정확히 이를 달성하는 방법에 대한 개요를 설명하고자 한다. 감사자는 대칭 키와 MAC 키를 계산해 오직 대칭 키만을 감사 대상에게 전달한다. MAC 서명 검사는 서버에게서 온 데이터가 전송 중에 수정되지 않았음을 증명하므로 MAC 키는 감사 대상에게는 필요 없다. 감사 대상은 대칭 암호 키를 가지고 서버로부터 온 데이터를 복호화한다. 은행으로부터의 모든 메시지는 MAC 키를 이용해 서명됐고, 서버와 감사자만 MAC 키를 알고 있으므로 올바른 MAC 서명은 특정 메시지가 은행으로부터 왔으며 감사 대상에 의해 변조되지 않았음을 증명하는 역할을 한다.

Oraclize 서비스의 경우 Oraclize는 감사 대상이며, 특별히 설계된 락다운 AWS 인스턴스, 아마존 머신 이미지[Amazon machine image]는 감사자로 동작한다.

그들이 제공하는 증명 데이터는 적절한 TLSnotary 증명이 발생했다는 이 AWS 인스턴스의 서명된 증명이다. 또한 초기화된 이후 수정됐는지에 관련된 AWS 인스턴스 내에서 동작하는 소프트웨어에 대한 추가적인 증명도 제공한다.

가격

모든 이더리움 주소의 첫 번째 Oraclize 쿼리 호출은 무료다. 또한 테스트넷에서 Oraclize 호출할 경우에도 무료다. 이는 테스트 환경에서의 적절한 사용일 경우에 한정한다.

이후 두 번째 호출부터는 쿼리를 위해 이더를 지불해야 한다. Oraclize에 쿼리를 보내는 동안(즉, 내부 트랜잭션 호출을 하는 동안) 호출하는 컨트랙트로부터 Oraclize 컨트랙트로 이더를 전송해 수수료를 공제한다. 공제할 이더의 양은 데이터 원본 및 증명 유형에 따라 다르다.

다음 표는 쿼리를 전송하는 동안 공제되는 이더의 수를 보여준다.

데이터 원본	증명 미사용 시	TLSNotary 증명 사용 시
URL	0.01달러	0.05달러
Blockchain	0.01달러	0.05달러
WolframAlpha	0.03달러	0.03달러
IPFS	0.01달러	0.01달러

따라서 HTTP 요청을 생성하고 TLSNotary 증명을 원하는 경우라면 호출하는 컨트랙트는 0.05달러의 이더를 가지고 있어야 한다. 그렇지 않으면 예외가 발생할 것이다.

Oraclize API 시작하기

Oraclize 서비스를 사용하길 원하는 컨트랙트는 usingOraclize 컨트랙트를 상속해야 한다. 이 컨트랙트는 https://github.com/Oraclize/Ethereum-api에서 확인할 수 있다.

usingOraclize 컨트랙트는 OraclizeI와 OraclizeAddrResolverI 컨트랙트의 프락시 역할을 한다. 실제 usingOraclize는 간단한 API를 제공해 OraclizeI와 OraclizeAddrResolverI의 호출을 쉽게 만들어준다. 만약 직접 호출하는 것이 더 편하다면 OraclizeI와 OraclizeAddrResolverI 컨트랙트를 직접 호출할 수도 있다. 또한 소스 코드를 확인함으로써 이 컨트랙트들의 모든 사용 가능한 API를 찾을 수 있다. 여기서는 가장 필요한 것에 대해서만 배울 것이다.

증명 유형을 설정하는 법을 비롯해 증명 저장 위치 설정, 쿼리 생성, 쿼리의 가격 확인 등에 대해 살펴보자.

증명 유형 및 저장 위치 설정

Oraclize에서 TLSNotary 증명의 필요 여부와 상관없이, 쿼리를 만들기 전에 증명 유형의 종류와 증명 저장 위치를 지정해야 한다.

증명을 원하지 않는 경우 다음 코드를 여러분의 컨트랙트에 넣어라.

```
oraclize_setProof(proofType_NONE)
```

증명을 원하는 경우라면 다음 코드를 컨트랙트에 넣어라.

```
oraclize_setProof(proofType_TLSNotary | proofStorage_IPFS)
```

현재, 증명 저장 위치로 proofStorage_IPFS만 사용할 수 있다. 즉 TLSNotary 증명은 IPFS에만 저장될 수 있다.

예를 들어 특정 쿼리에 대한 증명이 필요한 경우 생성자 내에서 또는 아무 때나 이러한 메소드들을 한 번만 실행하면 된다.

쿼리 전송

쿼리를 Oraclize에 전송하려면 oraclize_query 함수를 호출해야 한다. 이 함수는 적어도 두 개의 인자, 즉 데이터 원본 및 해당 데이터 원본에 대한 입력 값이 필요하다. 데이터 원본 인자는 대소문자를 구분하지 않는다.

다음은 oraclize_query 함수의 몇 가지 기본적인 예시다.

```
oraclize_query("WolframAlpha", "random number between 0 and 100");

oraclize_query("URL", "https://api.kraken.com/0/public/Ticker?pair=ETHXBT");

oraclize_query("IPFS", "QmdEJwJG1T9rzHvBD8i69HHuJaRgXRKEQCP7Bh1BVttZbU");

oraclize_query("URL", "https://xyz.io/makePayment", '{"currency": "USD",
"amount": "1"}');
```

위 코드가 어떻게 동작하는지 살펴보자.

- 만약 첫 번째 인자가 문자열이라면 데이터 원본이라 간주하고, 두 번째 인자를 데이터 원본에 대한 입력 값이라 간주한다. 첫 번째 호출 예시에서 데이터 원본은 울프럼알파며 전달한 검색 쿼리는 0부터 100 사이의 임의의 숫자다.
- 두 번째 호출은 두 번째 인자에 있는 URL에 GET 요청을 한다.
- 세 번째 호출은 IPFS로부터 QmdEJwJG1T9rzHvBD8i69HHuJaRgXRKEQCP7Bh1BVttZbU 파일의 내용을 가져온다.
- 만약 데이터 원본 뒤에 두 개의 연속적인 인자가 문자열인 경우, POST 요청으로 간주한다. 마지막 호출에서는 https://xyz.io/makePayment에 대한 POST 요청을 생성했고, POST 요청 바디의 내용은 세 번째 인자의 문자열이다. Oraclize는 문자열 포맷 기반으로 content-type 헤더를 탐지할 수 있을 정도로 지능적이다.

쿼리 스케줄링

Oraclize가 쿼리를 향후 예정된 시간에 실행하기를 원한다면 첫 번째 인자로 현재 시각으로부터의 지연 시간을 지정해주면 된다.

다음의 예시를 살펴보자.

```
oraclize_query(60, "WolframAlpha", "random number between 0 and 100");
```

앞의 쿼리는 Oraclize에 의해 60초 후에 실행된다. 따라서 첫 번째 인자가 숫자라면, 쿼리를 스케줄링한 것으로 간주한다.

커스텀 가스

Oraclize에서 __callback 함수로의 트랜잭션은 다른 트랜잭션과 마찬가지로 가스를 소비한다. Oraclize에게는 가스 가격을 지불해야 한다. 쿼리를 생성하기 위해 oraclize_query가 부과하는 이더는 __callback 함수를 호출하는 동안 가스를 제공하는 데도 사용된다. 기본적으로 Oraclize는 __callback 함수를 호출하는 동안 200,000 가스를 제공한다.

리턴 가스 가격은 __callback 메소드 내의 코드를 여러분이 작성했으므로 직접 제어할 수 있으며 예측할 수 있다. 따라서 Oraclize를 사용해 쿼리를 배치할 때, __callback 트랜잭션 내에서 얼마나 많은 gasLimit이 있어야 하는지도 지정해줄 수 있다. 그러나 Oraclize가 트랜잭션을 전송했으므로 사용되지 않은 가스는 사용자가 아니라 Oraclize에 리턴된다는 것을 기억하라.

기본적으로 최소 200,000 가스가 충분하지 않은 경우 다음과 같은 방법으로 다른 gasLimit을 지정하는 방식으로 값을 늘릴 수 있다.

```
oraclize_query("WolframAlpha", "random number between 0 and 100", 500000);
```

여기서 만약 마지막 인자가 숫자인 경우, 커스텀 가스로 간주하는 것을 알 수 있다. 위 코드에서 Oraclize는 콜백 트랜잭션의 gasLimit을 기본값 200k 대신 500k로 사용한다. Oraclize에게 더 많은 가스를 제공해 달라고 요청했으므로 Oraclize는 oraclize_query를 호출하는 동안 더 많은 이더(얼마나 많은 가스가 필요한지에 따라)를 공제할 것이다.

 만약 __callback 메소드가 긴 경우 gasLimit을 너무 낮게 제공했으면 콜백이 표시되지 않을 수 있다. 또한 커스텀 가스는 200k 이상이어야 하는 것을 기억하라.

콜백 함수

결과 값이 준비된 후 Oraclize는 트랜잭션을 여러분의 컨트랙트 주소로 돌려주며 다음 메소드 중 하나를 호출한다.

- __callback(bytes32 myid, string result): Myid는 각 쿼리의 고유한 ID다. 이 ID는 oraclize_query 메소드로부터 리턴된다. 만약 컨트랙트 내에 다수의 oraclize_query 호출이 있다면 이 ID는 쿼리 결과를 매칭하는 데 사용된다.
- TLSNotary 증명을 요청한 경우의 결과다.

  ```
  __callback(bytes32 myid, string result, bytes proof)
  ```

- 최후의 수단으로 다른 메소드가 없다면 폴백 함수는 function( )이다.

다음은 __callback 함수의 예시다.

```
function __callback(bytes32 myid, string result) {
    if (msg.sender != oraclize_cbAddress( )) throw; // 호출 주소가 Oraclize에서 허용한
것인지 확인하기 위함

    // 결과를 이용해 무언가 작업을 수행
}
```

파싱 헬퍼

HTTP 요청에서 리턴된 결과는 HTML, JSON, XML, 바이너리 등이 될 수 있다. 솔리디티 내에서는 결과를 파싱하는 것이 어려우며 비용이 많이 든다. 이 때문에 Oraclize는 파싱을 자체적인 서버에서 처리하고 원하는 결과의 부분만 얻을 수 있도록 파싱 헬퍼[helper]를 제공한다.

Oraclize에게 결과를 파싱하도록 요청하기 위해서는 다음과 같은 파싱 헬퍼 중 하나로 URL을 래핑해야 한다.

- xml(..) 및 json(..) 헬퍼는 Oraclize에게 JSON 또는 XML 파싱된 응답 중 일부만을 리턴하도록 요청한다. 예를 들어 다음을 살펴보자.
  - 전체 응답을 돌려받기 위해서는 URL 데이터 원본을 api.kraken.com/0/public/Ticker?pair=ETHUSD 인자와 함께 사용한다.
  - 원하는 것이 마지막 가격 필드일 경우 다음과 같은 JSON 파싱 호출을 사용한다.

  ```
  json(api.kraken.com/0/public/Ticker?pair=ETHUSD).result.XETHZUSD.c.0
  ```

- html(..) 및 xpath(..) 헬퍼는 HTML을 스크랩하는 데 유용하다. 원하는 XPATH를 xpath(..) 인자를 이용해 지정하면 된다. 예를 들어 다음을 살펴보자.
  - 특정 트윗의 텍스트를 가져오려면 다음을 사용한다.

  ```
  html(https://twitter.com/oraclizeit/status/671316655893561344).
  xpath(//*[contains(@class, 'tweettext')]/ text()).
  ```

- binary(..) 헬퍼는 인증서 파일과 같은 바이너리 파일을 가져오는 데 유용하다.
  - 바이너리 파일의 일부분만 가져올 경우 slice(offset,length);를 사용할 수 있다. 첫 번째 매개변수는 오프셋이며, 두 번째 매개변수는 돌려받길 원하는 슬라이스의 길이다(두 값 모두 바이트 단위).
  - 예를 들어, 바이너리 CRL의 첫 300바이트만을 가져오려면 binary(https://www.sk.ee/crls/esteid/esteid2015.crl).slice(0,300)를 사용한다. 바이너리 헬퍼는 slice 옵션과 함께 사용돼야 하며 오직 바이너리 파일(인코딩되지 않은)만 허용된다.

만약 서버가 응답하지 않거나 접속되지 않는 경우 빈 응답을 전송한다. http://app. Oraclize.it/home/test_query를 이용해 쿼리를 테스트할 수 있다.

쿼리 가격 가져오기

만약 실제 쿼리를 생성하기 전에 얼마의 쿼리 비용이 들 것인지 알고 싶다면, Oraclize. getPrice() 함수를 사용해 필요한 wei의 양을 알 수 있다. 첫 번째 인자는 데이터 원본이며, 두 번째 인자는 옵션 값인 커스텀 가스다.

가장 일반적인 사용 케이스는 만약 쿼리를 생성하기 위해 충분한 이더가 없다면 클라이언트에게 이더를 추가하라고 알려주는 것이다.

쿼리 암호화

때로는 데이터 원본 및 데이터 원본에 대한 입력 값이 드러나는 것을 원치 않을 것이다. 예를 들어 만약 API 키가 있다면 URL 내에 드러내고 싶지 않을 것이다. 따라서 Oraclize 쿼리를 암호화해서 스마트 컨트랙트 내에 저장하는 방법을 제공하며, 오직 Oraclize 서버만이 복호화를 위한 키를 가지고 있다.

Oraclize는 데이터 원본 및 데이터 입력 값을 암호화하는 데 사용할 수 있는 파이썬 툴 (https://github.com/Oraclize/encrypted-queries)을 제공한다. 이는 비결정적 암호화된 문자열을 생성한다.

임의의 텍스트 문자열을 암호화하기 위한 CLI 명령어는 다음과 같다.

```
python encrypted_queries_tools.py -e -p
044992e9473b7d90ca54d2886c7addd14a61109af202f1c95e218b0c99eb060c7134c4ae463
45d0383ac996185762f04997d6fd6c393c86e4325c469741e64eca9 "YOUR DATASOURCE or
INPUT"
```

여기서 보이는 긴 16진수의 문자열은 Oraclize 서버의 공개 키다. 이제 데이터 원본 및 데이터 원본에 대한 입력 값 대신에 앞 명령어의 출력물을 사용할 수 있다.

 암호화된 쿼리의 오용(즉, 리플레이 공격)을 방지하기 위해 특정 암호화된 쿼리를 한 첫 번째 컨트랙트가 정당한 소유자가 된다. 완전히 같은 문자열을 재사용하는 다른 어떤 컨트랙트는 허용되지 않으며 빈 결과 값을 받을 것이다. 따라서 암호화된 쿼리를 이용해 컨트랙트를 재배포할 때는 항상 새로운 암호화된 문자열을 만들어야 함을 기억해야 한다.

데이터 원본 복호화

decrypt라고 불리는 또 다른 데이터 원본이 있다. 이는 암호화된 문자열을 복호화하기 위해 사용된다. 하지만 이 데이터 원본은 어떠한 결과도 리턴하지 않는다. 그렇지 않으면 누구라도 데이터 원본 및 데이터 원본에 대한 입력 값을 복호화할 수 있는 능력을 갖추게 될 것이기 때문이다.

중첩된 데이터 원본 내에서 일부분 쿼리 암호화를 가능하게 하기 위해 특별히 디자인됐으며, 그것이 유일한 사용 케이스다.

Oraclize 웹 통합 개발 환경

Oraclize는 Oraclize 기반의 애플리케이션을 작성하고 컴파일하고 테스트할 수 있는 웹 기반의 통합 개발 환경IDE을 제공한다. 이는 http://dapps.Oraclize.it/browser-Solidity/에서 확인할 수 있다.

이 링크를 방문하면 브라우저 솔리디티와 같은 모습인 것을 알 수 있다. 이는 실제로 브라우저 솔리디티에서 추가 기능이 하나 포함된 것이다. 그 기능이 무엇인지 이해하기 위해서는 브라우저 솔리디티에 대해 좀 더 깊이 이해해야 한다.

브라우저 솔리디티는 컨트랙트를 위해 web3.js 코드를 작성하고 컴파일하고 생성하는 것뿐만 아니라 컨트랙트를 자체적으로 테스트할 수 있게 해준다. 현재까지 우리의 컨트랙트를 테스트하기 위해 이더리움 노드를 설정하고 트랜잭션을 전송했다. 하지만 브라우저 솔리디티는 어떤 노드에서 연결하지 않고 컨트랙트를 실행할 수 있으며 모든 것은 메모리 내에서 이뤄진다. 이는 EVM을 자바스크립트로 구현한 ethereumjs-vm을 사용해 수행한다. ethereumjs-vm을 사용하면 자체 EVM을 생성하고 바이트 코드를 실행할 수 있다. 원하는 경우 연결할 URL을 제공해 브라우저 솔리디티가 이더리움 노드를 사용하도록 설정할 수 있다. UI가 쉽게 구성돼 있으므로 혼자서 시도해볼 수 있다.

Oraclize 웹 IDE의 특별한 점은 Oraclize 컨트랙트를 인메모리 실행 환경 내에서 배포하므로 테스트넷 또는 메인넷 노드에 연결할 필요가 없다는 것이다. 하지만 브라우저 솔리디티를 사용할 경우 Oraclize API를 테스트하기 위해 테스트넷 또는 메인넷 노드에 연결해야만 한다.

 Oraclize 통합과 관련된 더 많은 자원은 다음 경로에서 확인할 수 있다.
https://dev.Oraclize.it/

▌문자열 작업

솔리디티 내에서 문자열을 이용한 작업은 자바스크립트, 파이썬 등과 같은 다른 고급 수준의 프로그래밍 언어만큼 쉽지 않다. 따라서 다수의 솔리디티 프로그래머는 다양한 라이브러리 및 컨트랙트를 통해 문자열 작업을 편리하게 수행한다.

strings 라이브러리는 가장 유명한 문자열 유틸리티 라이브러리다. 문자열을 슬라이스라고 불리는 형태로 변환해 결합^{join}, 연결^{concatenate}, 분할, 비교 등을 제공한다. 슬라이스는 문자열의 길이와 문자열의 주소를 저장하는 구조체다. 슬라이스는 오직 오프셋과 길이만을 지정하므로 슬라이스를 복사 및 조작하는 것은 참조하는 문자열을 복사하고 조작하는 것보다 비용적으로 저렴하다.

가스 비용을 더 줄이기 위해서는 슬라이스를 리턴해야 하는 대부분 함수가 새로 할당하는 대신 기존 슬라이스를 변경해야 한다. 예를 들어 s.split(".")은 첫 번째 "."까지의 텍스트만 리턴하고 s를 "." 이후의 나머지 문자열을 포함하도록 변경한다. 원본 슬라이스를 변경하길 원치 않는 경우, 예를 들어 s.copy().split(".").과 같이 copy()를 사용해 복사할 수 있다. 루프문 내에서 이 관용구를 사용하지 마라. 솔리디티에는 메모리 관리 기능이 없으므로, 차후 버려지는 짧은 수명의 슬라이스를 다수 할당하게 된다.

문자열 데이터를 복사해야만 하는 함수들은 슬라이스 대신 문자열을 리턴할 것이다. 필요한 경우 슬라이스로 다시 캐스팅될 것이다.

strings 라이브러리를 사용해 문자열을 작업하는 몇 가지 예시를 살펴보자.

```solidity
pragma Solidity ^0.4.0;

import "github.com/Arachnid/Solidity-stringutils/strings.sol";

contract Contract
{
    using strings for *;
    function Contract()
    {
        // 문자열(string)을 슬라이스(slice)로 변환
        var slice = "xyz abc".toSlice();

        // 문자열의 길이
        var length = slice.len();

        // 문자열 자르기
        // subslice = xyz
        // slice = abc
        var subslice = slice.split(" ".toSlice());
```

```
        // 문자열을 배열로 나누기
        var s = "www.google.com".toSlice();
        var delim = ".".toSlice();
        var parts = new string[](s.count(delim));

        for(uint i = 0; i < parts.length; i++) {
            parts[i] = s.split(delim).toString();
        }

        // 슬라이스를 다시 문자열로 변환
        var myString = slice.toString();

        // 문자열 연결
        var finalSlice = subslice.concat(slice);

        // 두 문자열이 같은지 비교
        if(slice.equals(subslice))
        {
        }
    }
}
```

위 코드는 직관적이다.

두 슬라이스를 반환하는 함수는 두 가지 버전으로 나뉜다. 비할당 버전은 두 번째 슬라이스를 인자로 받아 그 위치에서 변경하며, 할당 버전은 두 번째 슬라이스를 할당하고 리턴한다. 다음 예시를 살펴보자.

```
var slice1 = "abc".toSlice();

// slice1의 문자열 포인터를 다음 rune(글자)을 가리키도록 이동한다
// 그리고 오직 첫 번째 rune을 포함하는 슬라이스를 리턴한다
var slice2 = slice1.nextRune();
```

```
var slice3 = "abc".toSlice();
var slice4 = "".toSlice();

// slice3에서 첫 번째 rune을 slice4로 추출해 슬라이스가 다음 rune을 가리키도록 하며 slice4를 리턴한다
var slice5 = slice3.nextRune(slice4);
```

 strings 라이브러리에 대한 자세한 정보는 다음 링크에서 확인할 수 있다.

https://github.com/Arachnid/solidity-stringutils

█ 베팅 컨트랙트 구축

우리가 만들려는 베팅 애플리케이션에서 두 명의 사람 중 한 명은 홈 팀을 응원하고 다른
한 명은 원정 팀을 응원하는 방식으로 축구 경기에 대해 내기를 걸 수 있다. 두 명 모두 같
은 금액을 베팅해야 하며 승자가 모든 금액을 가진다. 만약 경기가 무승부인 경우 둘 다
돈을 돌려받는다.

우리는 FastestLiveScores API를 사용해 경기의 결과를 확인할 것이다. 여기서는 1시간
내 100개의 요청을 무료로 사용할 수 있는 무료 API를 제공한다. 먼저 계정을 생성하고
API 키를 생성한다. 계정은 https://customer.fastestlivescores.com/register에서 만들
수 있으며 계정이 만들어진 이후 https://customer.fastestlivescores.com/를 통해 API
키를 확인할 수 있다. API 문서는 https://docs.crowdscores.com/에서 확인할 수 있다.

애플리케이션 내에서 두 사람 사이의 모든 계약마다 베팅 컨트랙트가 배포될 것이다.

컨트랙트는 FastestLiveScores API로부터 받은 경기 ID[match ID], 각 구성원이 지불해야 하
는 wei의 양, 구성원들의 주소를 포함할 것이다. 두 구성원이 베팅 금액을 지불한 이후 경
기 결과를 알 수 있다. 만약 경기가 아직 종료되지 않은 경우 24시간마다 결과를 확인하
려고 시도할 것이다.

220

컨트랙트 코드는 다음과 같다.

```solidity
pragma Solidity ^0.4.0;

import "github.com/Oraclize/Ethereum-api/oraclizeAPI.sol";
import "github.com/Arachnid/Solidity-stringutils/strings.sol";

contract Betting is usingOraclize
{
    using strings for *;

    string public matchId;
    uint public amount;
    string public url;

    address public homeBet;
    address public awayBet;

    function Betting(string _matchId, uint _amount, string _url)
    {
        matchId = _matchId;
        amount = _amount;
        url = _url;

        oraclize_setProof(proofType_TLSNotary | proofStorage_IPFS);
    }

    // 1은 홈 팀을 의미
    // 2는 원정 팀을 의미
    function betOnTeam(uint team) payable
    {
        if(team == 1)
        {
            if(homeBet == 0)
            {
                if(msg.value == amount)
                {
                    homeBet = msg.sender;
```

```
                    if(homeBet != 0 && awayBet != 0)
                    {
                        oraclize_query("URL", url);
                    }
                }
                else
                {
                    throw;
                }
            }
            else
            {
                throw;
            }
        }
        else if(team == 2)
        {
            if(awayBet == 0)
            {
                if(msg.value == amount)
                {
                    awayBet = msg.sender;
                    if(homeBet != 0 && awayBet != 0)
                    {
                        oraclize_query("URL", url);
                    }
                }
                else
                {
                    throw;
                }
            }
            else
            {
                throw;
            }
        }
        else
        {
```

```
            throw;
        }
    }

    function __callback(bytes32 myid, string result, bytes proof) {
        if (msg.sender != oraclize_cbAddress())
        {
            throw;
        }
        else
        {
            if(result.toSlice().equals("home".toSlice()))
            {
                homeBet.send(this.balance);
            }
            else if(result.toSlice().equals("away".toSlice()))
            {
                awayBet.send(this.balance);
            }
            else if(result.toSlice().equals("draw".toSlice()))
            {
                homeBet.send(this.balance / 2);
                awayBet.send(this.balance / 2);
            }
            else
            {
                if (Oraclize.getPrice("URL") < this.balance)
                {
                    oraclize_query(86400, "URL", url);
                }
            }
        }
    }
}
```

컨트랙트 코드는 직관적이다. 이제 solc.js 또는 브라우저 솔리디티 중 편안한 것을 이용해 위 코드를 컴파일한다. strings 라이브러리 내부의 모든 함수가 내부 가시성을 가지도록 설정됐으므로 strings 라이브러리를 링크할 필요는 없다.

 브라우저 솔리디티에서 HTTP URL로부터 라이브러리 또는 컨트랙트를 불러오기(import)할 때 깃허브(Github)에 호스팅되고 있는지 확인해야 한다. 그렇지 않으면 정보를 가져오지 못 한다. 깃허브 파일 URL 내에서 blob/{branch-name} 부분뿐 아니라 프로토콜 부분도 제 거해야 한다.

▌ 베팅 컨트랙트 클라이언트 구축

컨트랙트 내에서 경기 ID를 찾고, 배포하고, 내기를 거는 것을 쉽게 하려면 UI 클라이언 트를 만들어야 한다. 컨트랙트를 배포하고 경기에 베팅할 수 있는 기능과 경기의 목록을 찾을 수 있는 기능을 가진 클라이언트를 구축해보자.

사용자가 자신의 오프라인 계정을 가지고 배포하고 베팅할 수 있게 함으로써 베팅 전체 절 차가 탈중앙화된 방식으로 진행되며 누구도 속일 수가 없다.

Oraclize는 프라이빗 네트워크가 아닌 오직 이더리움 테스트넷/메인넷에서만 동작하므 로 클라이언트를 구축하기에 앞서 테스트넷 동기화가 됐는지 확인해야 한다.[1] --dev 옵션 을 --testnet 옵션으로 변경함으로써 테스트넷으로의 전환과 테스트넷의 블록체인 다운 로드를 시작할 수 있다. 예를 들어 다음을 살펴보자.

```
geth --testnet --rpc --rpccorsdomain "*" --rpcaddr "0.0.0.0" --rpcport "8545"
```

---

1 블록 동기화 상태를 확인하기 위해서는 geth attach 이후 eth.syncing을 통해 상태를 확인할 수 있다. - 옮긴이
  예시) geth attach /root/.ethereum/testnet/geth.ipc

224

프로젝트 구조

이 장의 예제 파일에는 Final과 Initial이라는 두 개의 디렉터리가 있을 것이다. Final은 프로젝트의 최종 소스 코드를 포함하고 있으며, Initial은 애플리케이션을 빠르게 구축할 수 있도록 비어있는 소스 코드 파일과 라이브러리를 포함하고 있다.

 Final 디렉터리를 테스트하기 위해서는 내부에서 npm install을 실행한 후 Final 디렉터리 내에서 node app.js 명령어를 사용해 애플리케이션을 기동하면 된다.[2]

Initial 디렉터리 내에는 public 디렉터리와 app.js 및 package.json이라는 두 개의 파일이 있다. package.json은 우리 애플리케이션의 백엔드 의존성을 관리하며, app.js는 백엔드 소스 코드가 위치할 파일이다.

public 디렉터리는 프론트엔드와 관련된 파일을 포함하고 있다. public/css 내부에는 부트스트랩 라이브러리인 bootstrap.min.css가 있으며 public/html에는 애플리케이션의 HTML 코드를 배치할 index.html, public/js 디렉터리에는 jQuery, sha1, socket.io의 JS 파일이 있다. public/js 내에는 우리 애플리케이션의 프론트엔드 JS 코드를 배치할 main.js도 있다. 또한 쿼리를 암호화하기 위한 Oraclize 파이썬 툴도 찾을 수 있다.

백엔드 구축

애플리케이션의 백엔드를 먼저 구축해보자. 우선 백엔드에서 필요한 종속성들을 설치하기 위해 Initial 디렉터리 내에서 npm install을 실행한다.

다음은 익스프레스 서비스를 구동하고 index.html 파일 및 정적인 파일을 제공하고 뷰 엔진을 설정하는 백엔드 코드다.

---

2   app.js 내 api_key 부분을 FastestLiveScores API에서 생성한 API 키로 변경해야 한다(두 곳 있음). - 옮긴이

```
var express = require("express");
var app = express();

app.set("view engine", "ejs");

app.use(express.static("public"));

app.listen(8080);

app.get("/", function(req, res) {
    res.sendFile(__dirname + "/public/html/index.html");
})
```

위 코드는 직관적이다. 더 진행해보자. 우리의 애플리케이션은 최근 경기의 경기 ID와 경기가 끝나면 결과를 보여주는 별도의 페이지를 가지고 있다. 엔드포인트를 위한 코드는 다음과 같다.

```
var request = require("request");
var moment = require("moment");

app.get("/matches", function(req, res) {
    request("https://api.crowdscores.com/v1/matches?api_key=7b7a988932de4eaab4e
        d1b4dcdc1a82a ", function(error, response, body) {
        if (!error && response.statusCode == 200) {
            body = JSON.parse(body);

            for (var i = 0; i < body.length; i++) {
                body[i].start = moment.unix(body[i].start /
                    1000).format("YYYY MMM DD hh:mm:ss");
            }
            res.render(__dirname + "/public/html/matches.ejs", {
                matches: body
            });
        } else {
            res.send("An error occured");
        }
```

```
        })
})
```

여기서는 최신 경기의 목록을 가져오기 위해 API 요청을 생성한 후 결과를 matches.ejs 파일로 전달해 사용자 친화적인 UI에 결과를 렌더링할 수 있다. API 결과는 경기의 시작 시각을 타임스탬프 형태로 제공하므로 사람이 읽을 수 있는 형태로 변환할 수 있다. 이 요청들은 프론트엔드가 아니라 백엔드로부터 생성되므로 API 키를 사용자에게 노출하지 않는다.

백엔드는 프론트엔드가 컨트랙트 배포 전에 쿼리를 암호화할 수 있도록 프론트엔드에게 API를 제공한다. 우리의 애플리케이션에서 사용자에게 API 키를 생성하도록 묻는 것은 UX 관점에서 좋지 않으므로 묻지 않는다. 애플리케이션의 개발자가 API 키를 제어하더라도 API 서버로부터의 결과를 수정할 수는 없으므로 아무 문제가 없다. 따라서 사용자는 애플리케이션의 개발자가 API 키를 알고 있더라도 여전히 애플리케이션을 신뢰할 수 있다.

다음은 암호화 엔드포인트를 위한 코드다.

```
var PythonShell = require("python-shell");

app.get("/getURL", function(req, res) {
    var matchId = req.query.matchId;

    var options = {
        args: ["-e", "-p",
        "044992e9473b7d90ca54d2886c7addd14a61109af202f1c95e218b0c99eb060c7134c4
ae46 345d0383ac996185762f04997d6fd6c393c86e4325c469741e64eca9",
        "json(https://api.crowdscores.com/v1/matches/" + matchId +
        "?api_key=7b7a988932de4eaab4ed1b4dcdc1a82a).outcome.winner"],
        scriptPath: __dirname
    };

    PythonShell.run("encrypted_queries_tools.py", options, function(err, results) {
        if(err)
```

```
        {
            res.send("An error occured");
        }
        else
        {
            res.send(results[0]);
        }
    });
})
```

이 툴을 사용하는 방법에 대해서는 이미 살펴봤다. 이 엔드포인트를 성공적으로 동작시키기 위해서는 시스템에 파이썬이 설치돼 있는지 확인해야 한다. 파이썬이 설치돼 있더라도 파이썬의 cryptography와 base58 모듈이 설치돼 있지 않다는 오류가 표시될 수 있다. 필요한 경우 이 모듈들을 설치하라.

프론트엔드 구축

이제 애플리케이션의 프론트엔드를 구축해보자. 프론트엔드는 사용자들이 최근 경기의 목록을 볼 수 있도록 하며, 베팅 컨트랙트를 배포하고 경기에 베팅하고 베팅 컨트랙트의 정보를 볼 수 있게 한다.

먼저 최근 경기의 목록을 표시하는 matches.ejs 파일을 구현해보자.

코드는 다음과 같다.

```
<!DOCTYPE html>
<html lang="en">

<head>
    <meta charset="utf-8">
    <meta name="viewport" content="width=device-width, initialscale=
1, shrink-to-fit=no">
    <meta http-equiv="x-ua-compatible" content="ie=edge">
```

```html
        <link rel="stylesheet" href="/css/bootstrap.min.css">
</head>

<body>
    <div class="container">
        <br>
        <div class="row m-t-1">
            <div class="col-md-12">
                <a href="/">Home</a>
            </div>
        </div>
        <br>
        <div class="row">
            <div class="col-md-12">
                <table class="table table-inverse">
                    <thead>
                        <tr>
                            <th>Match ID</th>
                            <th>Start Time</th>
                            <th>Home Team</th>
                            <th>Away Team</th>
                            <th>Winner</th>
                        </tr>
                    </thead>
                    <tbody>
                        <% for(var i=0; i < matches.length; i++) { %>
                            <tr>
                                <td>
                                    <%= matches[i].dbid %>
                                </td>
                                <% if (matches[i].start) { %>
                                    <td>
                                        <%= matches[i].start %>
                                    </td>
                                <% } else { %>
                                    <td>Time not finalized</td>
                                <% } %>
                                    <td>
                                        <%= matches[i].homeTeam.name %>
```

```
                                                      </td>
                                                      <td>
                                                          <%= matches[i].awayTeam.name %>
                                                      </td>
                                                      <% if (matches[i].outcome) { %>
                                                          <td>
                                                              <%= matches[i].outcome.winner %>
                                                          </td>
                                                      <% } else { %>
                                                          <td>Match not finished</td>
                                                      <% } %>
                                          </tr>
                                          <% } %>
                                      </tbody>
                              </table>
                          </div>
                      </div>
                  </div>
          </body>

</html>
```

위 코드는 직관적이다. 이제 홈페이지를 위한 HTML 코드를 작성해보자.

홈페이지는 세 개의 폼을 표시할 것이다. 첫 번째 폼은 베팅 컨트랙트를 배포하기 위함이고, 두 번째 폼은 베팅 컨트랙트 내에 금액을 걸기 위함이며, 세 번째 폼은 배포된 베팅 컨트랙트의 정보를 표시하기 위함이다.

다음은 홈페이지를 위한 HTML 코드다. 이 코드를 index.html 페이지 내에 넣으면 된다.

```
<!DOCTYPE html>
<html lang="en">
    <head>
        <meta charset="utf-8">
        <meta name="viewport" content="width=device-width, initialscale=
            1, shrink-to-fit=no">
```

```html
    <meta http-equiv="x-ua-compatible" content="ie=edge">
    <link rel="stylesheet" href="/css/bootstrap.min.css">
</head>
<body>
    <div class="container">
        <br>
        <div class="row m-t-1">
            <div class="col-md-12">
                <a href="/matches">Matches</a>
            </div>
        </div>
        <br>
        <div class="row">
            <div class="col-md-4">
                <h3>Deploy betting contract</h3>
                <form id="deploy">
                    <div class="form-group">
                        <label>From address: </label>
                        <input type="text" class="form-control"
                            id="fromAddress">
                    </div>
                    <div class="form-group">
                        <label>Private Key: </label>
                        <input type="text" class="form-control"
                            id="privateKey">
                    </div>
                    <div class="form-group">
                        <label>Match ID: </label>
                        <input type="text" class="form-control"
                            id="matchId">
                    </div>
                    <div class="form-group">
                        <label>Bet Amount (in ether): </label>
                        <input type="text" class="form-control"
                            id="betAmount">
                    </div>
                    <p id="message" style="word-wrap: break-word"></p>
                    <input type="submit" value="Deploy" class="btn
                        btn-primary" />
```

```
          </form>
        </div>
        <div class="col-md-4">
          <h3>Bet on a contract</h3>
          <form id="bet">
            <div class="form-group">
              <label>From address: </label>
              <input type="text" class="form-control"
                id="fromAddress">
            </div>
            <div class="form-group">
              <label>Private Key: </label>
              <input type="text" class="form-control"
                id="privateKey">
            </div>
            <div class="form-group">
              <label>Contract Address: </label>
              <input type="text" class="form-control"
                id="contractAddress">
            </div>
            <div class="form-group">
              <label>Team: </label>
              <select class="form-control" id="team">
                <option>Home</option>
                <option>Away</option>
              </select>
            </div>
            <p id="message" style="word-wrap: break-word"></p>
            <input type="submit" value="Bet" class="btn btnprimary"
              />
          </form>
        </div>
        <div class="col-md-4">
          <h3>Display betting contract</h3>
          <form id="find">
            <div class="form-group">
              <label>Contract Address: </label>
              <input type="text" class="form-control"
                d="contractAddress">
```

```
            </div>
            <p id="message"></p>
            <input type="submit" value="Find" class="btn btnprimary"
                />
          </form>
        </div>
      </div>
    </div>
    <script type="text/javascript" src="/js/web3.min.js"></script>
    <script type="text/javascript" src="/js/ethereumjstx.
        js"></script>
    <script type="text/javascript" src="/js/main.js"></script>
  </body>
</html>
```

위 코드는 직관적이다. 이제 실제 컨트랙트를 배포하고, 컨트랙트 내에 금액을 걸고, 컨트랙트의 정보를 표시하는 자바스크립트 코드를 작성해보자. 다음은 이 모든 것을 위한 코드다. 이 코드를 main.js 파일에 넣으면 된다.

```
var bettingContractByteCode = "6060604...";
var bettingContractABI =
[{"constant":false,"inputs":[{"name":"team","type":"uint256"}],"name":"betO
nTeam","outputs":[],"payable":true,"type":"function"},{"constant":false,"in
puts":[{"name":"myid","type":"bytes32"},{"name":"result","type":"string"}],
"name":"__callback","outputs":[],"payable":false,"type":"function"},{"const
ant":false,"inputs":[{"name":"myid","type":"bytes32"},{"name":"result","typ
e":"string"},{"name":"proof","type":"bytes"}],"name":"__callback","outputs"
:[],"payable":false,"type":"function"},{"constant":true,"inputs":[],"name":
"url","outputs":[{"name":"","type":"string"}],"payable":false,"type":"funct
ion"},{"constant":true,"inputs":[],"name":"matchId","outputs":[{"name":"","
type":"string"}],"payable":false,"type":"function"},{"constant":true,"input
s":[],"name":"amount","outputs":[{"name":"","type":"uint256"}],"payable":fa
lse,"type":"function"},{"constant":true,"inputs":[],"name":"homeBet","outpu
ts":[{"name":"","type":"address"}],"payable":false,"type":"function"},{"con
stant":true,"inputs":[],"name":"awayBet","outputs":[{"name":"","type":"addr
ess"}],"payable":false,"type":"function"},{"inputs":[{"name":"_matchId","ty
```

```
pe":"string"},{"name":"_amount","type":"uint256"},{"name":"_url","type":"st
ring"}],"payable":false,"type":"constructor"}];

var web3 = new Web3(new Web3.providers.HttpProvider("http://localhost:8545"));

function getAJAXObject() {
    var request;
    if (window.XMLHttpRequest) {
        request = new XMLHttpRequest();
    } else if (window.ActiveXObject) {
        try {
            request = new ActiveXObject("Msxml2.XMLHTTP");
        } catch (e) {
            try {
                request = new ActiveXObject("Microsoft.XMLHTTP");
            } catch (e) {}
        }
    }
    return request;
}
document.getElementById("deploy").addEventListener("submit", function(e) {
    e.preventDefault();
    var fromAddress = document.querySelector("#deploy #fromAddress").value;
    var privateKey = document.querySelector("#deploy #privateKey").value;
    var matchId = document.querySelector("#deploy #matchId").value;
    var betAmount = document.querySelector("#deploy #betAmount").value;
    var url = "/getURL?matchId=" + matchId;
    var request = getAJAXObject();
    request.open("GET", url);
    request.onreadystatechange = function() {
        if (request.readyState == 4) {
            if (request.status == 200) {
                if (request.responseText != "An error occured") {
                    var queryURL = request.responseText;
                    var contract = web3.eth.contract(bettingContractABI);
                    var data = contract.new.getData(matchId,
                        web3.toWei(betAmount, "ether"), queryURL, {
                            data: bettingContractByteCode
                        });
```

```
                    var gasRequired = web3.eth.estimateGas({
                        data: "0x" + data
                    });
                        web3.eth.getTransactionCount(fromAddress, function(error,
nonce) {

                        var rawTx = {
                            gasPrice: web3.toHex(web3.eth.gasPrice),
                            gasLimit: web3.toHex(gasRequired),
                            from: fromAddress,
                            nonce: web3.toHex(nonce),
                            data: "0x" + data,
                        };
                        privateKey = EthJS.Util.toBuffer(privateKey, "hex");
                        var tx = new EthJS.Tx(rawTx);
                        tx.sign(privateKey);
                        web3.eth.sendRawTransaction("0x" +
                            tx.serialize().toString("hex"),
                            function(err, hash) {
                                if (!err) {
                                    document.querySelector("#deploy #message").
                                    innerHTML = "Transaction Hash: " + hash + ".
                                    Transaction is mining...";
                                    var timer = window.setInterval(function() {
                                        web3.eth.getTransactionReceipt(hash,
function(err, result) {

                                            if (result) {
                                                window.clearInterval(timer);
                                                document.querySelector("#deploy
#message").innerHTML = "Transaction Hash: " + hash + " and contract address is: "
+ result.contractAddress;
                                            }
                                        })
                                    }, 10000)
                                } else {
                                    document.querySelector("#deploy #message").
innerHTML = err;
                                }
                            });
                        })
```

```
                        }
                }
        }
    };
    request.send(null);
}, false)
document.getElementById("bet").addEventListener("submit", function(e) {
        e.preventDefault();
        var fromAddress = document.querySelector("#bet #fromAddress").value;
        var privateKey = document.querySelector("#bet #privateKey").value;
        var contractAddress = document.querySelector("#bet#
                contractAddress ").value;
                var team = document.querySelector("#bet #team").value;
                if (team == "Home") {
                    team = 1;
                } else {
                    team = 2;
                }
                var contract =
                    web3.eth.contract(bettingContractABI).at(contractAddress);
                var amount = contract.amount();
                var data = contract.betOnTeam.getData(team);
                var gasRequired = contract.betOnTeam.estimateGas(team, {
                    from: fromAddress,
                    value: amount,
                    to: contractAddress
                })
                web3.eth.getTransactionCount(fromAddress, function(error, nonce) {
                    var rawTx = {
                        gasPrice: web3.toHex(web3.eth.gasPrice),
                        gasLimit: web3.toHex(gasRequired),
                        from: fromAddress,
                        nonce: web3.toHex(nonce),
                        data: data,
                        to: contractAddress,
                        value: web3.toHex(amount)
                    };
                    privateKey = EthJS.Util.toBuffer(privateKey, "hex");
                    var tx = new EthJS.Tx(rawTx);
```

```
                        tx.sign(privateKey);
                        web3.eth.sendRawTransaction("0x" + tx.serialize().
toString("hex"),
                            function(err, hash) {
                                if (!err) {
                                    document.querySelector("#bet #message").innerHTML
= "Transaction Hash: " + hash;
                                } else {
                                    document.querySelector("#bet #message").innerHTML
= err;
                                }
                            })
                    })
                },
                false) document.getElementById("find").addEventListener("submit",
function(e) {
        e.preventDefault();
        var contractAddress = document.querySelector("#find#
                contractAddress ").value;
                var contract =
                    web3.eth.contract(bettingContractABI).at(contractAddress);
                var matchId = contract.matchId();
                var amount = contract.amount();
                var homeAddress = contract.homeBet();
                var awayAddress = contract.awayBet(); document.
querySelector("#find #message").innerHTML = "Contract balance
                is: " + web3.fromWei(web3.eth.getBalance(contractAddress), "
                ether ") + ", Match ID is: " + matchId + ", bet amount is: " +
web3.fromWei(amount, "ether") + " ETH, " + homeAddress + " has placed bet on home
team and " + awayAddress + " has placed bet on away team";
}, false)
```

위 코드는 다음과 같이 동작한다.

1. 먼저 컨트랙트 바이트 코드와 ABI를 각각 bettingContractByteCode와 betting
   ContractABI 변수에 저장한다.
2. 테스트넷 노드에 연결된 Web3 인스턴스를 생성한다.

3. AJAX 객체를 리턴하는 getAJAXObject 함수(크로스 브라우저 호환 함수)를 가지고 있다.

4. 컨트랙트를 배포하는 첫 번째 폼에 submit 이벤트 리스너를 설정한다. 암호화된 쿼리 문자열을 얻기 위해 이벤트 리스너의 콜백에서 getURL 엔드포인트에 matchId를 넘긴다. 그리고 컨트랙트를 배포하기 위한 데이터를 생성한다. 그리고 gasRequired를 알아낸다. 필요한 가스를 계산하기 위해 함수 객체의 estimateGas 메소드를 사용하지만, web3.eth.estimateGas 메소드를 사용할 수도 있다. 둘의 차이는 인자의 차이다. 첫 번째 경우는 트랜잭션의 데이터를 넘길 필요가 없다. 만약 함수 호출에서 예외가 발생하면 estimateGas는 블록 가스 한도를 리턴한다는 것을 기억하라. 그런 다음 논스를 계산한다. 여기서는 앞에서 학습한 절차 대신 getTransactionCount 메소드를 사용한다. 코드를 단순화하기 위해서다. 그런 다음 원시raw 트랜잭션을 생성하고 서명하고 브로드캐스팅한다. 트랜잭션이 채굴되면 컨트랙트 주소를 표시한다.

5. 컨트랙트에 금액을 거는 두 번째 폼에 submit 이벤트 리스너를 설정한다. 여기서 트랜잭션의 data 부분을 생성하고, 필요한 가스양을 계산하고, 서명하고, 브로드캐스팅한다. 트랜잭션에 필요한 가스를 계산하는 동안 계정 주소 및 값 개체value object의 속성으로부터 컨트랙트 주소를 함수 호출로 전달하며 값, from 주소, 컨트랙트 주소에 따라 가스에 차이가 난다. 컨트랙트의 함수를 호출하는 데 필요한 가스를 찾을 때 가스 값에 영향을 주는 to, from, value 속성 값을 전달할 수 있다.

6. 마지막으로 배포된 베팅 컨트랙트의 정보를 표시하는 세 번째 폼에 submit 이벤트 리스너를 설정한다.

클라이언트 테스트

이제 베팅 플랫폼을 완성했으므로 테스트를 진행할 시간이다. 테스트를 시작하기 전에 테스트넷의 블록체인이 완전히 다운로드됐으며 새로 들어오는 블록을 찾고 있는 상태인지 확인하라.

이전에 만든 지갑 서비스를 이용해 세 개의 계정을 생성한다. http://faucet.ropsten. be:3001/를 사용해 계정마다 3이더를 추가한다.

그런 다음 Initial 디렉터리 내에서 app.js를 실행하고 http://localhost:8080/matches를 방문하면 다음 스크린 캡처와 같은 내용이 표시된다.

Match ID	Start Time	Home Team	Away Team	Winner
123945	2017 Feb 27 04:30:00	Lokomotiv Tashkent	Al Ahli (UAE)	home
123063	2017 Feb 27 05:00:00	Home United	Courts Young Lions	home
123061	2017 Feb 27 05:00:00	Hougang United	Geylang International	home
90293	2017 Feb 27 08:30:00	Mersin İdmanyurdu	Denizlispor	draw
126758	2017 Feb 27 08:30:00	Ashanti Gold	Asante Kotoko	away
123641	2017 Feb 27 08:40:00	Al Fateh	Lekhwiya	draw
124173	2017 Feb 27 09:00:00	Al Jazira	Esteghlal Khuzestan	away
123667	2017 Feb 27 09:00:00	Esteghlal	Al Taawoun	home
126759	2017 Feb 27 09:30:00	Lyngby	Esbjerg	draw
86683	2017 Feb 27 10:30:00	Galatasaray	Beşiktaş	away
68211	2017 Feb 27 10:30:00	Ruch Chorzów	Śląsk Wrocław	home
68346	2017 Feb 27 11:30:00	Viborg	AGF Aarhus	draw
119466	2017 Feb 27 11:30:00	Melgar	USMP	home
76297	2017 Feb 28 12:45:00	St Pauli	Karlsruher	home
96417	2017 Feb 28 01:00:00	Bari	Brescia	home
91822	2017 Feb 28 01:15:00	Fiorentina	Torino	draw
67919	2017 Feb 28 01:15:00	Stade de Reims	Brest	draw
69287	2017 Feb 28 01:30:00	Leicester City	Liverpool	home
85271	2017 Feb 28 01:30:00	Arouca	Belenenses	away
119697	2017 Feb 28 02:00:00	Deportivo Lara	Portuguesa (VEN)	home
114730	2017 Feb 28 03:30:00	Deportes Valdivia	San Marcos de Arica	draw
119692	2017 Feb 28 04:30:00	Zamora	Estudiantes de Mérida	home
120929	2017 Feb 28 05:00:00	Curicó Unido	Deportivo Ñublense	draw
119470	2017 Feb 28 05:30:00	Cantolao	Alianza Atlético	away
119076	2017 Feb 28 06:15:00	Deportes Quindío	Unión Magdalena	home

여기서 아무 경기 ID나 복사할 수 있다. 첫 번째 경기(123945)를 테스트하는 것으로 가정하자. 이제 http://localhost:8080을 방문하면 다음 스크린 캡처와 같은 내용이 표시된다.

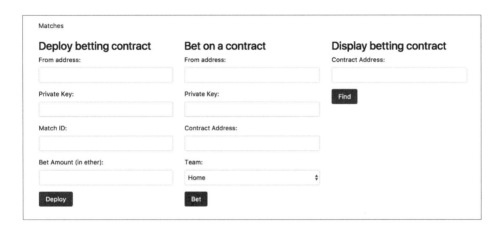

이제 첫 번째 폼의 입력 값들을 채운 후 보이는 것처럼 Deploy 버튼을 누르면 컨트랙트를 배포한다. 컨트랙트를 배포하기 위해서는 첫 번째 계정을 사용하라.

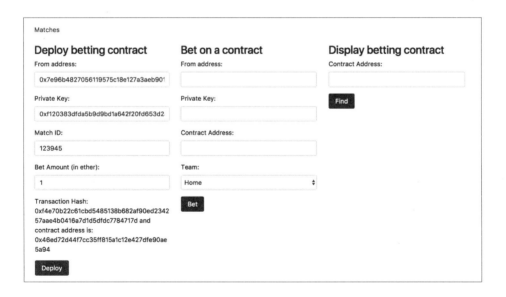

다음 스크린샷처럼 두 번째 계정을 이용해 컨트랙트의 홈 팀에 베팅하고 세 번째 계정을 이용해 원정 팀에 베팅하라.

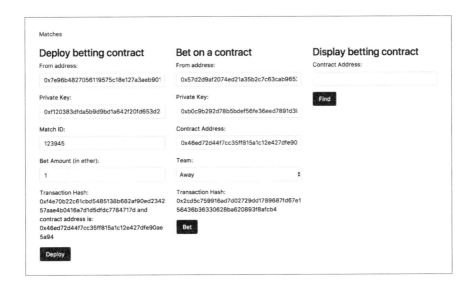

세 번째 폼에 컨트랙트 주소를 입력하고 Find 버튼을 클릭하면 컨트랙트의 상세 내역을 확인할 수 있다. 다음 스크린샷과 유사한 화면이 표시될 것이다.

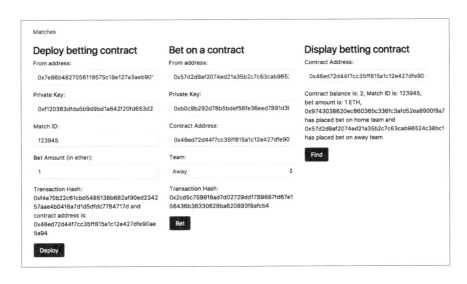

트랜잭션이 채굴된 후 다시 한 번 컨트랙트의 상세 내역을 확인해보면, 다음 스크린샷과 유사한 화면이 표시될 것이다.

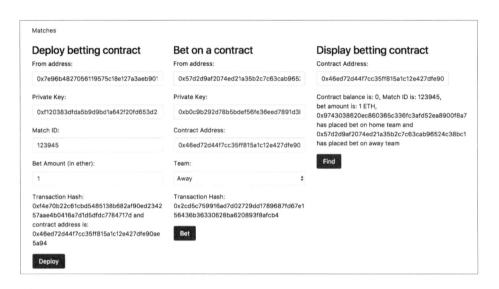

여기에서 컨트랙트는 더 이상 이더도 가지고 있지 않으며 모든 이더는 홈 팀에 베팅한 계정으로 전송된 것을 알 수 있다.

▌요약

이 장에서는 Oraclize와 strings 라이브러리에 대해 깊이 있게 배워봤고, 이를 함께 사용해 분산화된 베팅 플랫폼을 구축했다. 이제 여러분의 요구 사항에 맞게 컨트랙트를 커스터마이징할 수 있을 것이다. 컨트랙트에 이벤트를 추가하거나 클라이언트에 통지를 표시하는 방식으로 애플리케이션을 개선해볼 수도 있다. 목적은 탈중앙화된 베팅 애플리케이션의 기본 아키텍처에 대해 이해하는 것이었다.

다음 장에서는 트러플^{truffle}을 사용해 자체적인 암호 화폐를 구축해볼 것이며, 이를 통해 엔터프라이즈 수준의 이더리움 스마트 컨트랙트를 구축하는 방법에 대해 배워볼 것이다.

08

엔터프라이즈 수준의
스마트 컨트랙트 구축

지금까지 브라우저 솔리디티를 사용해 솔리디티 코드를 작성하고 컴파일했다. 그리고 web3.js를 사용해 컨트랙트를 테스트했다. 테스트를 위해서는 Solidity online IDE를 사용할 수도 있다. 몇 개의 import 구문이 있는 작은 규모의 컨트랙트를 컴파일했으므로 별다른 문제는 없었다. 하지만 대규모의 복잡한 스마트 컨트랙트를 구축하기 시작하면 현재 절차를 사용해 컴파일하고 테스트하는 데 어려움을 겪게 된다. 이 장에서는 엔터프라이즈 수준의 DApp을 쉽게 구축할 수 있도록 도와주는 트러플truffle에 대해 알트코인altcoin을 구축해보면서 배워볼 것이다. 비트코인 이외의 모든 암호 화폐를 알트코인이라고 부른다.

이 장에서는 다음과 같은 주제를 다룬다.

- ethereumjs-testrpc 노드는 무엇이며 어떻게 사용하는가?
- 이벤트 토픽topic은 무엇인가?

- truffle-contract 패키지를 사용한 컨트랙트 작업
- 트러플 설치, 트러플 명령행 도구 및 설정 파일 탐색
- 트러플을 사용한 솔리디티 코드 컴파일, 배포, 테스트
- NPM 또는 EthPM을 통한 패키지 관리
- 트러플 콘솔 사용 및 외부 스크립트 작성
- 트러플을 사용한 DApp의 클라이언트 구축

ethereumjs-testrpc 탐색

ethereumjs-testrpc는 테스트 및 개발에 사용되는 Node.js 기반의 이더리움 노드다. ethereumjs-testrpc는 풀 노드 동작을 시뮬레이션하고 이더리움 애플리케이션 개발을 훨씬 빠르게 할 수 있도록 도와준다. 또한 인기 있는 RPC 함수 및 기능(이벤트와 같은)을 포함하고 있으며 결정적으로 개발을 쉽게 할 수 있도록 동작한다.

자바스크립트로 작성됐으며 npm 패키지 형태로 배포된다. 이 글을 쓰는 시점에서 ethereumjs-testrpc의 최신 버전은 4.1.3이며 정상적인 동작을 위해 적어도 Node.js 버전 6.9.1이 필요하다.

 필요한 모든 것을 메모리에 저장하므로 노드가 재시작될 때마다 기존 상태를 잃어버리게 된다.

설치 및 사용법

ethereumjs−testrpc를 사용해 이더리움 노드를 시뮬레이션하는 세 가지 방법이 있다.

testrpc 명령행 애플리케이션

testrpc 명령을 사용해 이더리움 노드를 시뮬레이션할 수 있다. 이 명령행 애플리케이션을 설치하기 위해서는 ethereumjs−testrpc를 전역적으로 설치해야 한다.

```
npm install -g ethereumjs-testrpc
```

다음은 제공되는 다양한 옵션이다.

- -a 또는 --accounts: 시작 시 생성할 계좌의 수를 지정한다.
- -b 또는 --blocktime: 자동 채굴을 위한 블록 시간을 초 단위로 지정한다. 기본 값은 0이며 자동 채굴을 하지 않는다.
- -d 또는 --deterministic: 노드가 실행될 때마다 10개의 결정적인 주소를 생성한다. 즉 이 플래그를 제공하면 매번 같은 세트의 주소가 생성된다. 이 옵션은 사전 정의된 니모닉 기반으로 결정적 주소를 생성하는 데도 사용될 수 있다.
- -n 또는 --secure: 기본적으로 사용 가능한 계좌들을 잠근다. 이 옵션이 --unlock 옵션 없이 사용되면, HD 지갑이 생성되지 않는다.
- -m 또는 --mnemonic: 특정 HD 지갑 니모닉을 사용해 초기 주소를 생성한다.
- -p 또는 --port: 리스닝할 포트 번호를 지정한다. 기본값은 8545다.
- -h 또는 --hostname: 리스닝할 호스트 이름을 지정한다. 기본값은 노드의 server.listen( ) 기본값이다.
- -s 또는 --seed: 사용할 HD 지갑 니모닉을 생성하기 위한 임의의 데이터다.
- -g 또는 --gasPrice: 사용할 커스텀 가스 가격(기본값은 1)이다. 트랜잭션을 노드에 전송할 때 가스 가격이 제공되지 않으면, 이 가스 가격이 사용된다.

- -l 또는 --gasLimit: 사용할 커스텀 한도(기본값은 0x47E7C4)다. 만약 트랜잭션을 노드에 전송할 때 가스 한도가 제공되지 않으면 이 가스 한도가 사용된다.
- -f 또는 --fork: 주어진 블록에서 현재 실행 중인 다른 이더리움 노드의 포크다. 입력 값은 예를 들어 http://localhost:8545와 같이 다른 클라이언트의 HTTP 위치와 포트여야 한다. 옵션적으로 @ 기호를 사용해 포크할 블록을 지정할 수 있다. 예를 들면 http://localhost:8545@1599200과 같다.
- --debug: 디버깅을 위한 VM opcode를 출력한다.
- --account: 이 옵션은 계좌를 임포트하기 위해 사용된다. 초기 주소를 생성하기 위해 --account= 옵션을 원하는 횟수만큼 사용해 다수의 개인 키와 잔액을 전달할 수 있다.

  예시) testrpc --account="privatekey,balance" [--account="privatekey,balance"]

  --account 옵션을 사용할 때 HD 지갑은 생성되지 않는다.
- -u 또는 --unlock: 특정 계좌를 잠금 해제하기 위해 --unlock=... 옵션을 원하는 횟수만큼 사용해 계좌 주소 또는 계정의 인덱스를 전달한다. --secure와 함께 사용되면 --unlock은 지정된 계좌의 잠금 상태를 무시한다. testrpc --secure --unlock "0x1234..." --unlock "0xabcd..."와 같다. 또한 testrpc --secure -u 0 -u 1과 같이 인덱스를 이용해 계정을 잠금 해제할 숫자를 지정할 수도 있다. 이 기능을 사용해 계정을 사칭하거나 접근 권한이 없는 계좌의 잠금 해제를 할 수 있다. --fork 기능과 함께 사용되면, testprc를 사용해 블록체인 내 어떤 주소라도 트랜잭션을 만들어낼 수 있다. 이는 테스트와 동적 분석에 유용하다.
- --networkId: 노드가 속한 네트워크 ID를 지정하는 데 사용된다.

개인 키는 64 문자열 길이며 0x 접두사의 16진수 문자열로 입력해야 한다는 것을 기억하라. 잔액은 정수로 입력하거나 0x 접두사를 가진 16진수 문자열로 입력하며, 계정 내의 잔액을 wei 단위로 지정한다.

ethereumjs-testrpc를 web3 공급자 또는 HTTP 서버로 사용

다음과 같이 ethereumjs-testrpc를 web3 공급자로 사용할 수 있다.

```
var TestRPC = require("ethereumjs-testrpc");
web3.setProvider(TestRPC.provider());
```

그리고 다음과 같이 ethereumjs-testrpc를 일반적인 HTTP 서버로 사용할 수 있다.

```
var TestRPC = require("ethereumjs-testrpc");
var server = TestRPC.server();
server.listen(port, function(err, blockchain) {});
```

provider() 및 server() 모두 ethereumjs-testrpc 동작을 지정할 수 있는 하나의 객체를 받아들인다. 이 매개변수는 옵션이며, 사용 가능한 옵션은 다음과 같다.

- accounts: 객체의 배열이다. 각 객체는 16진수 값의 잔액 키를 가지고 있어야 하며, 계좌의 개인 키를 나타내는 secretKey 키를 지정할 수 있다. secretKey가 없는 경우 계좌 주소는 주어진 잔액을 이용해 자동으로 생성된다. 만약 키가 지정된 경우 계좌의 주소를 결정하는 데 키가 사용된다.
- debug: 디버깅을 위한 VM opcode를 출력한다.
- logger: log() 함수를 구현한 객체를 값으로 가진다.
- mnemonic: 초기 주소를 생성하기 위해 특정 HD 지갑을 사용한다.
- port: 서버로 동작하는 경우 리스닝할 포트 번호를 지정한다.
- seed: 사용할 HD 지갑 니모닉을 생성하기 위한 임의의 데이터다.
- total_accounts: 시작 시 생성할 계좌의 수를 지정한다.
- fork: 앞의 --fork 옵션과 같다.
- network_id: --networkId 옵션과 동일하다. 노드가 속한 네트워크 ID를 지정한다.

- time: 첫 블록이 시작해야 하는 날짜다. 시간에 의존적인 코드를 테스트하기 위해 evm_increaseTime 메소드와 함께 사용된다.
- locked: 기본적으로 계좌의 잠금 여부를 지정한다.
- unlocked_accounts: 잠금 해제돼야 하는 계좌들을 지정하는 계좌 주소 또는 계좌 인덱스의 배열이다.

사용 가능한 RPC 메소드

다음은 ethereumjs-testrpc에서 사용할 수 있는 RPC 메소드의 목록이다.

- eth_accounts
- eth_blockNumber
- eth_call
- eth_coinbase
- eth_compileSolidity
- eth_estimateGas
- eth_gasPrice
- eth_getBalance
- eth_getBlockByNumber
- eth_getBlockByHash
- eth_getBlockTransactionCountByHash
- eth_getBlockTransactionCountByNumber
- eth_getCode ("latest" 블록 번호만 지원함)
- eth_getCompilers
- eth_getFilterChanges
- eth_getFilterLogs
- eth_getLogs

- eth_getStorageAt

- eth_getTransactionByHash

- eth_getTransactionByBlockHashAndIndex

- eth_getTransactionByBlockNumberAndIndex

- eth_getTransactionCount

- eth_getTransactionReceipt

- eth_hashrate

- eth_mining

- eth_newBlockFilter

- eth_newFilter (로그/이벤트 필터 포함)

- eth_sendTransaction

- eth_sendRawTransaction

- eth_sign

- eth_syncing

- eth_uninstallFilter

- net_listening

- net_peerCount

- net_version

- miner_start

- miner_stop

- rpc_modules

- web3_clientVersion

- web3_sha3

또한 RPC 명세에는 포함돼 있지 않지만 특별한 비표준 메소드도 있다.

- evm_snapshot: 현재 블록에서 블록체인의 상태를 스냅숏한다. 매개변수는 없으며 생성된 스냅숏의 정수형 ID를 리턴한다.
- evm_revert: 블록체인의 상태를 기존 스냅숏으로 되돌린다. 돌리고자 하는 스냅숏 ID를 단일 매개변수로 받는다. 만약 스냅숏 ID가 제공되지 않은 경우 가장 최신의 스냅숏으로 돌아간다. True 값을 리턴한다.
- evm_increaseTime: 시간을 앞으로 점프한다. 증가할 시간을 초 단위로 나타낸 하나의 매개변수를 받는다. 총 시간 조정을 초 단위로 리턴한다.
- evm_mine: 강제로 블록을 채굴한다. 매개변수는 없으며 채굴 시작 및 중지 여부와 상관없이 블록을 채굴한다.

▌ 이벤트 토픽은 무엇인가?

토픽은 이벤트를 색인화하기 위해 사용되는 값이다. 토픽 없이는 이벤트 검색을 할 수 없다. 이벤트가 호출될 때마다 이벤트의 첫 번째 토픽으로 간주되는 기본 토픽이 생성된다. 이벤트에 대해 최대 네 개의 토픽을 가질 수 있다. 토픽은 항상 같은 순서로 생성된다. 하나 또는 그 이상의 토픽을 사용해 이벤트를 검색할 수 있다.

첫 번째 토픽은 이벤트의 서명이다. 나머지 세 개의 토픽은 색인화된 매개변수의 값이다. 만약 색인 매개변수가 문자열, 바이트, 배열인 경우 keccak−256 해시 값이 토픽이다.

토픽을 이해하기 위한 예시를 살펴보자. 다음과 같은 양식의 이벤트가 있다고 가정해보자.

```
event ping(string indexed a, int indexed b, uint256 indexed c, string d,
int e);
// 이벤트 호출
ping("Random String", 12, 23, "Random String", 45);
```

여기서 다음과 같은 네 개의 토픽이 생성된다.

- 0xb62a11697c0f56e93f3957c088d492b505b9edd7fb6e7872a93b41cdb2020644:
  첫 번째 토픽이다. web3.sha3("ping(string,int256,uint256,string,int256)")
  을 사용해 생성된다. 모든 유형이 표준 형식임을 알 수 있다.
- 0x30ee7c926ebaf578d95b278d78bc0cde445887b0638870a26dcab901ba21d3f2:
  두 번째 토픽이다. web3.sha3("Random String")을 사용해 생성된다.
- 세 번째, 네 번째 토픽은 각각 0x000000000000000000000000000000000000000
  000000000000000000000c와 0x000000000000000000000000000000000000000
  0000000000000000000017이며 값에 대한 16진수 표현이다. 각각 EthJS.Util.
  bufferToHex(EthJS.Util.setLengthLeft(12, 32))와 EthJS.Util.bufferToHex
  (EthJS.Util.setLengthLeft(23, 32))를 사용해 계산된다.

내부적으로 이더리움 노드는 토픽을 사용해 인덱스를 생성하므로, 서명 및 색인화된 값을
기반으로 이벤트를 쉽게 찾을 수 있다.

첫 번째 인자가 Random String이고 세 번째 인자가 23 또는 78인 경우, 앞 이벤트의 이벤
트 호출을 얻길 원한다고 가정해보자. 그렇다면 다음과 같이 web3.eth.getFilter를 사
용해 찾을 수 있다.

```
var filter = web3.eth.filter({
    fromBlock: 0,
    toBlock: "latest",
    address: "0x853cdcb4af7a6995808308b08bb78a74de1ef899",
    topics:
["0xb62a11697c0f56e93f3957c088d492b505b9edd7fb6e7872a93b41cdb2020644",
"0x30ee7c926ebaf578d95b278d78bc0cde445887b0638870a26dcab901ba21d3f2", null,
[EthJS.Util.bufferToHex(EthJS.Util.setLengthLeft(23, 32)),
EthJS.Util.bufferToHex(EthJS.Util.setLengthLeft(78, 32))]]
});
```

```
filter.get(function(error, result){
    if (!error)
        console.log(result);
});
```

여기서는 먼저 첫 번째 토픽이 0xb62a11697c0f56e93f3957c088d492b505b9edd7fb6e787
2a93b41cdb2020644고, 두 번째 토픽이 0x30ee7c926ebaf578d95b278d78bc0cde445887b0
638870a26dcab901ba21d3f2고, 세 번째 토픽이 0x00000000000000000000000000000000
00000000000000000000000000000017 또는 0x000000000000000000000000000000000000000
000000000000000000000004e 값을 가지며, 0x853cdcb4af7a6995808308b08bb78a74de1
ef899 컨트랙트 주소에 의해 수행된 모든 이벤트를 블록체인으로부터 리턴하도록 노드
에 요청하고 있다.

 위 코드에서 topics 배열 값의 순서를 확인하라. 순서가 중요하다.

▌ truffle-contract 시작하기

트러플에 대해 배우기 전에 truffle-contract에 대해 배우는 것이 중요하다. truffle-
contract는 트러플과 밀접하게 연동돼 있기 때문이다. 트러플 테스트, 트러플 내의 컨트랙
트와 상호작용하는 코드, 배포 코드 등은 truffle-contract를 사용해 작성된다.

truffle-contract API는 자바스크립트 및 Node.js 라이브러리며, 이더리움 스마트 컨트
랙트와 동작하는 것을 쉽게 만들어준다. 현재까지 web3.js를 사용해 스마트 컨트랙트 함
수를 배포하고 호출했으며 정상적으로 동작했지만, truffle-contract는 이더리움 스마트
컨트랙트와 같이 동작하는 것을 훨씬 쉽게 만드는 것을 목표로 하고 있다. 다음은 스마트
컨트랙트와 동작하기 위해 web3.js보다 truffle-contract가 왜 더 나은 선택인지를 보여

주는 몇 가지 기능들이다.

- 더 나은 제어 흐름을 위한 동기화된 트랜잭션(즉, 트랜잭션은 채굴된 것이 보장될 때까지 종료되지 않는다.)
- 프라미스Promise 기반의 API. 콜백 지옥은 더 이상 없다. ES6 및 async/await와도 정상적으로 동작한다.
- from 주소와 gas와 같은 트랜잭션의 기본값
- 모든 동기화된 트랜잭션의 로그, 트랜잭션 영수증, 트랜잭션의 해시를 리턴한다.

truffle-contract에 대해 학습하기 전에 truffle-contract는 이더리움 노드 외부에 저장된 계좌를 사용해 트랜잭션을 서명하는 것을 지원하지 않음을 알아야 한다. 즉, sendRawTransaction과 유사한 기능이 없다. truffle-contract API는 여러분의 DApp의 모든 사용자가 자신만의 이더리움 노드를 실행 중이고, 해당 노드 내에 저장된 계좌를 가지고 있다고 가정한다. 만약 모든 DApp 클라이언트가 사용자들이 계좌를 생성하고 관리하는 것을 허용한다면, 사용자들이 많은 수의 계좌를 관리하는 것과 개발자들이 지갑 관리자를 모든 클라이언트가 빌드할 때마다 매번 개발해야 하는 것에 어려움을 겪을 수 있으므로 실제 DApp이 동작해야 하는 방식이다. 이제 사용자들이 계좌를 어디에 저장하고 어떤 형식으로 저장했는지 클라이언트가 어떻게 알 수 있는가에 대해 궁금할 것이다. 따라서 휴대성을 위해 사용자들이 개인적인 노드에 계좌를 저장하고, 계좌를 관리하기 위해 이더리움 지갑 애플리케이션과 같은 무언가를 사용한다고 가정하는 것이 권장된다. 이더리움 노드 내에 저장된 계좌는 이더리움 노드 자체에 의해 서명되므로 sendRawTransaction은 더 이상 필요하지 않다. 모든 사용자는 자신만의 노드가 있어야 하며 다른 사람과 노드를 공유하지 않아야 한다. 계좌가 잠금 해제돼 있으므로 사용자는 누구에게나 공개돼 있고 사용자가 다른 사람의 이더를 훔쳐 다른 사람의 계좌로부터 트랜잭션을 생성할 수 있기 때문이다.

자신만의 노드를 호스트하고 그 안의 계좌를 관리하는 데 필요한 앱을 사용하고 있다면 해당 노드에 모든 사람이 JSON-RPC 호출을 생성할 수 없도록 해야 한다. 대신 로컬 앱만 호출을 생성할 수 있어야 한다. 또한 계정을 오랫동안 잠금 해제 상태로 유지하지 않도록 해야 하며, 계좌가 필요 없는 경우 즉시 잠금 상태로 변경해야 한다.

만약 애플리케이션이 원시 트랜잭션을 생성하고 서명해야 하는 기능이 필요하다면, 스마트 컨트랙트를 개발하고 테스트하는 용도로 truffle-contract를 사용할 수 있으며, 응용프로그램 내에서 기존과 같은 방법으로 컨트랙트와 상호작용할 수 있다.

truffle-contract 설치 및 임포트

이 책을 저술하는 시점에서 truffle-contract API의 최신 버전은 2.0.5이다. truffle-contract를 임포트하기 전에 truffle-contract가 내부적으로 공급자를 사용해 JSON-RPC 호출을 생성한다. 따라서 truffle-contract API와 동작할 수 있는 공급자를 생성해야 하므로 먼저 web3.js를 임포트해야 한다.

Node.js 애플리케이션에서 truffle-contract를 설치하기 위해서는 app 디렉터리 내에서 다음을 수행하면 된다.

```
npm install truffle-contract
```

그리고 다음 코드를 이용해 임포트한다.

```
var TruffleContract = require("truffle-contract");
```

truffle-contract를 브라우저에서 사용하려면 https://github.com/trufflesuite/truffle-contract 저장소의 dist 디렉터리 내에서 브라우저 배포판을 찾을 수 있다.

HTML 내에서 다음과 같은 방법으로 큐에 추가할 수 있다.

```
<script type="text/javascript" src="./dist/trufflecontract. min.js"></script>
```

이제 TruffleContract 전역 변수를 사용할 수 있다.

테스트 환경 설정

truffle-contract API에 대해 학습하기 전에 코드를 테스트하기 위한 테스트 환경을 꾸며야 한다.

먼저 testrpc --networkId 10 명령어를 통해 네트워크 ID 10을 가지는 ethereumjs-testrpc 노드를 실행한다. 개발 목적으로 무작위로 네트워크 ID 10을 선택한 것이며, 다른 네트워크 ID를 자유롭게 선택할 수 있다. 단지 메인넷은 개발 및 테스트 목적이 아닌 라이브 애플리케이션에 의해 항상 사용되므로 1번이 아닌지 확인해야 한다.

그런 다음, HTML 파일을 생성하고 다음 코드를 넣으면 된다.

```
<!doctype html>
<html>
    <body>
        <script type="text/javascript" src="./web3.min.js"></script>
        <script type="text/javascript" src="./trufflecontract.min.js"></script>
        <script type="text/javascript">
            // 코드를 여기에 입력하면 된다
        </script>
    </body>
</html>
```

web3.min.js 및 truffle-contract.min.js를 다운로드한다. truffle-contract 브라우저용 빌드는 다음 경로에서 확인할 수 있다.

https://github.com/trufflesuite/truffle-contract/tree/master/dist

truffle-contract API

truffle-contract API에 대해 살펴보자. 기본적으로 truffle-contract에는 컨트랙트 추상화 API와 컨트랙트 인스턴스 API라는 두 개의 API가 있다. 컨트랙트 추상화 API는 컨트랙트(또는 라이브러리)에 대한 다양한 정보, 예를 들어 ABI, 링크되지 않은 바이트 코드, 만약 컨트랙트가 이미 배포된 경우 다양한 이더리움 네트워크 내에서의 주소, 다양한 이더리움 네트워크 내에서 의존하고 있는 라이브러리의 주소, 컨트랙트의 이벤트를 표현한다. 추상화 API는 모든 컨트랙트 추상화를 위해 존재하는 함수의 집합이다. 컨트랙트 인스턴스는 특정 네트워크 내에서 배포된 컨트랙트를 표현한다. 인스턴스 API는 컨트랙트 인스턴스에 사용할 수 있는 API며, 솔리디티 소스 파일 내에서 사용할 수 있는 함수에 기반을 두고 동적으로 생성된다. 특정 컨트랙트의 컨트랙트 인스턴스는 같은 컨트랙트를 표현하는 컨트랙트 추상화로부터 생성된다.

컨트랙트 추상화 API

컨트랙트 추상화 API는 truffle-contract를 web3.js와 비교해 매우 특별하게 만들어준다. 특별하다고 생각되는 이유는 다음과 같다.

- 라이브러리 주소, 컨트랙트 주소 등과 같은 기본값을 연결된 네트워크에 따라 자동으로 가져오므로 네트워크를 변경할 때마다 소스 코드를 매번 수정할 필요가 없다.
- 특정 네트워크에서만 특정 이벤트를 리스닝하도록 선택할 수 있다.
- 런타임에 라이브러리를 컨트랙트의 바이트 코드에 쉽게 링크할 수 있다. API에 대한 사용법을 확인한다면 몇 가지 다른 이점을 찾을 수 있을 것이다.

컨트랙트 추상화와 그 메소드를 생성하는 방법을 살펴보기 전에 컨트랙트 추상화를 표현하는 샘플 컨트랙트를 작성해보자. 샘플 컨트랙트는 다음과 같다.

```
pragma Solidity ^0.4.0;

import "github.com/pipermerriam/ethereum-stringutils/contracts/StringLib.sol";
contract Sample
{
    using StringLib for *;

    event ping(string status);

    function Sample()
    {
        uint a = 23;
        bytes32 b = a.uintToBytes();
        bytes32 c = "12";
        uint d = c.bytesToUInt();
        ping("Conversion Done");
    }
}
```

이 컨트랙트는 StringLib 라이브러리를 사용해 uint를 bytes32로, bytes32를 uint로 변환한다. StringLib은 메인 네트워크의 0xcca8353a18e7ab7b3d094ee1f9ddc91bdf2ca6a4 주소에서 사용 가능하지만, 다른 네트워크에서는 컨트랙트를 테스트하기 위해 배포해야 한다. 계속해서 진행하기에 앞서, ABI 및 바이트 코드가 필요하므로 브라우저 솔리디티를 이용해 컴파일한다.

이제 Sample 컨트랙트와 StringLib 라이브러리를 표현하는 컨트랙트 추상화를 생성해보자. 다음 코드를 HTML 파일에 넣으면 된다.

```javascript
var provider = new Web3.providers.HttpProvider("http://localhost:8545");
var web3 = new Web3(provider);

var SampleContract = TruffleContract({
    abi:
[{"inputs":[],"payable":false,"type":"constructor"},{"anonymous":false,"inp
uts":[{"indexed":false,"name":"status","type":"string"}],"name":"ping","typ
e":"event"}],
    unlinked_binary:
```

"6060604052341561000c57fe5b5b6000600060006000601793508373__StringLib__6394e
8767d90916000604051602001526040518263ffffffff167c010000000000000000000000000
0000000000000000000000000000000000002815260040180828152602001915050602060405180
83038186803b151561008b57fe5b60325a03f4151561009857fe5b50505060405180519050
92507f31320000000000000000000000000000000000000000000000000000000091508
16000191673__StringLib__6381a33a6f90916000604051602001526040518263ffffffffff1
67c010000000000000000000000000000000000000000000000000000000000000002815260040180
826000191660001916815260200191505060206040518083038186803b151561014557fe5b6
0325a03f4151561015257fe5b50505060405180519050090507f3adb191b3dee3c3ccbe8c657
275f608902f13e3a020028b12c0d825510439e566040518080602001828103825260006f81526
02001807f436f6e76657273696f6e20446f6e650000000000000000000000000000000000081
5250602001915050604051809103900a15b505050505b6033806101da6000396000f30060606
040525bfe00a165627a7a7230582056ebda5c1e4ba935e5ad61a271ce8d59c95e0e4bca4ad2
0e7f07d804801e95c60029",
```
    networks: {
        1: {
            links: {
                "StringLib": "0xcca8353a18e7ab7b3d094ee1f9ddc91bdf2ca6a4"
            },
            events: {
                "0x3adb191b3dee3c3ccbe8c657275f608902f13e3a020028b12c0d82551043
9e56": {
                    "anonymous": false,
                    "inputs": [
                    {
                        "indexed": false,
                        "name": "status",
                        "type": "string"
                    }
                    ],
```

```
                                    "name": "ping",
                                    "type": "event"
                                }
                            }
                        },
                10: {
                    events: {
                        "0x3adb191b3dee3c3ccbe8c657275f608902f13e3a020028b12c0d82551043
9e56": {
                            "anonymous": false,
                            "inputs": [
                            {
                                "indexed": false,
                                "name": "status",
                                "type": "string"
                            }
                            ],
                                "name": "ping",
                                "type": "event"
                            }
                        }
                    }
                },
            contract_name: "SampleContract",
});

SampleContract.setProvider(provider);
SampleContract.detectNetwork();

SampleContract.defaults({
    from: web3.eth.accounts[0],
    gas: "900000",
    gasPrice: web3.eth.gasPrice,
})

var StringLib = TruffleContract({
    abi:
[{"constant":true,"inputs":[{"name":"v","type":"bytes32"}],"name":"bytesToU
Int","outputs":[{"name":"ret","type":"uint256"}],"payable":false,"type":"fu
```

nction"},{"constant":true,"inputs":[{"name":"v","type":"uint256"}],"name":"uintToBytes","outputs":[{"name":"ret","type":"bytes32"}],"payable":false,"type":"function"}],

    unlinked_binary:

"6060604052341561000c57fe5b5b6102178061001c6000396000f30060606040526000357c01000000000000000000000000000000000000000000000000000000000900463ffffffff16806381a33a6f1461004657806394e8767d14610076575bfe5b610060600048080356000191690602001909190505061000aa565b6040518082815260200191505060405180910390f35b610008c60048080359060200190919050506101400565b6040518082600001916600019168152602001915050604051809103900f35b6000600060006000600010284600019161410c5576100005565b600090505b60208110156101355760ff81601f0360080260020a856001900481151561000ed57fe5b04169150600082141561000ff5761013555b603082108061010e5750603982115b6101011857610000565b5b600a83029250603082038303019250500b8080600101019150506100ca565b8292505b5050919050565b6000600082141561010173577f3000000000000000000000000000000000000000000000000000000000000000000000000090506101e2565b5b60008211156101e1576101008160019004811515156101018e57fe5b0460010290507f01000000000000000000000000000000000000000000000000000000000000000006030600a848115156101c357fe5b06010260010281179050600a828115156101d957fe5b049150610174565b5b8090505b9190505600a165627a7a72305820d2897c98df4e1a3a71aefc5c486aed29c47c80cfe77e38328ef5f4cb5efcf2f10029",

    networks: {
        1: {
            address: "0xcca8353a18e7ab7b3d094ee1f9ddc91bdf2ca6a4"
            }
        },
    contract_name: "StringLib",
    })

    StringLib.setProvider(provider);
    StringLib.detectNetwork();

    StringLib.defaults({
        from: web3.eth.accounts[0],
        gas: "900000",
        gasPrice: web3.eth.gasPrice,
    })

위 코드는 다음과 같이 동작한다.

1. 먼저, 공급자를 생성한다. 이 공급자를 사용해 truffle-contract는 노드와 통신한다.

2. 이후 Sample 컨트랙트에 대한 컨트랙트 추상화를 생성한다. 그리고 컨트랙트 추상화를 생성하기 위해 TruffleContract 함수를 사용한다. 이 함수는 컨트랙트에 대한 다양한 정보를 포함하고 있는 객체를 인자로 사용한다. 이 객체는 아티팩트^artifacts 객체라고 부를 수 있다. abi 및 unlinked_binary 속성은 필수 속성이다. 객체의 다른 속성은 선택 사항이다. abi 속성은 컨트랙트의 ABI를 가리키며, unlinked_binary 속성은 컨트랙트의 링크되지 않은 바이너리 코드를 가리킨다.

3. 그런 다음 다양한 네트워크 내에서 컨트랙트에 대한 다양한 정보를 나타내는 network 속성이 있다. 네트워크 ID 1에서 StringLib 의존성은 0xcca8353a18e7ab7b3d094ee1f9ddc91bdf2ca6a4 주소에 배포돼 있으므로 Sample을 네트워크 1에 배포할 때 자동으로 링크한다. 네트워크 객체 하위에서 컨트랙트가 이미 이 네트워크에 배포됐으며 컨트랙트의 주소를 나타내는 address 속성을 넣을 수도 있다. 또한 networks 객체 내에 관심 있는 특정 이벤트를 지정할 수 있는 events 객체도 있다. events 객체의 키는 이벤트의 토픽이며 values는 이벤트의 ABI다.

4. 새로운 공급자 인스턴스를 전달하면서 SampleContract 객체의 setProvider 메소드를 호출한다. 이는 truffle-contract가 노드와 통신할 수 있도록 공급자를 전달하는 방법이다. truffle-contract API는 전역적으로 공급자를 설정할 방법을 제공하지 않으며 대신 모든 컨트랙트 추상화에 대해 공급자를 설정해야 한다. 이 기능은 다수의 네트워크를 동시에 연결하고 작업하는 것을 쉽게 해준다.

5. SampleContract 객체의 detectNetwork 메소드를 호출한다. 이는 컨트랙트 추상화가 현재 표현하고 있는 네트워크 ID를 설정하는 방법이다. 즉, 컨트랙트 추상화의 모든 작업 중에 이 네트워크 ID에 연결된 값이 사용된다. 이 메소드는 노드가 연결돼 있는 네트워크 ID를 자동으로 탐지해 자동으로 설정할 것이다. 만약 수동으로 네트워크 ID를 설정하길 원하거나 런타임에 변경하길 원한다면,

`SampleContract.setNetwork(network_id)`를 사용할 수 있다. 네트워크 ID를 변경한 경우 truffle-contract가 올바른 링크, 주소, 이벤트로 네트워크 ID를 매핑할 수 없으므로 공급자도 같은 네트워크의 노드를 가리키고 있는지 확인해야 한다.

6. SampleContract에 대한 트랜잭션의 기본값을 설정한다. 이 메소드는 트랜잭션 기본값을 가져오고 선택적으로 설정한다. 만약 어떠한 매개변수 없이 호출됐다면, 단순히 현재 기본값을 표현하는 객체를 리턴한다. 객체가 전달된 경우, 새로운 기본값을 설정한다.

7. StringLib 라이브러리의 컨트랙트 추상화를 생성하기 위해 같은 작업을 수행한다.

컨트랙트 인스턴스 생성

컨트랙트 인스턴스는 특정 네트워크 내에 배포된 컨트랙트를 표현하며, 컨트랙트 추상화 인스턴스를 사용해 컨트랙트 인스턴스를 생성해야 한다. 컨트랙트 인스턴스를 생성하는 세 가지 방법이 있다.

- `SampleContract.new([arg1, arg2, ...], [tx params])`: 이 함수는 컨트랙트에 필요한 어떠한 생성자 매개변수라도 받아들이며 컨트랙트 추상화가 사용되도록 설정된 네트워크에 컨트랙트의 새로운 인스턴스를 배포한다. 마지막 인자는 선택 사항이며, 트랜잭션 from 주소, 가스 한도, 가스 가격 등을 포함한 트랜잭션 매개변수를 전달할 수 있다. 이 함수는 트랜잭션이 채굴됐을 때의 새로운 배포된 주소에서 컨트랙트 추상화의 새로운 인스턴스로 해석되는 프라미스를 리턴한다. 이 메소드를 사용하기 전에, 사용하도록 설정된 네트워크 내에서 바이트 코드가 의존하는 라이브러리의 주소를 찾을 수 있는지 확인해야 한다.

- `SampleContract.at(address)`: 이 함수는 전달된 주소에서 컨트랙트를 표현하는 컨트랙트 추상화의 새로운 인스턴스를 생성한다. 이 함수는 'thenable' 객체(하위

호환성을 위해 실제 프라미스는 아직 아님)를 리턴한다. 그리고 사용하도록 설정된 네트워크 내의 특정 주소에 코드가 존재하는 것이 확인된 후 컨트랙트 추상화 인스턴스로 해석된다.

- SampleContract.deployed( ): at( )과 같지만, 주소가 아티팩트 객체에서 검색된다. at( )과 마찬가지로 deployed( )는 고정돼 있으며 컨트랙트 추상화가 사용하기로 설정된 네트워크 내에서 해당 위치에 코드가 존재하고, 주소가 존재하는 것이 확인된 이후 배포된 컨트랙트를 나타내는 컨트랙트 인스턴스로 해석된다.

Sample 컨트랙트를 배포하고 컨트랙트 인스턴스를 가져와보자. 네트워크 ID 10번에서 먼저 new( )를 사용해 StringLib 라이브러리를 배포한 후, StringLib 라이브러리의 배포된 주소를 StringLib 추상화에 추가한다. 이어서 StringLib 추상화를 SampleContract 추상화에 연결하고 new( )를 사용해 Sample 컨트랙트의 인스턴스를 가져와서 Sample 컨트랙트를 배포한다. 하지만 네트워크 ID 1번에서는 StringLib이 이미 배포돼 있으므로 단지 SampleContract를 배포하고 인스턴스를 가져오면 된다. 다음은 이 모든 작업을 수행하기 위한 코드다.

```
web3.version.getNetwork(function(err, network_id) {
if(network_id == 1)
{
    var SampleContract_Instance = null;

    SampleContract.new().then(function(instance){
        SampleContract.networks[SampleContract.network_id]
            ["address"] = instance.address;
        SampleContract_Instance = instance;
    })
}
else if(network_id == 10)
{
    var StringLib_Instance = null;
    var SampleContract_Instance = null;
```

```
StringLib.new().then(function(instance){
    StringLib_Instance = instance;
}).then(function(){
    StringLib.networks[StringLib.network_id] = {};
    StringLib.networks[StringLib.network_id]["address"] =
        StringLib_Instance.address;
    SampleContract.link(StringLib);
}).then(function(resull){
    return SampleContract.new();
}).then(function(instance){
    SampleContract.networks[SampleContract.network_id]
        ["address"] = instance.address;
    SampleContract_Instance = instance;
})
}
});
```

위 코드는 다음과 같이 동작한다.

1. 먼저, 네트워크 ID를 탐지한다. 만약 네트워크 ID가 10이라면 컨트랙트와 라이브러리 모두 배포하고, 1이면 컨트랙트만 배포한다.

2. 네트워크 ID 10 내에서 StringLib 컨트랙트를 배포하고 컨트랙트 인스턴스를 가져온다.

3. StringLib 추상화를 업데이트해 현재 표현하고 있는 네트워크 내에서 컨트랙트의 주소를 알 수 있도록 한다. 추상화를 업데이트하는 인터페이스는 아티팩트 객체를 직접 업데이트하는 것과 유사하다. 만약 네트워크 ID 1에 연결돼 있는 경우 이미 설정된 StringLib 주소를 재정의할 것이다.

4. 배포된 StringLib을 SampleContract에 링크한다. 링크를 업데이트하고 라이브러리의 이벤트를 SampleContract 추상화의 현재 표현하는 네트워크에 복사한다. 라이브러리는 여러 번 링크될 수 있으며 이전 링크를 덮어 쓴다.

5. 현재 네트워크에 SampleContract를 배포한다.

6. SampleContract 추상화를 업데이트해 현재 네트워크 내에서의 주소를 저장함으

로써 차후 deployed( )를 통해 인스턴스를 가져올 수 있도록 한다.

7. 네트워크 ID 1의 경우, SampleContract를 배포하기만 하면 된다.

8. 이제 노드가 연결된 네트워크를 변경하고 앱을 재시작하면, 앱이 적절한 방식으로 동작할 것이다. 예를 들어 개발자의 컴퓨터에서는 앱이 개발 네트워크에 연결될 것이며, 프로덕션 서버에서는 메인 네트워크에 연결될 것이다. 분명히 앞의 파일이 동작할 때마다 매번 컨트랙트를 배포하는 것은 원치 않을 것이므로, 컨트랙트가 배포된 이후 아티팩트 객체를 업데이트하고, 코드에서 컨트랙트가 배포됐는지를 확인할 수 있을 것이다. 그리고 배포되지 않은 경우에만 배포해야 한다. 아티팩트 객체를 수동으로 업데이트하는 대신 아티팩트를 DB 또는 파일 내에 저장할 수 있으며, 컨트랙트 배포가 완료된 이후 자동으로 업데이트하도록 코드를 작성할 수 있다.

컨트랙트 인스턴스 API

각 컨스택트 인스턴스는 원시 솔리디티 컨트랙트에 따라 다르며, API는 동적으로 생성된다. 다음은 컨트랙트 인스턴스의 다양한 API다.

- allEvents: 컨트랙트 아티팩트 객체 내의 현재 네트워크 ID에서 이벤트 서명과 일치하는 이벤트가 실행될 때마다 호출되는 콜백을 인자로 사용하는 컨트랙트 인스턴스의 함수다. 모든 이벤트 대신 특정 이벤트만을 잡아내기 위해 event name-specific 함수를 사용할 수 있다. 앞 계약에서 ping 이벤트를 잡기 위해 SampleContract_Instance.ping(function(e, r){})을 사용할 수 있다.

- send: 이 함수는 컨트랙트에 이더를 전송하기 위해 사용된다. 두 개의 인자를 받으며, 첫 번째 인자는 전송할 wei의 양이고 두 번째 인자는 트랜잭션의 어떤 주소에서 이더가 전송됐는지 나타내는 from을 설정하는 데 사용되는 옵션 객체다. 이 호출은 프라미스를 리턴하며, 프라미스는 채굴될 때 트랜잭션에 대한 상세 정보로 해석된다.

- SampleContract.functionName( ) 또는 SampleContract.functionName.call( ) 을 사용해 컨트랙트의 어떤 메소드라도 호출할 수 있다. 첫 번째 메소드는 트랜잭션을 전송하지만 두 번째는 EVM에서만 메소드를 호출하며 변경 사항이 지속되지 않는다. 두 메소드 모두 프라미스를 리턴한다. 첫 번째 경우는 프라미스가 트랜잭션의 결과로 해석된다. 즉 트랜잭션 해시, 로그, 트랜잭션 영수증을 보유하고 있는 객체다. 그리고 두 번째 경우는 프라미스가 메소드 호출의 리턴 값으로 해석된다. 두 메소드는 함수 인자 및 트랜잭션의 from, 가스, 값 등을 설정하기 위한 객체인 마지막 선택적 인자를 받아들인다.

▌ 트러플 소개

트러플truffle은 이더리움 기반의 DApp 구축을 위한 개발 환경(컴파일, 배포, 테스트, 빌드를 하기 위한 명령행 툴을 제공), 프레임워크(테스트 작성, 배포 코드, 클라이언트 빌드 등을 용이하게 만들어주는 다양한 패키지 제공), 자산 파이프라인(패키지를 게시하고, 다른 사람이 게시한 패키지를 사용)이다.

트러플 설치

트러플은 맥 OS X, 리눅스, 윈도우에서 동작한다. 트러플은 Node.js 버전 5.0+의 설치를 요구한다. 이 책을 저술하는 시점에서 안정화된 트러플의 최신 버전은 3.1.2며, 이 버전을 사용할 것이다. 트러플 설치를 위해서는 다음 명령어를 실행하기만 하면 된다.

```
npm install -g truffle
```

계속해서 진행하기 전에 testrpc를 네트워크 ID 10으로 실행하고 있는지 확인하라. 그 이유는 앞에서 논의한 것과 같다.

트러플 초기화

먼저, 애플리케이션을 위한 디렉터리를 생성해야 한다. 디렉터리 이름을 altcoin으로 지정한다. altcoin 디렉터리 내에서 프로젝트를 초기화하기 위해 다음 명령어를 실행한다.

```
truffle init
```

완료됐다면, 다음과 같은 항복이 있는 프로젝트 구조가 생길 것이다.

- contracts: 트러플이 솔리디티 컨트랙트를 찾는 디렉터리
- migrations: 컨트랙트 배포 코드를 포함한 파일을 배치할 디렉터리
- test: 스마트 컨트랙트를 테스트하기 위한 테스트 파일의 위치
- truffle.js: 트러플 메인 설정 파일

기본적으로 truffle init 명령어는 이더리움 위에 구축된 간단한 알트코인[altcoin]처럼 동작하는 몇 개의 예시 컨트랙트(MetaCoin 및 ConvertLib)를 제공한다.

다음은 단순히 참조를 위한 MetaCoin 스마트 컨트랙트의 소스 코드다.

```solidity
pragma Solidity ^0.4.4;

import "./ConvertLib.sol";

contract MetaCoin {
    mapping (address => uint) balances;
    event Transfer(address indexed _from, address indexed _to, uint256
    _value);

    function MetaCoin() {
        balances[tx.origin] = 10000;
    }

    function sendCoin(address receiver, uint amount) returns(bool
```

```
            sufficient) {
    if (balances[msg.sender] < amount) return false;
    balances[msg.sender] -= amount;
    balances[receiver] += amount;
    Transfer(msg.sender, receiver, amount);
    return true;
    }

    function getBalanceInEth(address addr) returns(uint){
        return ConvertLib.convert(getBalance(addr),2);
    }

    function getBalance(address addr) returns(uint) {
        return balances[addr];
    }
}
```

MetaCoin은 10k의 메타코인을 컨트랙트를 배포한 계좌 주소에 할당한다. 10k는 존재하는 비트코인의 총량이다. 이제 사용자는 sendCoin( ) 함수를 사용해 누구에게나 이 메타코인을 전송할 수 있고, 언제든지 getBalance( )를 사용해 계좌의 잔액을 확인할 수 있다. 하나의 메타코인이 두 개의 이더와 같다고 가정하면, getBalanceInEth( )를 사용해 이더 단위의 잔액을 얻을 수 있다.

ConvertLib 라이브러리는 메타코인들의 가치를 이더 단위로 계산하기 위해 사용된다. 이를 위해 convert( ) 메소드를 제공한다.

컨트랙트 컴파일

트러플에서 컨트랙트를 컴파일하면 abi 및 unlinked_binary 세트의 아티팩트 객체가 생성된다. 컴파일을 위해서는 다음 명령어를 실행한다.

```
truffle compile
```

트러플은 불필요한 컴파일을 피하고자 마지막 컴파일 시점으로부터 변경된 컨트랙트만 컴파일한다. 이 동작을 재정의하기 위해서는 앞 명령어를 -all 옵션과 함께 실행한다.

build/contracts 디렉터리에서 아티팩트를 찾을 수 있다. 필요하다면 이 파일을 자유롭게 수정할 수 있다. 이 파일들은 compile 및 migrate 명령어를 실행한 시점에 수정된다.

다음은 컴파일 전에 알아둬야 할 몇 가지 사항이다.

- 트러플은 컨트랙트 파일이 자신의 파일 이름과 정확하게 일치하는 컨트랙트를 정의할 것이라고 기대한다. 예를 들어 MyContract.sol이라는 파일이 있는 경우 contract MyContract{} 또는 library myContract{} 중 하나가 컨트랙트 파일 내에 반드시 있어야 한다.
- 파일 이름 매칭은 대소문자를 구별한다. 즉 파일 이름이 대문자로 돼 있지 않으면 컨트랙트 이름 또한 대문자가 아니어야 한다.
- 솔리디티의 import 명령어를 사용해 컨트랙트 의존성을 정의할 수 있다. 트러플은 정확한 순서대로 컨트랙트를 컴파일할 것이며, 필요한 경우 라이브러리를 자동으로 링크할 것이다. 의존성은 ./ 또는 ../로 시작하며 현재 솔리디티 파일에서 상대적 경로로 지정해야 한다.

 트러플 3.1.2 버전은 0.4.8 버전의 컴파일러를 사용한다. 트러플은 현재 컴파일러 버전을 변경하는 것을 지원하지 않으며 고정돼 있다.

설정 파일

truffle.js 파일은 프로젝트를 설정하기 위해 사용되는 자바스크립트 파일이다. 이 파일은 프로젝트를 위한 설정을 생성하는 데 필요하다면 어떠한 코드라도 수행할 수 있다. 이 파일은 프로젝트 설정을 나타내는 객체를 내보내기export해야 한다. 다음은 파일의 기본 내용이다.

```
module.exports = {
    networks: {
        development: {
            host: "localhost",
            port: 8545,
            network_id: "*" // 모든 네트워크 ID에 매칭
        }
    }
};
```

이 객체에 포함할 수 있는 속성은 다양하다. 하지만 가장 기본적인 것은 networks다. networks 속성은 각 네트워크 간에 상호작용할 때 특정 트랜잭션의 매개변수(gasPrice, from, gas 등)뿐 아니라 배포에 사용할 수 있는 네트워크를 지정한다. 기본 gasPrice는 100,000,000,000이고 gas는 4712388이며 from은 이더리움 클라이언트 내에서 첫 번째로 사용 가능한 컨트랙트다.

원하는 만큼 네트워크를 지정할 수 있다. 설정 파일을 다음과 같이 편집해보자.

```
module.exports = {
    networks: {
        development: {
            host: "localhost",
            port: 8545,
            network_id: "10"
        },
        live: {
            host: "localhost",
            port: 8545,
            network_id: "1"
        }
    }
};
```

위 코드에서는 development와 live라는 이름의 두 개 네트워크를 정의하고 있다.

> 윈도우에서 명령 프롬프트(Command Prompt)를 사용할 때 기본 설정 파일 이름은 트러플 실행 파일과의 충돌을 발생시킬 수 있다. 만약 충돌한다면, 윈도우 파워셸 또는 Git BASH를 사용하는 것을 권장한다. 또한 충돌을 피하고자 설정 파일의 이름을 truffle-config.js로 변경할 수 있다.

컨트랙트 배포

작은 프로젝트라도 적어도 두 개의 블록체인과 상호작용한다. 하나는 EthereumJS TestRPC와 같은 개발자의 컴퓨터며, 다른 하나는 개발자가 결국 애플리케이션을 최종적으로 배포할 네트워크(예를 들어 이더리움의 메인 네트워크가 될 수도 있고, 프라이빗 컨소시엄 네트워크일 수도 있음)를 나타낸다.

네트워크는 런타임에 컨트랙트 추상화에 의해 자동으로 탐지되므로, 애플리케이션 또는 프론트엔드를 한 번만 배포하면 된다는 것을 의미한다. 애플리케이션이 동작 중이면, 실행 중인 이더리움 클라이언트는 어떤 아티팩트를 사용할지 결정하므로 응용프로그램이 유연해진다.

컨트랙트를 이더리움 네트워크에 배포하기 위한 코드를 포함하고 있는 자바스크립트 파일을 마이그레이션^{migration}이라고 부른다. 이 파일들은 배포 작업 준비를 담당하고, 시간이 지남에 따라 배포에 대한 요구 조건이 변경되리라는 것을 가정해 작성된다. 프로젝트가 진화할수록 새로운 마이그레이션 스크립트를 생성해 블록체인 위에서 이러한 진화를 더욱 진전시킬 수 있다. 기존에 실행된 마이그레이션의 기록은 특별한 Migrations 컨트랙트를 통해 블록체인에 기록된다. contracts 및 build/contracts 디렉터리의 내용을 살펴봤다면, Migrations 컨트랙트가 해당 위치에 존재한다는 것을 알아차렸을 것이다. 이 컨트랙트는 항상 해당 위치에 있어야 하며, 정확히 알지 않는 한 건드려서는 안 된다.

마이그레이션 파일

Migrations 디렉터리 내의 파일 이름들에 숫자 형식의 접두사가 붙는다는 것을 알 수 있다. 즉 1_initial_migration.js와 2_deploy_contracts.js 파일을 찾을 수 있을 것이다. 이러한 숫자 접두사는 마이그레이션이 성공적으로 실행됐는지를 기록하는 데 필요하다.

Migrations 컨트랙트는 Migrations 폴더 내에서 마지막으로 적용된 마이그레이션 스크립트의 번호를 저장한다(last_completed_migration 내에). Migrations 컨트랙트는 항상 가장 먼저 배포된다. 번호 부여 방식은 x_script_name.js며 x는 1부터 시작한다. 여러분의 애플리케이션 컨트랙트는 일반적으로 2로 시작하는 스크립트로 제공된다.

따라서 이러한 Migrations 컨트랙트는 적용된 마지막 배포 스크립트의 번호를 저장하므로 트러플이 이 스크립트들을 다시 돌리지 않는다. 반면에 차후 애플리케이션에 수정이 필요하거나, 새로운 컨트랙트가 배포돼야 할 수 있다. 이를 위해서는 증가한 번호와 함께 새로운 스크립트를 생성하고 필요한 모든 절차를 기술해야 한다. 이 스크립트도 한 번 실행된 이후에는 다시 실행되지 않을 것이다.

마이그레이션 작성

마이그레이션 파일의 시작 부분에서는 artifacts.require( ) 메소드를 통해 상호작용하길 원하는 컨트랙트를 트러플에게 알려준다. 이 메소드는 Node의 require와 유사하지만, 여기서는 나머지 배포 스크립트 내에서 사용할 수 있는 컨트랙트 추상화를 리턴한다.

모든 마이그레이션은 module.exports 문법을 통해 함수를 내보내기해야 한다. 각 마이그레이션으로부터 내보내기된 함수는 첫 번째 인자로 deployer 객체를 받아들여야 한다. 이 객체는 스마트 컨트랙트를 배포하기 위한 명확한 API를 제공하고 배포된 아티팩트를 차후 사용을 위해 아티팩트 파일에 저장하거나 라이브러리를 링킹하는 등의 배포에 필요한 일상적인 업무를 수행함으로써 배포 작업을 지원한다. deployer 객체는 배포 작업 준비를 위한 주요 인터페이스다.

다음은 deployer 객체의 메소드들이다. 모든 메소드들은 동기식이다.

- deployer.deploy(contractAbstraction, args..., options): 컨트랙트 추상화 객체에 의해 지정된 특정 컨트랙트를 옵션 생성자 인자와 함께 배포한다. 싱글톤 컨트랙트의 경우 유용하므로 이 컨트랙트의 오직 하나의 인스턴스만 DApp을 위해 존재한다. 배포 이후 컨트랙트의 주소를 설정하고(즉, 아티팩트 내 address 속성은 새로 배포된 주소와 일치할 것이다.) 기존에 저장된 주소를 재정의한다. 다수의 컨트랙트 배포 속도를 높이기 위해 선택적으로 컨트랙트의 배열, 배열의 배열을 전달할 수 있다. 또한 마지막 인자는 overwrite라는 하나의 키를 포함할 수 있는 옵션 값이다. overwrite가 false로 설정되면, deployer는 이미 하나가 배포돼 있을 경우 배포하지 않을 것이다. 이 메소드는 프라미스를 리턴한다.
- deployer.link(library, destinations): 이미 배포된 라이브러리를 컨트랙트 또는 다수의 컨트랙트에 링크한다. destinations 인자는 하나의 컨트랙트 추상화 또는 다수의 컨트랙트 추상화의 배열일 수 있다. destination 내 어떤 컨트랙트도 링크된 라이브러리에 의존하지 않는 경우 deployer는 해당 컨트랙트를 무시한다. 이 메소드는 프라미스를 리턴한다.
- deployer.then(function(){}): 임의의 배포 절차를 실행하기 위해 사용된다. 이를 사용해 마이그레이션 중 컨트랙트 데이터를 추가, 편집, 재구성하기 위해 특별한 컨트랙트를 호출할 수 있다. 콜백 함수 내에서 컨트랙트를 배포하고 링크하기 위해서는 컨트랙트 추상화 API를 사용할 수 있다.

배포되는 네트워크에 따라 배포 절차를 조건부로 실행할 수도 있다. 배포 절차를 조건별로 준비하기 위해 network라고 불리는 두 번째 매개변수를 받아들이는 마이그레이션을 작성한다. 한 가지 사용 예시는 유명한 대다수 라이브러리는 이미 메인 네트워크에 배포돼 있다는 것이다. 따라서 이 네트워크들을 사용할 때 라이브러리를 재배포하지 않고 대신에 단순히 링크한다. 다음은 예제 코드다.

```
module.exports = function(deployer, network) {
    if (network != "live") {
        // 그렇지 않은 경우 다른 절차를 수행한다
    } else {
        // "live" 네트워크의 경우에는 특정 작업을 수행한다
    }
}
```

프로젝트 내에서 1_initial_migration.js와 2_deploy_contracts.js라는 두 개의 마이그레이션 파일을 찾을 수 있을 것이다. 첫 번째 파일은 정확히 모르는 경우 편집해서는 안 된다. 다른 파일에 대해서는 어떤 작업도 자유롭게 할 수 있다. 다음은 2_deploy_contracts.js 파일의 코드다.

```
var ConvertLib = artifacts.require("./ConvertLib.sol");
var MetaCoin = artifacts.require("./MetaCoin.sol");

module.exports = function(deployer) {
    deployer.deploy(ConvertLib);
    deployer.link(ConvertLib, MetaCoin);
    deployer.deploy(MetaCoin);
};
```

여기서 먼저 CovertLib 라이브러리 및 MetaCoin 컨트랙트를 위한 추상화를 생성했다. 어떤 네트워크가 사용되는지와 상관없이 CovertLib 라이브러리를 배포하고, 라이브러리를 MetaCoin 네트워크와 링크하고, 최종적으로 MetaCoin 네트워크를 배포한다.

마이그레이션을 실행하기 위해서는, 즉 컨트랙트를 배포하기 위해서는 다음 명령어를 실행한다.

```
truffle migrate --network development
```

여기서 트러플에게 마이그레이션을 개발 네트워크에서 실행하라고 알려주고 있다. 만약 --network 옵션을 제공하지 않으면 기본적으로 development라는 이름의 네트워크를 사용한다.

위 명령을 실행하면 트러플이 자동으로 CovertLib 라이브러리 및 아티팩트 파일 내의 MetaCoin 컨트랙트 주소를 업데이트하고, 링크를 업데이트하는 것을 알 수 있다.

다음은 migrate 하위 명령어에 제공할 수 있는 다른 중요한 옵션들이다.

- --reset: 마지막으로 완료된 마이그레이션부터 실행하는 대신 처음부터 모든 마이그레이션을 실행한다.
- --f number: 특정 마이그레이션으로부터 컨트랙트를 실행한다.

 다양한 네트워크에서의 프로젝트 컨트랙트 및 라이브러리의 주소를 truffle networks 명령어를 사용해 언제든지 찾을 수 있다.

단위 테스트 컨트랙트

단위 테스트unit test는 애플리케이션 테스트의 유형이다. 이는 애플리케이션에서 유닛이라고 불리는 가장 작은 테스트가 가능한 부분을 올바른 동작을 위해 개별적 및 독립적으로 검사하는 절차다. 단위 테스트는 수동으로 진행할 수 있으나 주로 자동화돼 있다.

트러플은 컨트랙트 테스트를 자동화하기 위해 기본적으로 단위 테스트 프레임워크를 포함하고 있다. 테스트 파일을 동작할 때는 클린 룸 환경을 제공한다. 즉, 모든 테스트 파일의 시작 부분에 모든 마이그레이션을 재실행해 테스트하기 위한 새로운 컨트랙트들을 가질 수 있게 한다.

트러플은 두 가지 서로 다른 방법으로 간단하면서 관리할 수 있는 테스트를 작성할 수 있게 한다. 자바스크립트에서는 앱 클라이언트로부터의 컨트랙트를 테스트하고, 솔리디티에서는 다른 컨트랙트로부터 컨트랙트를 테스트한다.

두 가지 형식의 테스트는 장단점이 있다. 테스트를 작성하는 두 방법을 모두 배워볼 것이다.

모든 테스트 파일은 ./test 내에 있어야 한다. 트러플은 .js, .es, .es6, .jsx, .sol의 확장자를 가진 테스트 파일만 실행할 것이다. 다른 모든 파일은 무시된다.

 자동화된 테스트를 실행할 때 ethereumjs-testrpc는 다른 클라이언트 대비 훨씬 빠르다. 게다가 testrpc는 트러플이 테스트 실행 속도를 거의 90%까지 올릴 수 있는 장점을 가질 수 있도록 특별한 기능을 포함하고 있다. 일반적인 흐름에서는 일반적인 개발 및 테스트 동안 testrpc를 쓰는 것을 권장하며, 라이브 또는 프로덕션 네트워크에 배포할 경우 go-ethereum 또는 다른 공식 이더리움 클라이언트에 대해 다시 한 번 테스트를 수행하는 것이 좋다.

자바스크립트 내에서 테스트 작성

트러플의 자바스크립트 테스트 프레임워크는 mocha 위에 구축돼 있다. mocha는 테스트 작성을 위한 자바스크립트 프레임워크며, chai는 단언문assertion 라이브러리다.

테스트 프레임워크는 테스트를 구성하고 실행하는 데 사용되며, 단언문 라이브러리는 결과가 올바른지 검증할 수 있는 유틸리티를 제공한다. 단언문 라이브러리는 코드 테스트를 쉽게 만들어주므로 수천 번의 if문을 수행할 필요가 없다. 대부분의 테스트 프레임워크에는 단언문 라이브러리가 포함돼 있지 않고, 사용자가 사용하길 원하는 것을 사용할 수 있도록 한다.

 더 나아가기 전에, mocha 및 chai를 사용해 테스트를 작성하는 법을 배워야 한다. mocha를 학습하기 위해서는 https://mochajs.org/를 방문하고 chai를 학습하기 위해서는 http://chaijs.com/를 방문하라.

테스트는 ./test 디렉터리 내에 있어야 하며 .js 확장자로 끝나야 한다. 컨트랙트 추상화는 자바스크립트로부터 컨트랙트 상호작용을 가능하게 하는 기초다.

트러플은 테스트 내에서 어떤 컨트랙트와 상호작용하는지 탐지할 방법이 없으므로, 이러한 컨트랙트를 명시적으로 요청해야 한다. 이는 `artifacts.require()` 메소드를 사용해 수행할 수 있다. 따라서 테스트 파일 내에서 첫 번째로 수행돼야 하는 작업은 테스트하길 원하는 컨트랙트의 추상화를 생성하는 것이다.

그런 다음, 실제 테스트 부분이 작성돼야 한다. 구조적으로 테스트 파일은 mocha의 테스트 파일로부터 크게 달라지지 않는다. 테스트 파일은 mocha가 자동화된 테스트로 인식할 수 있도록 코드가 포함돼 있어야 한다. mocha와 트러플 테스트의 차이점은 `contract()` 함수다. 이 함수는 트러플에게 모든 마이그레이션을 실행하도록 시그널을 보내는 것을 제외하고는 `describe()`와 같은 방식으로 동작한다. `contract()` 함수는 다음과 같이 동작한다.

- 각 `contract()` 함수가 실행되기 전에, 컨트랙트는 실행 중인 이더리움 노드에 재배포되므로 깨끗한 컨트랙트 상태에서 테스트가 실행된다.
- `contract()` 함수는 테스트 작성 시에 사용할 수 있도록 이더리움 노드로부터 사용 가능한 계좌의 목록을 제공한다.

 트러플이 mocha를 사용하므로, 트러플의 기능이 불필요한 경우 describe()를 사용해 일반적인 mocha 테스트를 실행할 수 있다.

다음은 `MetaCoin` 컨트랙트를 테스트하기 위해 트러플로부터 생성된 기본 테스트 코드다. 다음 코드를 metacoin.js 파일에서 찾을 수 있다.

```javascript
// 구체적으로 MetaCoin.sol을 위한 추상화 요청
var MetaCoin = artifacts.require("./MetaCoin.sol");

contract('MetaCoin', function(accounts) {
    it("should put 10000 MetaCoin in the first account", function() {
        return MetaCoin.deployed().then(function(instance) {
            return instance.getBalance.call(accounts[0]);
        }).then(function(balance) {
            assert.equal(balance.valueOf(), 10000, "10000 wasn't in the first
account ");
        });
    });
    it("should send coin correctly", function() {
        var meta;
        // 첫 번째, 두 번째 계좌의 초기 잔액을 가져옴
        var account_one = accounts[0];
        var account_two = accounts[1];

        var account_one_starting_balance;
        var account_two_starting_balance;
        var account_one_ending_balance;
        var account_two_ending_balance;

        var amount = 10;

        return MetaCoin.deployed().then(function(instance) {
            meta = instance;
            return meta.getBalance.call(account_one);
        }).then(function(balance) {
            account_one_starting_balance = balance.toNumber();
            return meta.getBalance.call(account_two);
        }).then(function(balance) {
            account_two_starting_balance = balance.toNumber();
            return meta.sendCoin(account_two, amount, {
                from: account_one
            });
        }).then(function() {
            return meta.getBalance.call(account_one);
```

```
        }).then(function(balance) {
            account_one_ending_balance = balance.toNumber();
            return meta.getBalance.call(account_two);
        }).then(function(balance) {
            account_two_ending_balance = balance.toNumber();
            assert.equal(account_one_ending_balance, account_one_starting_balance
- amount, "Amount wasn't correctly taken from the sender");
            assert.equal(account_two_ending_balance, account_two_starting_balance
+ amount, "Amount wasn't correctly sent to the receiver");
        });
    });
});
```

위 코드에서 모든 컨트랙트 상호작용 코드는 truffle-contract 라이브러리를 사용해 작성된 것을 알 수 있다. 위 코드는 직관적이다.

마지막으로, 트러플은 mocha의 설정에 접근할 수 있으므로 mocha가 동작하는 방식을 변경할 수 있다. mocha의 설정은 truffle.js 파일의 내보낸 객체 내의 mocha 속성 하위에 있다. 예를 들어 다음을 살펴보자.

```
mocha: {
    useColors: true
}
```

솔리디티로 테스트 작성

솔리디티 테스트 코드는 .sol에 저장된다. 솔리디티를 사용해 테스트를 작성하기 전에 솔리디티 테스트에 대해 알아야 하는 사항은 다음과 같다.

- 솔리디티 테스트는 어떠한 컨트랙트로부터도 확장extend돼서는 안 된다. 이는 테스트를 가능한 한 최소화해서 만들어주고, 작성한 컨트랙트에 대한 완전한 제어를 제공해준다.

- 트러플은 기본 단언문 라이브러리를 제공하지만, 필요한 경우 언제든지 이 라이브러리를 변경할 수 있다.

- 어떤 이더리움 클라이언트에 대해서도 솔리디티 테스트를 실행할 수 있어야 한다.

솔리디티 내에서 테스트를 작성하는 방법을 배우려면 트러플에 의해 생성된 기본 솔리디디 테스트 코드를 살펴보자. 이 코드는 TestMetacoin.sol 파일에서 찾을 수 있다.

```Solidity
pragma Solidity ^0.4.2;

import "truffle/Assert.sol";
import "truffle/DeployedAddresses.sol";
import "../contracts/MetaCoin.sol";

contract TestMetacoin {
    function testInitialBalanceUsingDeployedContract() {
        MetaCoin meta = MetaCoin(DeployedAddresses.MetaCoin());

        uint expected = 10000;

        Assert.equal(meta.getBalance(tx.origin), expected, "Owner should have
        10000 MetaCoin initially");
    }

    function testInitialBalanceWithNewMetaCoin() {
        MetaCoin meta = new MetaCoin();

        uint expected = 10000;

        Assert.equal(meta.getBalance(tx.origin), expected, "Owner should have
        10000 MetaCoin initially");
    }
}
```

위 코드는 다음과 같이 동작한다.

- Assert.equal( )과 같은 단언문 함수는 truffle/Assert.sol에서 제공된다. 이는 기본 단언문 라이브러리나 올바른 단언문 이벤트를 트리거함으로써 트러플의 테스트 러너와 느슨하게 통합되는 한 자신의 단언문 라이브러리를 포함할 수 있다. 단언문 함수는 트러플에 의해 캐치되는 이벤트를 실행하며 정보가 표시된다. 이는 트러플 내에서 솔리디티 단언문 라이브러리의 구조다. 모든 사용 가능한 단언문 함수는 Assert.sol에서 찾을 수 있다(https://github.com/ConsenSys/truffle/blob/beta/lib/testing/Assert.sol).

- 임포트 경로 내에서 truffle/Assert.sol, truffle은 패키지명이다. 패키지에 대해서는 나중에 자세히 설명할 것이다.

- 배포된 컨트랙트의 주소(즉, 마이그레이션의 일부로 배포된 컨트랙트)는 truffle/DeployedAddresses.sol 라이브러리를 통해 사용할 수 있다. 이는 트러플에 의해 제공되며 각 테스트 스위트가 실행되기 전에 재컴파일되고 재링크된다. 이 라이브러리는 DeployedAddresses.<contract name>( )의 형태로 모든 배포된 컨트랙트에 대한 함수를 제공한다. 이는 컨트랙트에 접속하기 위해 사용할 수 있는 주소를 리턴한다.

- 배포된 컨트랙트를 사용하기 위해서는 테스트 스위트 내에 컨트랙트 코드를 임포트해야 한다. 앞의 예제에서 import "../contracts/MetaCoin.sol"; 부분이다. 이 임포트는 ./test 디렉터리에 있는 테스트 컨트랙트에서 상대 경로며, MetaCoin 컨트랙트를 찾기 위해서는 테스트 디렉터리의 외부로 가고 있다. 그리고 컨트랙트를 사용해 MetaCoin 유형의 주소로 변환한다.

- 모든 테스트 컨트랙트는 대문자 T를 사용한 Test로 시작해야 한다. 이는 이 컨트랙트를 테스트 헬퍼와 프로젝트 컨트랙트(테스트되고 있는 컨트랙트)와 구별해주며, 테스트 헬퍼가 테스트 스위트를 나타내는 컨트랙트를 알 수 있도록 한다.

- 테스트 컨트랙트 이름과 유사하게, 모든 테스트 함수는 소문자 test로 시작해야 한다. 각 테스트 함수는 테스트 파일(예를 들어 자바스크립트 테스트) 내에 나타나는

순서에 따라 하나의 트랜잭션으로 실행된다. truffle/Assert.sol에 의해 제공되는 단언문 함수는 테스트 러너가 테스트의 결과를 결정하기 위해 평가하는 이벤트를 트리거한다. 단언문 함수는 단언문의 결과를 나타내는 부울 값을 리턴한다. 이 부울은 실행 오류를 방지(즉 testrpc에서 표출되는 오류)하기 위해 테스트로부터 빠르게 리턴하는 데 사용될 수 있다.

- 다음 예제에 보이는 것처럼 많은 테스트 훅이 제공된다. 이 훅들은 beforeAll, beforeEach, afterAll, afterEach며 자바스크립트 테스트 내의 mocha에서 제공되는 훅과 같다. 이 훅들을 각 테스트 전후와 각 스위트가 실행된 전후 설정 및 해제를 수행하기 위해 사용할 수 있다. 테스트 함수와 같이 각 훅은 하나의 트랜잭션으로 실행된다. 일부 복잡한 테스트는 하나의 트랜잭션의 가스 한도를 초과할 수 있는 상당한 양의 설정이 수행돼야 하며, 다음 예제와 같이 서로 다른 접미사를 가진 다수의 훅을 생성해 이 한도를 회피할 수 있다.

```
import "truffle/Assert.sol";

contract TestHooks {
    uint someValue;

    function beforeEach() {
        someValue = 5;
    }

    function beforeEachAgain() {
        someValue += 1;
    }
    function testSomeValueIsSix() {
        uint expected = 6;
        Assert.equal(someValue, expected, "someValue should have been 6");
    }
}
```

또한 이 테스트 컨트랙트는 test 함수와 hook 함수가 모두 같은 컨트랙트 상태를 공유함을 보여준다. 테스트 전에 컨트랙트 데이터를 설정할 수 있으며, 해당 데이터를 테스트 과정에서 사용하고 다음 테스트를 준비하기 위해 재설정한다. 자바스크립트 테스트와 마찬가지로 다음 테스트 함수는 이전 테스트 함수가 실행됐던 상태에서 계속 진행된다.

 트러플은 컨트랙트가 예외를 발생시켜야 하는지 테스트할 수 있는 직접적인 방법을 제공하지 않는다(즉, 컨트랙트가 예상되는 오류의 경우를 알릴 수 있도록 예외를 발생시키는 경우). 하지만 변칙적인 방법이 있으며 http://truffleframework.com/tutorials/testing-for-throws-in-Solidity-tests에서 확인할 수 있다.

테스트 컨트랙트에 이더 송금

솔리디티 테스트 컨트랙트에 이더를 송금하려면, 컨트랙트 내에 initialBalance라고 불리는 uint를 리턴하는 퍼블릭 함수를 가지고 있어야 한다. 이는 함수 또는 공용 변수로 직접 작성될 수 있다. 테스트 컨트랙트가 네트워크에 배포될 때, 트러플은 테스트 계좌로부터 테스트 컨트랙트로 해당 양의 이더를 전송한다. 이후 테스트 컨트랙트는 해당 이더를 테스트 중인 컨트랙트 내에서 상호작용하도록 스크립트를 작성할 수 있다. initialBalance는 옵션이며 필수는 아니다. 예를 들어 다음 코드를 살펴보자.

```
import "truffle/Assert.sol";
import "truffle/DeployedAddresses.sol";
import "../contracts/MyContract.sol";

contract TestContract {
    // 트러플은 컨트랙트를 배포한 이후 TestContract에게 1이더를 전송할 것이다
    public uint initialBalance = 1 ether;

    function testInitialBalanceUsingDeployedContract() {
        MyContract myContract = MyContract(DeployedAddresses.MyContract());
```

```
        // myContract에게 전송하는 액션을 수행한다. 그리고 단언한다
        myContract.send(...);
    }
    function () {
    // 이더가 전송될 때는 실행되지 않을 것이다
  }
}
```

 트러플은 폴백 함수를 실행하지 않는 방식으로 테스트 컨트랙트에 이더를 전송한다. 따라서 고급 테스트를 위해 솔리디티 테스트 내에서 폴백 함수를 여전히 사용할 수 있다.

테스트 실행

테스트 스크립트 실행을 위해서는 다음 명령어를 실행하면 된다.

truffle test

또는 실행하길 원하는 특정 파일의 경로를 지정할 수도 있다. 예를 들어 다음을 살펴보자.

truffle test ./path/to/test/file.js

패키지 관리

트러플 패키지는 스마트 컨트랙트 및 아티팩트의 집합이다. 패키지는 0개 이상의 패키지에 의존할 수 있으며 패키지의 스마트 컨트랙트와 아티팩트를 사용한다. 프로젝트 내에서 패키지를 사용할 때 패키지의 컨트랙트 및 아티팩트를 사용하는 곳이 프로젝트의 컨트랙트 내부와 프로젝트의 자바스크립트 코드 내부(마이그레이션 및 테스트) 이렇게 두 곳 있다는 것이 중요하다.

트러플로 생성된 프로젝트는 패키지로 사용할 수 있도록 기본적으로 특별한 레이아웃을 가지고 있다. 트러플 패키지 내의 가장 중요한 디렉터리는 다음과 같다.

- /contracts
- /build/contracts (트러플에 의해 생성됨)

첫 번째 디렉터리는 컨트랙트를 위한 디렉터리며 원시 솔리디티 컨트랙트를 포함한다. 두 번째 디렉터리는 /build/contracts며 .json 파일 형식으로 빌드 아티팩트를 저장한다.

트러플은 npm 및 ethpm 패키지라는 두 가지 유형의 패키지 빌드를 지원한다. npm 패키지가 무엇인지 알아보기 전에 ethpm 패키지가 무엇인지 먼저 살펴보자. ethpm은 이더리움을 위한 패키지 레지스트리다. ethpm 패키지는 https://www.ethpm.com 에서 찾을 수 있다. 스마트 컨트랙트 게시 및 사용에 관한 ERC190 사양을 따른다(https://github.com/ethereum/EIPs/issues/190).

NPM을 통한 패키지 관리

트러플은 기본적으로 npm 통합 기능을 제공하며 프로젝트 내에서 node_modules 디렉터리가 존재하는 경우 이를 인식한다. 이는 컨트랙트 및 라이브러리를 npm을 통해 사용하거나 배포할 수 있으므로, 다른 사람들이 여러분의 코드를 사용할 수 있고 다른 사람의 코드를 사용할 수도 있다는 것을 의미한다. 또한 프로젝트 내에 package.json 파일을 가질 수 있다. 프로젝트 내에 어떠한 npm 패키지라도 간단히 설치할 수 있고 어떤 자바스크립트 파일에서도 임포트할 수 있지만, 앞에서 언급한 두 개의 디렉터리를 포함하는 경우에만 트러플 패키지라고 불린다. 트러플 프로젝트 내에서 npm 패키지를 설치하는 것은 다른 Node.js 앱에서 npm 패키지를 설치하는 것과 같다.

EthPM을 통한 패키지 관리

EthPM 패키지를 설치할 때 installed_contracts 디렉터리가 존재하지 않는다면 생성된다. 이 디렉터리는 node_modules 디렉터리와 유사한 방식으로 처리될 수 있다.

EthPM으로부터 패키지를 설치하는 것은 NPM을 통해 패키지를 설치하는 것만큼 쉽다. 단순히 다음 명령어를 실행하면 된다.

```
truffle install <패키지명>
```

또한 특정 버전의 패키지를 설치할 수도 있다.

```
truffle install <패키지명>@<버전>
```

NPM과 마찬가지로 EthPM 버전도 semver를 따른다. 프로젝트에서 npm 패키지의 package.json과 유사하게 ethpm.json 파일을 정의할 수도 있다. ethpm.json 파일에 나열된 모든 의존성을 설치하기 위해서는 다음 명령어를 실행하면 된다.

```
truffle install
```

ethpm.json의 예시는 다음과 같다.

```
{
    "package_name": "adder",
    "version": "0.0.3",
    "description": "Simple contract to add two numbers",
    "authors": [
        "Tim Coulter <tim.coulter@consensys.net>"
    ],
    "keywords": [
        "ethereum",
```

```
        "addition"
    ],
    "dependencies": {
        "owned": "^0.0.1"
    },
    "license": "MIT"
}
```

 트러플을 위한 npm 패키지를 생성하고 게시하는 방법은 다른 npm 패키지와 같다. ethpm 패키지를 생성하고 게시하는 방법에 대해 학습하기 위해서는 http://truffleframework. com/docs/getting_started/packages-ethpm# publishing-your-own-package 를 방문하면 된다. 패키지를 npm 패키지 또는 ethpm 패키지로 게시하는 것에 관계없이, truffle networks -clean 명령어를 실행해야 한다. 이 명령어가 실행되면 설정 파일 내의 * 와일드카드 문자와 매칭되는 모든 네트워크 ID의 아티팩트를 삭제한다. 이 네트워크들은 대부분 개발 목적의 프라이빗이다. 따라서 이 주소들은 이 패키지를 사용하는 다른 프로젝트에서는 유효하지 않다. 정확히 아는 경우를 제외하고는 이 명령어를 수행하는 것을 생략해서는 안 된다. 상수로 나열된 프라이빗 네트워크의 아티팩트는 지울 수 없으므로 수동으로 지워야 한다.

컨트랙트 내에서 패키지의 컨트랙트 사용

여러분의 컨트랙트 내에서 패키지의 컨트랙트를 사용하는 것은 솔리디티의 import 구문만큼이나 간단하다. 임포트 경로가 명시적으로 상대 또는 절대 경로가 아닌 경우, 트러플에게 특정 이름의 패키지로부터 파일을 찾고 있다고 알려준다. example-truffle-library를 사용한 다음 예시를 살펴보자(https://github.com/ConsenSys/example-truffle-library).

```
import "example-truffle-library/contracts/SimpleNameRegistry.sol";
```

경로가 ./로 시작하지 않으므로 트러플은 프로젝트의 node_modules 디렉터리 또는 installed_contracts에서 example-truffle-library 폴더를 검색한다. 그곳에서 요청한 컨트랙트를 제공하는 경로를 해석할 수 있다.

자바스크립트 코드 내에서 패키지의 아티팩트 사용

자바스크립트 코드 내에서 패키지의 아티팩트와 상호작용하기 위해서는 패키지의 .json 파일이 필요하며 truffle-contract를 사용해 사용 가능한 추상화 상태로 변환하면 된다.

```
var contract = require("truffle-contract");
var data = require("example-trufflelibrary/
build/contracts/SimpleNameRegistry.json");
var SimpleNameRegistry = contract(data);
```

솔리디티 내에서 패키지 컨트랙트의 배포된 주소 접근

때때로, 이미 배포된 패키지의 컨트랙트와 상호작용하길 원하는 경우도 있을 것이다. 배포된 주소가 패키지의 .json 파일 내에 있으므로 솔리디티 코드는 직접 이 파일들의 콘텐츠를 읽을 수 없다. 따라서 솔리디티 코드가 .json 파일들에 접근할 수 있도록 만들어주기 위해서는 솔리디티 코드 내에서 함수를 정의해 의존하는 컨트랙트 주소를 설정하고, 컨트랙트가 배포된 이후 자바스크립트를 이용해 이 함수를 호출함으로써 의존 컨트랙트 주소를 설정한다.

따라서 다음과 같이 컨트랙트 코드를 정의할 수 있다.

```
import "example-truffle-library/contracts/SimpleNameRegistry.sol";

contract MyContract {
    SimpleNameRegistry registry;
    address public owner;

    function MyContract {
        owner = msg.sender;
    }
```

```
    // 패키지로부터 배포된 레지스트리를 사용하는 간단한 예제
    function getModule(bytes32 name) returns (address) {
        return registry.names(name);
    }

    // 소유자인 경우 레지스트리를 설정함
    function setRegistry(address addr) {
        if (msg.sender != owner) throw;
        registry = SimpleNameRegistry(addr);
    }
}
```

다음과 같이 마이그레이션해야 한다.

```
var SimpleNameRegistry = artifacts.require("example-trufflelibrary/
contracts/SimpleNameRegistry.sol");

module.exports = function(deployer) {
    // 컨트랙트를 배포하고 나서 레지스트리의 주소를 설정한다
    deployer.deploy(MyContract).then(function() {
        return MyContract.deployed();
    }).then(function(deployed) {
        return deployed.setRegistry(SimpleNameRegistry.address);
    });
};
```

트러플 콘솔 사용

때로는 테스트 및 디버깅 목적을 위해 컨트랙트와 인터랙티브 방식으로 작업하거나, 수동
으로 트랜잭션을 실행하는 것이 효과적이다. 트러플에서는 대화형 콘솔을 통해 손쉽게 컨
트랙트를 사용 가능하도록 준비할 수 있다.

콘솔을 열기 위해서는 다음 명령어를 실행하면 된다.

```
truffle console
```

콘솔은 프로젝트 설정 파일 기반으로 이더리움 노드에 연결한다. 위 명령어는 --network 옵션을 통해 연결할 특정 노드를 지정할 수도 있다.

콘솔의 기능은 다음과 같다.

- 명령어를 콘솔에서 실행할 수 있다. 예를 들어 콘솔에 migrate reset이라고 입력하면 콘솔 외부에서 truffle migrate –reset을 실행한 것과 동일하게 해석된다.
- 모든 컴파일된 컨트랙트는 사용할 준비가 돼 있다.
- 각 명령어 이후(예를 들어 migrate --reset) 컨트랙트가 다시 프로비저닝되므로, 새롭게 배포된 주소와 바이너리를 즉시 사용할 수 있다.
- web3 객체를 사용 가능하며 여러분의 이더리움 노드에 연결되도록 설정돼 있다.
- 프라미스를 리턴하는 모든 명령어는 자동으로 해석되며, 결과는 출력되므로 간단한 명령어의 경우 .then()을 사용할 필요가 없다. 예를 들어 다음과 같이 코드를 작성할 수 있다.

```
MyContract.at("0xabcd...").getValue.call();
```

트러플 컨텍스트 내에서 외부 스크립트 실행

때로는 여러분의 컨트랙트와 상호작용하는 외부 스크립트를 실행하길 원할 것이다. 트러플은 이를 쉽게 하는 방법을 제공한다. 선호하는 네트워크 기반으로 컨트랙트를 부트스트랩하고, 프로젝트 설정에 따라 이더리움 노드에 자동으로 연결한다.

외부 스크립트를 실행하기 위해서는 다음 명령어를 실행한다.

```
truffle exec <path/to/file.js>
```

외부 스크립트를 올바르게 실행하기 위해 트러플은 callback이라는 하나의 매개변수를 받아들이는 함수를 익스포트exportᵉˣᵖᵒʳᵗ할 것을 기대한다. 스크립트가 종료될 때 callback을 호출하는 한, 스크립트 내에 어떠한 작업이라도 할 수 있다. callback은 첫 번째이자 유일한 매개변수로 오류를 받아들인다. 만약 오류가 제공되면, 실행은 멈추고 프로세스는 0이 아닌 종료 코드exit codeᵉˣⁱᵗ ᶜᵒᵈᵉ를 리턴할 것이다.

다음은 반드시 따라야 하는 외부 스크립트의 구조다.

```
module.exports = function(callback) {
    // 액션 수행
    callback();
}
```

트러플 빌드 파이프라인

이제 트러플을 사용해 스마트 컨트랙트를 컴파일하고 배포하고 테스트하는 방법을 배웠으므로 알트코인의 클라이언트를 빌드할 시점이다. 트러플을 사용해 클라이언트를 빌드하는 방법을 배워보기 전에, 이더리움 노드 외부에 저장된 계좌를 사용해 트랜잭션을 서명할 수 없다는 것을 알고 있어야 한다. 즉, sendRawTransaction과 유사한 무언가가 없으며, 그 이유는 truffle-contract와 같다.

트러플을 사용해 클라이언트를 빌드하는 것은 먼저 클라이언트 소스 코드 내에 트러플의 아티팩트를 병합하고, 클라이언트의 소스 코드를 배포할 수 있게 준비하는 것이다.

클라이언트를 빌드하려면 다음 명령어를 실행해야 한다.

---

truffle build

이 명령어를 실행하면, 트러플이 프로젝트 설정 파일 내 빌드 속성을 검사해 클라이언트 빌드 방법을 검사할 것이다.

외부 명령어 실행

명령행 툴은 클라이언트를 빌드하기 위해 사용될 수 있다. 만약 빌드 속성이 문자열이면, 트러플은 우리가 클라이언트를 빌드하는 명령어를 원한다고 가정하고 문자열을 명령어로 실행한다. 이 명령어는 트러플과 병합하기 위한 환경 변수를 제공한다.

설정 코드와 유사한 코드를 사용해 트러플이 클라이언트를 빌드하기 위한 명령행 툴을 실행하도록 할 수 있다.

```
module.exports = {
    // 이 코드는 webpack 명령어를 각 빌드마다 실행할 것이다
    //
    // 다음과 같은 환경 변수가 명령어를 실행할 때 설정될 것이다
    // WORKING_DIRECTORY: 프로젝트의 루트 위치
    // BUILD_DESTINATION_DIRECTORY: 트러플이 빌드된 자산을 기대하는 디렉터리
    // BUILD_CONTRACTS_DIRECTORY: 빌드된 컨트랙트 파일의 루트 위치
    (.sol.js)
    //
    build: "webpack"
}
```

사용자 정의 함수 실행

자바스크립트 함수도 클라이언트를 빌드하는 데 사용될 수 있다. 빌드 속성이 함수^{function}인 경우, 트러플은 클라이언트 빌드를 원할 때마다 해당 함수를 실행한다. 이 함수에는 트러플과 통합할 프로젝트에 대한 많은 정보가 제공된다.

유사한 설정 코드를 사용해 클라이언트를 빌드하기 위한 함수를 트러플이 실행하도록 할 수 있다.

```
module.exports = {
    build: function(options, callback) {
    // 빌드가 필요한 경우 수행할 작업. options는 다음과 같은 값을 포함한다
    //
    // working_directory: 프로젝트의 루트 디렉터리
    // contracts_directory: .sol 파일들의 루트 디렉터리
    // destination_directory: 트러플이 빌드된 자산을 기대하는 디렉터리(truffle serve를 위해 중요)
    }
}
```

 여기에 있는 것과 같이 build 메소드를 포함한 객체를 만들 수도 있다. 이는 클라이언트를 빌드하기 위한 패키지를 게시하고자 하는 사람들에게 유용하다.

트러플 기본 빌더

트러플은 트러플 기본 빌더로 불리는 truffle-default-builder npm 패키지를 제공한다. 이 빌더는 앞에서 언급한 메소드와 동일하게 동작하는 빌드 메소드를 가진 객체를 익스포트한다.

기본 빌더는 DApp의 웹 클라이언트를 빌드하기 위해 사용될 수 있으며, 서버는 오직 정적인 파일만 제공하고 모든 기능은 프론트엔드에 있다.

기본 빌더의 사용 방법을 배워보기 전에, 먼저 다음 명령어를 이용해 설치하면 된다.

```
npm install truffle-default-builder --save
```

이제 설정 파일을 다음과 같이 바꿔보자.

```
var DefaultBuilder = require("truffle-default-builder");
    module.exports = {
    networks: {
    development: {
        host: "localhost",
        port: 8545,
        network_id: "10"
    },
    live: {
        host: "localhost",
        port: 8545,
        network_id: "1"
    }
    },
    build: new DefaultBuilder({
        "index.html": "index.html",
        "app.js": [
        "javascripts/index.js"
    ],
    "bootstrap.min.css": "stylesheets/bootstrap.min.css"
    })
};
```

기본 빌더를 사용하면 원하는 대로 클라이언트의 파일 및 폴더를 구성할 수 있다.

설정 파일은 대상(왼쪽)과 대상 콘텐츠를 구성하는 파일(오른쪽), 폴더, 파일의 배열을 설명한다. 각 대상은 오른쪽에 있는 파일들을 파일 확장자에 기반해 처리하고 생성된다.

여기서 오른쪽에 배열 대신 지정된 문자열은 필요한 경우 처리될 것이며, 직접 복사될 것이다. 만약 문자열이 "/"로 끝나면 디렉터리로 간주하고, 디렉터리는 추가적인 처리 없이 복사될 것이다.

오른쪽에 지정된 모든 경로는 app/ 디렉터리에 대한 상대 경로다. 이 설정 파일 및 디렉터리 구조는 언제든지 바꿀 수 있다. 예를 들어 javascripts와 stylesheets 디렉터리가 필요 없다면 이에 맞게 설정 파일을 편집해야 한다.

 기본 빌더가 웹 애플리케이션의 프론트엔드와 트러플을 통합하길 원하는 경우, 코드에 추가할 수 있는 기본 빌더인 app.js가 있어야 한다. 다른 파일 이름으로는 트러플과 통합되지 않을 것이다.

기본 빌더의 기능은 다음과 같다.

- 컴파일된 컨트랙트 아티팩트, 배포된 컨트랙트 정보, 클라이언트 소스 코드 내의 이더리움 노드 설정을 자동으로 임포트
- web3 및 truffle-contract를 포함해 권장되는 의존성을 포함
- ES6 및 JSX 파일 컴파일
- SASS 파일 컴파일
- 자산 파일 축소

contracts 디렉터리, app 디렉터리, 설정 파일의 변화를 감시하는 truffle watch 명령어를 사용할 수도 있다. 만약 변경 사항이 있는 경우 컨트랙트를 재컴파일하고, 새로운 아티팩트 파일을 생성하고, 클라이언트를 다시 빌드한다. 하지만 마이그레이션과 테스트를 실행하지 않는다.

클라이언트 빌드

이제 DApp의 클라이언트를 작성하고 트러플의 기본 빌더를 사용해 빌드해보자. 먼저, 이전에 설정한 구성에 따라 파일 및 디렉터리를 생성한다. app 디렉터리를 만들고 내부에 index.html 파일과 javascripts 및 styelsheets라는 두 개의 디렉터리를 생성한다. javascripts 디렉터리 내에 index.js라는 파일을 생성하고, stylesheets 디렉터리 내에 부트스트랩 4의 CSS 파일을 다운로드해서 넣는다. 부트스트랩 파일은 https://v4-alpha. getbootstrap.com/getting-started/download/#bootstrap-css-and-js에서 찾을 수 있다.

index.html 파일 내에 다음 코드를 넣으면 된다.

```html
<!doctype html>
<html>
    <head>
        <link rel="stylesheet" type="text/css" href="bootstrap.min.css">
    </head>
    <body>
        <div class="container">
            <div class="row">
                <div class="col-md-6">
                    <br>
                    <h2>Send Metacoins</h2>
                    <hr>
                    <form id="sendForm">
                        <div class="form-group">
                            <label for="fromAddress">Select Account Address</label>
                            <select class="form-control" id="fromAddress">
                            </select>
                        </div>
                        <div class="form-group">
                            <label for="amount">How much metacoin do you want to send?
                            </label>
                            <input type="text" class="form-control" id="amount">
                        </div>
```

```
                    <div class="form-group">
                        <label for="toAddress">Enter the address to which you want
to send matacoins</label>
                        <input type="text" class="form-control" id="toAddress"
                            placeholder="Prefixed with 0x">
                    </div>
                    <button type="submit" class="btn btn-primary">Submit</button>
                </form>
            </div>
            <div class="col-md-6">
                <br>
                <h2>Find Balance</h2>
                <hr>
                <form id="findBalanceForm">
                    <div class="form-group">
                        <label for="address">Select Account Address</label>
                        <select class="form-control" id="address">
                        </select>
                    </div>
                    <button type="submit" class="btn btn-primary">Check
                    Balance</button>
                </form>
            </div>
        </div>
    </div>
    <script type="text/javascript" src="/app.js"></script>
</body>
</html>
<!doctype html>
<html>
    <head>
        <link rel="stylesheet" type="text/css" href="bootstrap.min.css">
    </head>
    <body>
        <div class="container">
            <div class="row">
                <div class="col-md-6">
                    <br>
                    <h2>Send Metacoins</h2>
```

```html
<hr>
<form id="sendForm">
    <div class="form-group">
        <label for="fromAddress">Select Account
        Address</label>
        <select class="form-control" id="fromAddress">
        </select>
    </div>
    <div class="form-group">
        <label for="amount">How much metacoin you want
        to send?</label>
        <input type="text" class="form-control"
            id="amount">
    </div>
    <div class="form-group">
        <label for="toAddress">Enter the address to
        which you want to send matacoins</label>
        <input type="text" class="form-control"
            id="toAddress" placeholder="Prefixed with 0x">
    </div>
    <button type="submit" class="btn btnprimary">
    Submit</button>
</form>
</div>
<div class="col-md-6">
    <br>
    <h2>Find Balance</h2>
    <hr>
    <form id="findBalanceForm">
        <div class="form-group">
            <label for="address">Select Account
            Address</label>
            <select class="form-control" id="address">
            </select>
        </div>
        <button type="submit" class="btn btnprimary">
        Check Balance</button>
    </form>
</div>
```

```
        </div>
      </div>
      <script type="text/javascript" src="/app.js"></script>
    </body>
</html>
```

앞 코드에서 bootstrap.min.css와 app.js 파일을 로딩한다. 두 개의 폼이 있으며, 하나는 메타코인들을 다른 계좌로 전송하기 위한 것이고, 다른 하나는 계좌의 메타코인들 잔액을 확인하기 위함이다. 첫 번째 폼에서 사용자는 계좌를 선택하고 전송할 메타코인의 양과 전송할 주소를 입력한다. 두 번째 폼에서는 메타코인 잔액을 확인하고자 하는 계좌를 선택하기만 하면 된다.

index.js 파일 내에 다음 코드를 넣으면 된다.

```
window.addEventListener("load", function() {
    var accounts = web3.eth.accounts;
    var html = "";
    for (var count = 0; count < accounts.length; count++) {
        html = html + "<option>" + accounts[count] + "</option>";
    }
    document.getElementById("fromAddress").innerHTML = html;
    document.getElementById("address").innerHTML = html;
    MetaCoin.detectNetwork();
})

document.getElementById("sendForm").addEventListener("submit", function(e) {
    e.preventDefault();
    MetaCoin.deployed().then(function(instance) {
        return instance.sendCoin(document.getElementById("toAddress").value,
document.getElementById("amount").value, {
            from:
document.getElementById("fromAddress").options[document.getElementById
("fromAddress ").selectedIndex].value
        });
    }).then(function(result) {
```

```
        alert("Transaction mined successfully. Txn Hash: " + result.tx);
    }).catch(function(e) {
        alert("An error occured");
    })
})

document.getElementById("findBalanceForm").addEventListener("submit",
function(c) {
    e.preventDefault();
    MetaCoin.deployed().then(function(instance) {
        return
instance.getBalance.call(document.getElementById("address").value);
    }).then(function(result) {
        console.log(result);
        alert("Balance is: " + result.toString() + " metacoins");
    }).catch(function(e) {
        alert("An error occured");
    })
})
```

코드의 동작 방식은 다음과 같다.

1. truffle-default-builder는 __contracts__ global 객체 하위에 있는 아티팩트 객체를 사용할 수 있게 한다.

2. 또한 컨트랙트명과 동일한 변수명을 전역 변수로 해서 사용 가능한 모든 컨트랙트에 대해 컨트랙트 추상화를 사용할 수 있게 만든다.

3. 또한 이미 설정된 공급자를 통해 web3 객체를 제공한다. 컨트랙트 추상화를 위한 공급자 또한 설정한다. development라는 이름의 네트워크에 web3 객체를 연결하고, 만약 존재하지 않으면 기본값은 http://localhost:8545다.

4. 앞의 코드에서 먼저 페이지가 로드될 때까지 기다렸다가 로드되면, 연결된 노드의 모든 계좌 목록을 얻어 두 개의 폼에 표시한다. 그리고 MetaCoin 추상화의 detectNetwork() 메소드도 호출한다.

5. 두 개의 폼에 대해 submit 이벤트 핸들러를 설정한다. 해야 할 작업을 수행하며, 결과를 팝업으로 표시한다.

6. 첫 번째 폼이 제출되면, MetaCoin 컨트랙트의 배포된 인스턴스를 얻고 올바른 인자와 함께 sendCoin 메소드를 호출한다.

7. 두 번째 폼이 제출되면, 트랜잭션을 브로드캐스팅하는 대신 EVM 내에서 getBalance 메소드를 호출해 선택된 계좌의 잔액을 검색한다.

이제 트러플 빌드 명령어를 실행하면, 트러플이 build 디렉터리 내에 index.html, app.js, bootstrap.min.css 파일을 생성하고, 클라이언트의 최종 배포 코드를 해당 디렉터리에 저장한다.

트러플 서버

트러플은 내장된 웹 서버와 함께 제공된다. 이 웹 서버는 단순히 build 디렉터리 내의 파일을 올바른 MIME 형식으로 제공한다. 이외에는 다른 작업을 수행하도록 설정되지 않았다.

웹 서버를 실행하기 위해서는 다음 명령어를 실행하면 된다.

```
truffle serve
```

서버는 기본적으로 8080 포트에서 실행된다. 하지만 -p 옵션을 사용해 다른 포트 번호를 지정할 수도 있다.

트러플 와치와 유사하게 웹 서버 또한 contracts 디렉터리, app 디렉터리, 설정 파일의 변경을 감시한다. 만약 변경 사항이 있는 경우 컨트랙트를 재컴파일해 새로운 아티팩트 파일을 생성하고 클라이언트를 재빌드한다. 하지만 마이그레이션과 테스트는 수행하지 않는다.

트러플 기본 빌더는 최종 배포 가능한 코드를 build 디렉터리 내에 저장하므로 웹을 통해 파일을 제공하기 위해서는 단순히 truffle serve to를 실행하면 된다.

웹 클라이언트를 테스트해보자. http://localhost:8080을 방문하면 다음 스크린 캡처가 표시된다.

Select 박스 내의 계좌 주소는 여러분의 화면과 다를 것이다. 이제 컨트랙트를 배포할 때 컨트랙트는 컨트랙트를 배포한 주소로 모든 메타코인들을 할당한다. 여기서는 첫 번째 계좌가 10,000 메타코인의 잔액을 가질 것이다. 이제 5 메타코인을 첫 번째 계좌로부터 두 번째 계좌로 전송하기 위해 입력 후 Submit 버튼을 클릭한다. 다음 스크린 캡처와 유사한 화면이 나타날 것이다.

두 번째 폼의 Select 박스 내에서 두 번째 계정을 선택한 후 Check Balance 버튼을 눌러 두 번째 계정의 잔액을 확인해보자. 다음 스크린 캡처와 유사한 화면이 나타날 것이다.

▌요약

이 장에서는 트러플을 사용해 DApp 및 클라이언트를 빌드하는 방법을 깊이 있게 배워봤다. 트러플이 DApp을 작성하고, 컴파일하고, 배포하고, 테스트하는 것을 얼마나 쉽게 만들어주는지도 살펴봤다. 또한 소스 코드를 변경하지 않고, truffle-contract를 사용해 클라이언트에서 네트워크를 쉽게 전환하는 것도 살펴봤다. 이제 트러플을 사용해 엔터프라이즈 수준의 DApp을 개발할 준비가 돼 있을 것이다.

다음 장에서는 패리티를 이용해 컨소시엄 블록체인을 개발하는 방법을 살펴볼 것이다.

09

컨소시엄 블록체인 구축

컨소시엄(은행, 전자상거래 사이트, 정부 기관, 병원 등 여러 참가자의 연합)에서는 블록체인을 사용해 다수의 문제를 해결하고, 업무를 신속하면서도 저렴한 비용으로 처리할 수 있다. 블록체인이 어떻게 도움이 되는지는 파악했지만 이더리움을 통한 블록체인 구현이 모든 경우에 적합하지는 않다. 컨소시엄을 위해 특별히 구축된 블록체인 구현 방법(예를 들면 Hyperledger)이 있지만, 이 책 전반에 걸쳐 이더리움에 대해 다뤘기 때문에 이더리움으로 컨소시엄 블록체인을 구축하는 방법을 살펴볼 것이다.

기본적으로 패리티^{parity}를 사용해 컨소시엄 블록체인을 구축할 것이다. 예를 들면 J.P. 모건의 쿼럼^{quorum}과 같이 패리티의 다른 대안도 있지만, 이 책을 저술하는 시점에서는 다른 대안을 사용하는 기업이 없다. 반면에 패리티의 경우 등장하고 나서 어느 정도 시간이 지났으며 많은 기업에서 이미 사용하고 있으므로 여기서도 패리티를 사용할 것이다. 하지만 요구 사항에 따라 패리티가 최적의 솔루션은 아닐 수도 있으니 어떤 것을 사용할지 결정하기 전에 모든 다른 대안도 조사해봐야 한다.

이 장에서는 다음과 같은 주제를 다룰 것이다.

- 컨소시엄 블록체인을 위해 이더리움은 왜 적합하지 않은가?
- 패리티 노드가 무엇이며 기능은 무엇인가?
- 진위 증명 합의 프로토콜은 무엇이며 패리티가 지원하는 진위 증명 유형은 무엇인가?
- Aura 합의 프로토콜은 어떻게 동작하는가?
- 패리티 다운로드 및 설치
- 패리티를 사용해 컨소시엄 블록체인 구축

▌ 컨소시엄 블록체인은 무엇인가?

컨소시엄 블록체인이 무엇인지 이해하기 위해, 또는 컨소시엄에서 어떤 종류의 블록체인 구현이 필요한지 알기 위해 다음 예시를 살펴보자. 은행은 송금을 더욱 쉽고 빠르면서 저렴한 비용으로 처리하기 위해 블록체인을 구축하고 싶어 한다. 이 경우 필요한 항목들은 다음과 같다.

1. 속도: 거의 실시간으로 트랜잭션을 확인할 수 있는 블록체인 네트워크가 필요하다. 현재, 이더리움 블록체인 네트워크의 블록 시간은 12초며 클라이언트는 대개 트랜잭션을 확인하기 전에 몇 분을 기다린다.
2. 권한: 컨소시엄은 블록체인에 권한을 부여하길 원한다. 권한 자체는 여러 가지를 의미한다. 예를 들어 네트워크에 합류하기 위한 권한, 블록을 생성하기 위한 권한, 특정 트랜잭션을 전송하기 위해 권한 등을 포함할 수 있다.

3. 보안: 작업 증명^{PoW}의 경우 프라이빗 네트워크에서는 참여자가 제한돼 있어 보안성을 위해 필요한 해시 파워가 생산되지 않으므로 충분히 안전하지 않다. 따라서 블록체인을 안전하고 변조할 수 없는 상태로 만들 수 있는 합의 프로토콜이 필요하다.

4. 개인정보 보호: 네트워크는 프라이빗이지만, 네트워크 내부에 자체적으로 개인정보 보호의 필요성이 있다. 여기에는 두 가지 종류의 개인정보 보호가 있다.

5. 신원 정보 보호$^{identity\ privacy}$: 신원 정보 보호란 신원 정보를 추적할 수 없도록 만드는 것이다. 신원 정보 보호를 하기 위해 이전에 살펴본 해결책은 다수의 이더리움 계좌 주소를 사용하는 것이었다. 하지만 만약 다수의 이더리움 계좌가 사용되면 이러한 계좌들이 실제로 같은 사용자의 소유인지 알 방법이 없으므로 스마트 컨트랙트에서 소유권을 검증하는 데 실패하게 된다.

6. 데이터 정보 보호: 때때로 네트워크 내 모든 노드에게 정보가 보이는 것을 원치 않고 특정 노드에만 표시되길 원한다.

전반적으로 이 장에서는 이더리움 내에서 이러한 문제들을 해결하는 방법을 배워볼 것이다.

▌ 진위 증명 합의 프로토콜은 무엇인가?

진위 증명$^{PoA,\ Proof\ of\ Authority}$은 검증자들의 목록(물리적으로 보면 인증 기관)을 참조하는 방식으로 합의가 이뤄지는 방식의 블록체인 합의 메커니즘이다. 검증자는 합의에 참여하도록 허용된 계좌/노드의 집합이며 트랜잭션 및 블록을 검증한다.

작업 증명^{PoW} 및 지분 증명^{PoS}과는 달리 채굴 메커니즘은 포함돼 있지 않다. 다양한 유형의 진위 증명 프로토콜이 있으며, 실제 동작하는 방식에 따라 다양하다. Hyperledger와 리플은 진위 증명에 기반을 두고 있다. Hyperledger는 PBFT에 기반을 두고 있지만, 리플은 반복적인 절차를 사용한다.

▌ 패리티 소개

패리티[parity]는 정확성/검증성, 모듈화, 적은 공간 사용, 고성능을 위해 처음부터 디자인된 이더리움 노드다. Rust 프로그래밍 언어로 작성됐고 효율성을 중점으로 한 명령형/객체지향/함수형 하이브리드 언어며, 패리티 테크놀로지스[Parity Technologies]에 의해 전문적으로 개발됐다. 이 책을 저술하는 시점에서 패리티의 최신 버전은 1.7.0이며, 여기서는 이 버전을 사용할 것이다. 컨소시엄 블록체인을 구축하는 데 필요한 정도만 학습할 것이므로, 패리티에 대해 깊이 있는 학습을 원할 경우 공식 문서를 참조하면 된다.

web3 DApp 브라우저, 고급 계좌 관리 등과 같이 go-ethereum에 비해 훨씬 많은 기능을 포함하고 있지만, 무엇보다 특별한 것은 작업 증명[PoW]과 함께 진위 증명[PoA]을 지원한다는 것이다. 패리티는 현재 Aura 및 Tendermint PoA 프로토콜을 지원한다. 차후에는 더 많은 진위 증명[PoA] 프로토콜을 지원할 것이다. 현재 Tendermint는 개발 중이므로 패리티에서는 Tendermint 대신 Aura를 사용하는 것을 권장한다.

Aura는 훨씬 짧은 블록 시간 및 프라이빗 네트워크에서도 향상된 보안성을 제공하므로 작업 증명[PoW]과 비교할 때 승인이 필요한 블록체인을 위해 좀 더 적합한 솔루션이다.

Aura 동작 방식에 대한 이해

Aura 동작 방식을 개략적으로 살펴보자. Aura는 각 노드에 대해 동일한 검증자 목록이 지정돼야 한다. 이는 합의에 참여하는 계좌 주소들의 목록이다. 노드는 검증 노드일 수도 있고, 아닐 수도 있다. 검증 노드라고 하더라도 이 목록이 필요하며 자체적으로 합의에 도달할 수 있다.

이 목록은 검증자들의 목록이 동일하게 영원히 유지된다면 창조 파일 내의 정적인 목록 형태로 제공될 수 있고 스마트 컨트랙트로 제공되면 동적으로 업데이트될 수 있으며 모든 노드가 이를 인식할 수 있다. 또한 스마트 컨트랙트 내에서 누가 새로운 검증자를 추가할 수 있는지에 대한 다양한 전략을 설정할 수 있다.

블록 시간은 창조 파일 내에서 설정할 수 있다. 블록 시간을 결정하는 것은 여러분에게 달려 있다. 프라이빗 네트워크 내에서는 3초 정도로 낮춘 블록 시간도 정상적으로 동작한다. Aura에서는 3초마다 검증자 중 하나가 선정되며, 이 검증자는 블록의 생성, 검증, 서명, 브로드캐스팅을 담당한다. 실제 선택 알고리즘은 DApp 개발에 영향을 주지 않으므로 깊게 이해할 필요는 없다. 하지만 다음 검증자를 계산하기 위한 공식은 (UNIX_TIMESTAMP / BLOCK_TIME % NUMBER_OF_TOTAL_VALIDATORS)와 같다. 선택 알고리즘은 모두에게 기회를 공평하게 줄 수 있을 정도로 현명하다. 다른 노드가 블록을 수신하면 이 블록이 다음 유효한 검증자에서 온 블록이 맞는지 검사하고 아닐 경우 거부한다. 작업 증명^{PoW}과 달리 검증자가 블록을 생성하더라도 이더를 보상받지 않는다. Aura에서 트랜잭션이 없는 경우 비어있는 블록을 생성할 것인지 아닌지는 우리에게 달려 있다.

만약 유효성 검사 시 노드가 어떤 이유에서인지 다음 블록을 생성하고 브로드캐스팅하는 것을 실패할 경우 어떤 일이 발생하는지 궁금할 것이다. 이를 이해하기 위해 예를 들어보자. A가 다음 블록, 즉 다섯 번째 블록의 검증자라고 가정해보자. 그리고 B는 여섯 번째 블록의 검증자라고 가정해보자. 블록 시간을 5초라고 가정한다. 만약 A가 블록을 브로드캐스팅하는 것을 실패하면 5초 후에 B의 차례가 되며 블록은 브로드캐스팅된다. 따라서 실제로는 심각한 일이 벌어지지 않는다. 블록 타임스탬프는 이와 같은 상세 정보를 표시한다.

작업 증명^{PoW}에서 두 명의 채굴자가 동시에 채굴했을 때처럼 다수의 서로 다른 블록체인이 네트워크에 존재할 수 있는지 궁금할 것이다. 그렇다. 이와 같은 현상이 발생할 수 있는 경우의 수는 많다. 예시와 함께 이와 같은 현상이 일어날 수 있는 하나의 경우의 수와 네트워크가 자동으로 이를 해결하는 방법을 이해해보자. A, B, C, D, E라는 다섯 개의 검증자가 있다고 가정해보자. 블록 시간은 5초다. A가 먼저 선택돼 블록을 브로드캐스트했지만 D, E에는 어떤 이유로 인해 블록이 도달되지 않았다고 가정해보자. 따라서 그들은 A가 블록을 브로드캐스팅하지 못했다고 생각할 것이다. 이제 선택 알고리즘이 다음 블록을 생성하기 위해 B를 선택했다고 가정해보자. B는 A의 블록 위에 다음 블록을 생성해 모든 노드에게 브로드캐스팅할 것이다. D와 E는 이전 블록의 해시가 일치하지 않으므로 이를 거부할 것이다. 이 때문에 D와 E는 다른 체인을 형성할 것이며 A, B, C는 다른 체인을 형성할 것이다. A, B, C는 D와 E로부터의 블록을 거부할 것이며 D, E는 A, B, C로부터의 블록을 거부할 것이다. 이러한 문제는 A, B, C의 블록체인이 D, E의 블록체인보다 정확하므로 노드 사이에서 해결될 것이다. 따라서 D와 E는 자신의 블록체인 버전을 A, B, C의 블록체인으로 교체한다. 이러한 버전들의 블록체인 모두가 서로 다른 정확도 점수를 가지고 있을 것이며, 첫 번째 블록체인이 두 번째보다 더 많은 점수를 가질 것이다. B가 블록을 브로드캐스팅할 때 블록체인의 점수도 제공할 것이며, 이 점수가 더 높으므로 D와 E는 자신들의 블록체인을 B의 블록체인으로 교체할 것이다. 이러한 방식으로 충돌이 해결된다. 블록체인의 체인 점수는 (U128_max * BLOCK_NUMBER_OF_LATEST_BLOCK - (UNIX_TIMESTAMP_OF_LATEST_BLOCK / BLOCK_TIME))을 이용해 계산된다. 체인들은 먼저 길이에 의해(블록이 많을수록 높다.) 점수가 매겨진다. 길이가 같은 체인의 경우 마지막 블록이 오래된 것이 선택된다.

Aura에 대한 상세한 정보는 다음 링크에서 확인할 수 있다.

https://github.com/paritytech/parity/wiki/Aura

패리티 실행

패리티 빌드를 위해서는 Rust 버전 1.16.0이 필요하다. rustup을 통해 Rust를 설치하는 것을 권장한다.

Rust 설치

아직 rustup이 없다면 다음과 같은 방법으로 설치할 수 있다.

리눅스

리눅스 기반의 운영체제에서는 다음 명령어를 실행하라.

```
curl https://sh.rustup.rs -sSf | sh
```

패리티는 gcc, g++, libssl-dev/openssl, libudev-dev, pkg-config 패키지의 설치가 필요하다.

OS X

OS X에서는 다음 명령어를 실행하라.

```
curl https://sh.rustup.rs -sSf | sh
```

패리티는 clang도 필요하다. clang은 Xcode 명령행 도구 또는 Homebrew와 함께 설치될 수 있다.

윈도우

Visual Studio 2015가 C++ 지원 구성 요소와 함께 설치됐는지 확인하라. 다음으로 https://static.rust-lang.org/rustup/dist/x86_64-pc-windows-msvc/rustupinit. exe로부터 rustup 인스톨러를 다운로드하고 실행하라. 'VS2015 x64 Native Tools Command Prompt'를 시작한 후 다음 명령어를 통해 msvc 툴체인을 설치하고 구성한다.

```
rustup default stable-x86_64-pc-windows-msvc
```

패리티의 다운로드, 설치, 실행

OS에 Rust를 설치했다면 다음과 같이 간단한 한 줄의 명령어를 통해 패리티를 설치할 수 있다.

```
cargo install --git https://github.com/paritytech/parity.git parity[1]
```

패리티의 설치 여부를 확인하기 위해서는 다음 명령어를 실행하라.

```
parity --help
```

패리티가 성공적으로 설치됐다면 하위 명령어들과 옵션들의 목록을 확인할 수 있다.

프라이빗 네트워크 생성

이제 컨소시엄 블록체인을 설정할 차례다. 합의를 위해 aura를 사용하는 서로 연결된 두 개의 검증자를 생성할 것이다. 두 노드를 같은 컴퓨터에 설정할 것이다.

계정 생성

먼저 두 개의 셸 창을 연다. 첫 번째 창은 첫 번째 검증자용이며, 두 번째 창은 두 번째 검증자 용이다. 첫 번째 노드는 두 개의 계정을 포함할 것이며, 두 번째 노드는 한 개의 계정을 포함할 것이다. 첫 번째 노드의 두 번째 계정에 일정량의 초기 이더를 할당해 네트워크 내에 일정량의 이더가 존재하도록 한다.

첫 번째 셸에 다음 명령어를 두 번 입력한다.

---

1 소스 파일 컴파일이 아닌 바이너리 설치도 지원한다. 자세한 내용은 다음 링크에서 확인할 수 있다. - 옮긴이
https://github.com/paritytech/parity/wiki/Setup

```
parity account new -d ./validator0
```

두 번 모두 비밀번호를 입력하라고 요청할 것이다. 여기서는 두 계정에 같은 비밀번호를 입력하자.

두 번째 셸에 다음 명령어를 한 번만 입력한다.

```
parity account new -d ./validator1
```

이전과 마찬가지로 비밀번호를 입력한다.

명세 파일 생성

모든 네트워크의 노드는 공통의 명세^{specification} 파일을 공유한다. 이 파일은 노드에게 창조 블록에 대한 정보, 검증자가 누구인지에 대한 정보 등을 알려준다. 우리는 검증자의 목록을 포함하고 있는 스마트 컨트랙트를 생성할 것이다. 검증자 컨트랙트에는 보고하지 않는 컨트랙트와 보고하는 컨트랙트 이렇게 두 가지 유형이 있다. 우리는 하나만 제공해야 한다.

보고하지 않는 컨트랙트는 오직 검증자의 목록만 리턴하는 반면, 보고하는 컨트랙트는 무해한 경우(무해한 행동은 단순히 지정된 검증자로부터 블록을 수신하지 않은 경우)와 악의적으로 잘못된 행위(악의적 불법 행위는 동일한 단계에서 두 개의 서로 다른 블록을 릴리스)를 할 때 액션을 취할 수 있다.

보고하지 않는 컨트랙트라면 최소한 다음 인터페이스는 있어야 한다.

```
{"constant":true,"inputs":[],"name":"getValidators","outputs":[{"name":"","type":"address[]"}],"payable":false,"type":"function"}
```

getValidators 함수는 현재 목록을 결정하기 위해 블록마다 호출된다. 그런 다음 해당 메소드를 구현한 컨트랙트에 의해 전환 규칙이 결정된다.

보고하는 컨트랙트는 적어도 다음 인터페이스를 가져야 한다.

```
[
{"constant":true,"inputs":[],"name":"getValidators","outputs":[{"name":"",
"type":"address[]"}],"payable":false,"type":"function"},
{"constant":false,"inputs":[{"name":"validator","type":"address"}],"name":"
reportMalicious","outputs":[],"payable":false,"type":"function"},
{"constant":false,"inputs":[{"name":"validator","type":"address"}],"name":"
reportBenign","outputs":[],"payable":false,"type":"function"}
]
```

무해하거나 악의적인 행위가 있다면 합의 엔진은 각각 reportBenign과 reportMalicious 함수를 호출한다.

보고하는 컨트랙트를 생성해보자. 다음은 기본적인 예시다.

```
contract ReportingContract {
    address[] public validators = [0x831647ec69be4ca44ea4bd1b9909debfbaaef55c,
        0x12a6bda0d5f58538167b2efce5519e316863f9fd
    ];
    mapping(address => uint) indices;
    address public disliked;

    function ReportingContract() {
        for (uint i = 0; i < validators.length; i++) {
            indices[validators[i]] = i;
        }
    }
    // 노드 검증자 목록을 업데이트하기 위해 매 블록마다 호출된다
    function getValidators() constant returns(address[]) {
        return validators;
    }
```

```
    // 검증자의 목록을 확장
    function addValidator(address validator) {
        validators.push(validator);
    }
    // 목록으로부터 검증자 제거
    function reportMalicious(address validator) {
        validators[indices[validator]] = validators[validators.length - 1];
        delete indices[validator];
        delete validators[validators.length - 1];
        validators.length--;
    }

    function reportBenign(address validator) {
        disliked = validator;
    }
}
```

위 코드는 직관적이다. validators 배열을 검증자 1과 검증자 2 노드의 첫 번째 주소로
교체하라. 유효성 검사를 위해 해당 주소를 사용할 것이다. 이제 앞 컨트랙트를 편리한 방
법을 사용해 컴파일하라.

명세 파일을 작성해보자. spec.json이라는 이름의 파일을 생성하고 다음 코드를 넣는다.

```
{
    "name": "ethereum",
    "engine": {
        "authorityRound": {
            "params": {
                "gasLimitBoundDivisor": "0x400",
                "stepDuration": "5",
                "validators": {
                    "contract": "0x0000000000000000000000000000000000000005"
                }
            }
        }
    },
```

```
"params": {
    "maximumExtraDataSize": "0x20",
    "minGasLimit": "0x1388",
    "networkID": "0x2323"
},
"genesis": {
    "seal": {
        "authorityRound": {
            "step": "0x0",
            "signature": "0x0000000000000000000000000000000000000000000
            0000000000000000000000000000000000000000000000000000000000
            00000000000000000000000000000000000000 "
        }
    },
    "difficulty": "0x20000",
    "gasLimit": "0x5B8D80"
},
"accounts": {
    "0x0000000000000000000000000000000000000001": {
        "balance": "1",
        "builtin": {
            "name": "ecrecover",
            "pricing": {
                "linear": {
                    "base": 3000,
                    "word": 0
                }
            }
        }
    },
    "0x0000000000000000000000000000000000000002": {
        "balance": "1",
        "builtin": {
            "name": "sha256",
            "pricing": {
                "linear": {
                    "base": 60,
                    "word": 12
                }
```

```
                    }
                }
            },
            "0x0000000000000000000000000000000000000003": {
                "balance": "1",
                "builtin": {
                    "name": "ripemd160",
                    "pricing": {
                        "linear": {
                            "base": 600,
                            "word": 120
                        }
                    }
                }
            },
            "0x0000000000000000000000000000000000000004": {
                "balance": "1",
                "builtin": {
                    "name": "identity",
                    "pricing": {
                        "linear": {
                            "base": 15,
                            "word": 3
                        }
                    }
                }
            },
            "0x0000000000000000000000000000000000000005": {
                "balance": "1",
                "constructor": "0x606060405260406040519081016040528073831647"
            },
            "0x004ec07d2329997267Ec62b4166639513386F32E": {
                "balance": " "
            }
        }
    }
}
```

위 파일의 동작 방식은 다음과 같다.

- engine 속성은 합의 프로토콜 및 프로토콜 특정 매개변수를 설정하기 위해 사용됐다. 여기서 engine은 aura인 authorityRound다. gasLimitBoundDivisor는 가스 한도 조정을 결정하며 일반적인 이더리움 값을 가진다. 또한 검증자의 속성에서 보고 컨트랙트의 주소인 contract 속성을 가지고 있다. stepDuration은 초 단위의 블록 시간이다.
- params 속성에서 중요한 것은 네트워크 ID며 나머지들은 모든 체인을 위한 표준값이다.
- genesis는 authorityRound 합의에 대한 몇 가지 표준값을 가지고 있다.
- accounts는 네트워크 내 존재하는 초기 계좌 및 컨트랙트를 목록화하는 데 사용된다. 첫 네 개는 이더리움에 포함된 표준 컨트랙트며 솔리디티 컨트랙트 작성 언어를 사용하기 위해서는 반드시 포함돼야 한다. 다섯 번째는 보고용 컨트랙트다. 생성자 매개변수 내 바이트 코드 부분을 여러분의 바이트 코드로 바꿔야 한다. 마지막 계좌는 검증자 1의 셸에서 생성한 두 번째 계좌다. 이 주소는 네트워크에 이더를 공급하기 위해 사용된다. 이 주소를 여러분의 주소로 변경하라.

계속해서 진행하기 전에 node.pwds라는 이름의 다른 파일을 생성한다. 이 파일 내에 여러분이 생성한 계좌의 비밀번호를 입력하라. 이 파일은 검증자가 블록을 서명하기 위해 계정을 잠금 해제하는 데 사용된다.

노드 시작

이제 검증자 노드를 시작하기 위한 모든 기본적인 요구 조건이 준비됐다. 첫 번째 셸에서 다음 명령어를 실행해 첫 번째 검증자 노드를 실행하라.

```
parity --chain spec.json -d ./validator0 --force-sealing --engine-signer
"0x831647ec69be4ca44ea4bd1b9909debfbaaef55c" --port 30300 --jsonrpc-port 8540
--ui-port 8180 --dapps-port 8080 --ws-port 8546 --jsonrpc-apis web3,eth,net,perso
nal,parity,parity_set,traces,rpc,parity_accounts --password "node.pwds"
```

앞의 코드는 다음과 같이 동작한다.

- --chain은 명세 파일의 경로를 지정하는 데 사용된다.
- -d는 데이터 디렉터리를 지정하는 데 사용된다.
- --force-sealing은 트랜잭션이 없더라도 블록을 생성하도록 한다.
- --engine-signer는 노드가 블록을 서명하는 데 사용할 주소, 즉 검증자의 주소를 지정하는 데 사용된다. 만약 악의적인 행위가 가능해 보인다면, 가장 긴 체인이 올바른 체인임을 보장하는 --force-sealing을 사용하는 것이 좋다. 이 셸에서 생성한 첫 번째 주소로 변경하라.
- --password는 암호 파일을 지정하는 데 사용된다.

두 번째 셸에서 다음 명령어를 실행해 두 번째 검증자 노드를 시작한다.

```
parity --chain spec.json -d ./validator1 --force-sealing --engine-signer
"0x12a6bda0d5f58538167b2efce5519e316863f9fd" --port 30301 --jsonrpc-port
8541 --ui-port 8181 --dapps-port 8081 --ws-port 8547 --jsonrpc-apis
web3,eth,net,personal,parity,parity_set,traces,rpc,parity_accounts --
password "/Users/narayanprusty/Desktop/node.pwds"
```

이 셸에서 생성한 주소로 주소를 변경해야 한다.

노드 연결

이제 마지막으로 두 노드를 연결해야 한다. 새로운 셸 창을 열고 다음 명령어를 실행해서 두 번째 노드에 연결하기 위한 URL을 찾는다.

```
curl --data '{"jsonrpc":"2.0","method":"parity_enode","params":[],"id":0}' -H
"Content-Type: application/json" -X POST localhost:8541
```

다음과 같은 출력을 얻을 것이다.

{"jsonrpc":"2.0","result":"enode://7bac3c8cf914903904a408ecd71635966331990c
5c9f7c7a291b531d5912ac3b52e8b174994b93cab1bf14118c2f24a16f75c49e83b93e0864e
b099996ec1af9@[::0.0.1.0]:30301","id":0}

이제 다음 명령어에서 enode URL 내의 encode URL과 IP address 부분을 127.0.0.1로
변경해 실행한다.

```
curl --data
'{"jsonrpc":"2.0","method":"parity_addReservedPeer","params":["enode://7ba.
.."],"id":0}' -H "Content-Type: application/json" -X POST localhost:8540
```

다음과 같은 결과를 볼 수 있다.

{"jsonrpc":"2.0","result":true,"id":0}

노드는 콘솔에 0/1/25 peers라고 표시해야 하며, 이는 서로 연결됐다는 것을 의미한다.
다음 이미지를 참조하라.

```
2017-04-19 00:29:59   Imported #868 bc6f…dfa8 (0 txs, 0.00 Mgas, 0.57 ms, 0.56 KiB)
2017-04-19 00:30:04   Imported #869 080b…7964 (0 txs, 0.00 Mgas, 0.60 ms, 0.56 KiB)
2017-04-19 00:30:10   Imported #870 552c…4fd8 (0 txs, 0.00 Mgas, 0.51 ms, 0.56 KiB)
2017-04-19 00:30:15   Imported #871 2fed…27d4 (0 txs, 0.00 Mgas, 0.58 ms, 0.56 KiB)
2017-04-19 00:30:17      0/ 1/25 peers    309 KiB db   302 KiB chain  0 bytes queue      17 KiB
2017-04-19 00:30:19   Imported #872 834c…9d78 (0 txs, 0.00 Mgas, 0.49 ms, 0.56 KiB)
2017-04-19 00:30:25   Imported #873 62ee…6335 (0 txs, 0.00 Mgas, 0.48 ms, 0.56 KiB)
2017-04-19 00:30:29   Imported #874 8043…7a5d (0 txs, 0.00 Mgas, 0.51 ms, 0.56 KiB)
2017-04-19 00:30:35   Imported #875 9b7d…a9c9 (0 txs, 0.00 Mgas, 0.46 ms, 0.56 KiB)
2017-04-19 00:30:40   Imported #876 493b…9cc6 (0 txs, 0.00 Mgas, 0.65 ms, 0.56 KiB)
2017-04-19 00:30:45   Imported #877 a672…f06f (0 txs, 0.00 Mgas, 0.53 ms, 0.56 KiB)
2017-04-19 00:30:47      0/ 1/25 peers    311 KiB db   302 KiB chain  0 bytes queue      17 KiB
2017-04-19 00:30:49   Imported #878 cedf…1ee5 (0 txs, 0.00 Mgas, 0.47 ms, 0.56 KiB)
2017-04-19 00:30:55   Imported #879 4381…8fcc (0 txs, 0.00 Mgas, 0.58 ms, 0.56 KiB)
2017-04-19 00:30:59   Imported #880 b383…ef90 (0 txs, 0.00 Mgas, 0.53 ms, 0.56 KiB)
2017-04-19 00:31:05   Imported #881 25cf…aeeb (0 txs, 0.00 Mgas, 0.46 ms, 0.56 KiB)
2017-04-19 00:31:10   Imported #882 8dee…ca2c (0 txs, 0.00 Mgas, 0.53 ms, 0.56 KiB)
2017-04-19 00:31:15   Imported #883 770a…f85b (0 txs, 0.00 Mgas, 0.53 ms, 0.56 KiB)
```

권한 및 개인정보 보호

패리티에서 속도와 보안 측면의 문제를 해결하는 것에 대해 살펴봤다. 패리티는 현재 권한 및 개인정보 보호만을 위해 특별히 제공하는 부분이 없다. 패리티에서 이를 달성하는 방법에 대해 살펴보자.

1. 권한: 패리티 네트워크는 특정 IP 주소만 연결을 허용하도록 각 노드의 서버를 설정하는 방법을 통해 누가 조인할 수 있고 조인할 수 없는지 결정하는 권한을 구현할 수 있다. IP 주소가 차단돼 있지 않더라도 네트워크 내 노드에 연결하려면 새로운 노드는 이전에 봤던 것처럼 enode 주소가 필요하며 이 값은 추측하기 힘들다. 따라서 기본적으로 기본 수준의 보안성은 가지고 있다. 하지만 이를 강제하는 것은 없다. 네트워크 내 모든 노드는 결국 이를 처리해야 한다. 이와 유사하게 누가 블록을 생성할 수 있는지에 대한 권한은 스마트 컨트랙트를 통해 수행된다. 마지막으로 노드가 전송할 수 있는 트랜잭션의 유형은 현재 설정할 수 없다.

2. 신원 정보 보호: 소유권 검사를 활성화해 신원 정보를 보호할 수 있는 기술이 있다. 소유권을 설정할 때 소유자는 비결정적 비대칭 암호의 공개 키를 지정해야 한다. 소유권 검사를 통과하길 원할 때마다 일반 텍스트의 암호화된 형태를 제공하며, 컨트랙트에 의해 복호화돼 계좌의 소유자인지 아닌지를 확인한다. 컨트랙트는 동일한 암호화된 데이터가 두 번 검사되지 않도록 해야 한다.

3. 데이터 정보 보호: 블록체인을 단순히 데이터를 저장하도록 사용한다면, 대칭 암호화를 사용해 데이터를 암호화한 후 저장하고, 데이터를 보길 원하는 사용자에게 키를 공유할 수 있다. 하지만 암호화된 데이터에 대한 작업은 불가능하다. 그리고 입력 값에 대한 작업이 필요하지만, 정보 보호도 하기 위해서는 패리티에서 완전히 다른 블록체인 네트워크를 설정해야 한다.

▌ 요약

이 장을 통해 패리티의 사용 방법과 aura의 동작 방식, 그리고 패리티 내에서 권한 및 개인 정보 보호를 달성하기 위한 기술을 살펴봤다. 이제 적어도 블록체인을 사용해 컨소시엄을 위한 개념 증명을 구현할 정도의 자신감이 생겼을 것이다. 이제 컨소시엄 블록체인 구축을 위해 Hyperledger 1.0과 쿼럼 같은 다른 솔루션을 탐색해볼 수 있을 것이다. 현재 이더리움은 공식적으로 컨소시엄에 적합하도록 작업 중이므로 마켓에 새롭게 등장하는 것을 학습하기 위해 다양한 블록체인 정보를 주의 깊게 관찰하라.

| 찾아보기 |

에이콘출판의 기틀을 마련하신 故 정완재 선생님 (1935-2004)

이더리움을 활용한 블록체인 프로젝트 구축

쉽게 접하는 블록체인 개발

발 행 | 2018년 1월 2일

지은이 | 나라얀 프루스티
옮긴이 | 천 민 욱

펴낸이 | 권 성 준
편집장 | 황 영 주
편 집 | 조 유 나
디자인 | 박 주 란

에이콘출판주식회사
서울특별시 양천구 국회대로 287 (목동)
전화 02-2653-7600, 팩스 02-2653-0433
www.acornpub.co.kr / editor@acornpub.co.kr

한국어판 ⓒ 에이콘출판주식회사, 2017, Printed in Korea.
ISBN 979-11-6175-080-4
ISBN 978-89-6077-210-6 (세트)
http://www.acornpub.co.kr/book/blockchain-projects

이 도서의 국립중앙도서관 출판시도서목록(CIP)은 서지정보유통지원시스템 홈페이지(http://seoji.nl.go.kr)와
국가자료공동목록시스템(http://www.nl.go.kr/kolisnet)에서 이용하실 수 있습니다.(CIP제어번호: CIP2017030255)

책값은 뒤표지에 있습니다.